Grundfragen des modernen Strafı

Grundfragen des modernen Strafrechtssystems

herausgegeben von
Bernd Schünemann

mit Beiträgen von
Hans Achenbach, Knut Amelung, Bernhard Haffke, Hans-Joachim Rudolphi, Bernd Schünemann, Jürgen Wolter

1984
Walter de Gruyter · Berlin · New York

Prof. Dr. *Hans Achenbach*, Universität Osnabrück
Prof. Dr. *Knut Amelung*, Universität Trier
Prof. Dr. *Bernhard Haffke*, Rechtsanwalt, Wolfratshausen
Prof. Dr. *Hans-Joachim Rudolphi*, Universität Bonn
Prof. Dr. *Bernd Schünemann*, Universität Mannheim
Prof. Dr. *Jürgen Wolter*, Universität Heidelberg

CIP-Kurztitelaufnahme der Deutschen Bibliothek

Grundfragen des modernen Strafrechtssystems /
hrsg. von Bernd Schünemann. Mit Beitr. von
Hans Achenbach . . . – Berlin; New York:
de Gruyter, 1984.
ISBN 3-11-009829-6
NE: Schünemann, Bernd [Hrsg.]; Achenbach, Hans
[Mitverf.]

Satz: Dörlemann-Satz, Lemförde
Druck: Hildebrand, Berlin 65
Bindearbeiten: Verlagsbuchbinderei Dieter Mikolai, Berlin 10

**Für
Claus Roxin
von seinen Schülern**

Vorwort

Die in dem vorliegenden Band versammelten Beiträge gehen auf ein Symposium zurück, das zum 50. Geburtstag Claus Roxins von seinen Schülern in Stockdorf bei München veranstaltet worden ist. Das Ziel einer Einebnung der Mauer zwischen „Kriminalpolitik und Strafrechtssystem“, das den Gegenstand von Claus Roxins gleichnamiger programmatischer Studie aus dem Jahre 1970 gebildet hat, stiftete nicht nur für die Vorträge und Diskussionsbemerkungen dieses Symposiums das einende Band, sondern inspirierte auch die jetzt erfolgende gemeinsame Publikation. Denn unbeschadet aller – nach wie vor anhaltenden und sich auch in diesem Sammelwerk wiederfindenden – Kontroversen über die durch Roxins Initialzündung ausgelöste Suche nach einem „funktionalen“ oder „zweckrationalen“ Strafrechtssystem möchte ich angesichts der Veröffentlichungen der letzten Jahre das Urteil wagen, daß sich hiermit eine neue Epoche der Strafrechtsdogmatik etabliert hat, deren Verhältnis zu dem (trotz der weitverbreiteten eklektizistischen Welzel-Kritik zuvor gedanklich dominierenden) Finalismus mit der Ablösung des strafrechtlichen Naturalismus durch das neukantianische Strafrechtsdenken verglichen werden kann – so daß der Stellenwert und die Aktualität der in den hier publizierten Arbeiten abgehandelten Thematik in letzter Zeit noch mehr gestiegen sind.

Für die Drucklegung sind die einzelnen Beiträge nicht nur teilweise erheblich überarbeitet und ergänzt, sondern auch mit einer von mir verfaßten, verhältnismäßig umfangreichen „Einführung in das strafrechtliche Systemdenken“ versehen worden. Nachdem die deutsche Strafrechtssystematik lange Zeit einen fast esoterischen Gegenstand gebildet hat, dessen Figuren in der Praxis oft genug ignoriert wurden, scheint es mir von größter Bedeutung zu sein, daß das die kriminalpolitischen Zielsetzungen absorbierende und in diesem Sinne „realitätsnähere" Systemdenken sich von Anfang an für eine Rezeption durch die Praxis offenhält, was wiederum zur Voraussetzung haben dürfte, daß der künftige Praktiker schon als Student die Probleme und Resultate des strafrechtlichen Systemdenkens nicht nur wie lästige und bei nächster Gelegenheit zu vergessende Vokabeln lernt, sondern auch wirklich versteht. Diesem didaktischen Zweck dient die „Einführung": Ich habe mich in ihr darum bemüht, die Fragen nach Zweck, Reichweite und Inhalt des Strafrechtssystems sowie die einzelnen Phasen seiner historischen Entwicklung unter Konzentration auf die für Studium und Praxis vorrangig relevanten Aspekte darzustellen, wobei ich mich von der in Lehre und Prüfung gewonnenen Erfahrung leiten ließ, daß einerseits wegen des engen Zusammenhanges zwischen systematischer und inhaltlicher Fragestellung ohne hinreichende Kenntnisse in den strafrechtlichen Systemproblemen von einer Beherrschung der Strafrechtsdogmatik nicht gesprochen werden kann und daß andererseits gerade junge Juristen geneigt sind, Spielformen des Strafrechtssystems wie insbesondere die aufbautechnischen Einteilungen zu hypostasieren und dadurch in eine krude Begriffsjurisprudenz zu verfallen. Die von diesem didaktischen Ziel geforderte voraussetzungslose Verständlichkeit des Textes machte gewisse Vereinfachungen unerläßlich (wie auch bei dem beigefügten Anmerkungsapparat nicht auf Vollständigkeit, sondern auf exemplarische Bedeutung Wert gelegt wurde). Einer zu weitreichenden Simplifizierung war andererseits schon dadurch eine Grenze gesetzt, daß manche systematischen Erkenntnisse ohne eine angemessene inhaltliche Differenzierung nicht formuliert werden können und deshalb bei einer zu weit getriebenen Vereinfachung des Gedankenganges direkt verfälscht würden; ich habe mich deshalb auch nicht gescheut, in einigen Punkten die Akzente gegenüber der heute üblichen, m.E. zu pauschalen Sicht zu verändern.

Durch die „Einführung" und die einzelnen Beiträge dieses Sammelbandes wird damit das Ziel verfolgt, zu einer doppelten Erlösung des Strafrechtssystems aus seiner traditionellen esoterischen Existenz beizutragen: durch seine inhaltliche Anreicherung mit kriminalpolitischem Gedankengut und durch die Intensivierung seiner Prägewirkung für Studium und Praxis. Auch wenn dieses Ziel vielleicht allzu prätentiös gewählt und seine Erreichung im vorliegenden Rahmen ohnehin ausgeschlossen ist, erscheint doch angesichts der gegenwärtigen Legitimationskrise des Strafrechts jeder noch so kleine Schritt in diese Richtung ebenso lohnend wie dringlich.

Mannheim, im April 1984 *Bernd Schünemann*

Inhalt

Bernd Schünemann
Einführung in das strafrechtliche Systemdenken

I. Wert und Notwendigkeit strafrechtlicher Systembildung

Die Systembildungen der deutschen Strafrechtswissenschaft erscheinen dem gebildeten Laien oft absonderlich, dem Studenten unverständlich und dem Praktiker überflüssig; und dennoch bilden sie heute eines der wichtigsten „Exportgüter" der deutschen Rechtswissenschaft und geradezu deren internationales Renommierstück. Das erscheint zunächst paradox, erweist sich aber als durchaus plausibel, wenn man das generelle Bedürfnis nach wissenschaftlicher Systembildung und die speziellen historischen Entwicklungsbedingungen des deutschen Strafrechtssystems etwas genauer ins Auge faßt.

1. Wenn man unter einem wissenschaftlichen *System* (ohne auf die zahlreichen unterschiedlichen Systembegriffe näher einzugehen[1]) einfach eine *logische Ordnung* der in der betreffenden Wissenschaft gewonnenen *Einzelerkenntnisse* versteht, so leuchtet es

---

[1] Vgl. zu den für die Rechtswissenschaft relevanten Systembegriffen näher *Fikentscher*, Methoden des Rechts IV, 1977, S. 84ff., 97ff.; *J. Schmidt*, in: *Jahr/Maihofer* (Hrsg.), Rechtstheorie, 1971, S. 384ff.; *Canaris*, Systemdenken und Systembegriff in der Jurisprudenz, 1969, passim; *Larenz*, Methodenlehre der Rechtswissenschaft, 5. Aufl. 1983, S. 160ff.; *Engisch*, Studium generale 1957, 173ff.; *Radbruch*, Festgabe f. Frank I, 1930, S. 158ff.; *R. Schreiber*, in: *Albert/Luhmann/Maihofer/Weinberger* (Hrsg.), Jahrbuch für Rechtssoziologie und Rechtstheorie II, 1972, S. 289ff.; *Krawietz*, in: Rechtstheorie Beiheft 2 (1981), S. 299f.; *Peine*, Das Recht als System, 1983; *Viehweg*, Topik und Jurisprudenz, 5. Aufl. 1974, S. 81ff. Vgl. ferner allgemein zum Systembegriff und zur Theoriebildung *v. Kutschera*, Wissenschaftstheorie I, 1972, S. 252ff.; *Klaus/Buhr* (Hrsg.), Philosophisches Wörterbuch, 12. Aufl. 1976, S. 1199ff.

unmittelbar ein, daß ein Verzicht auf jegliche Systembildung mit einem immerwährenden Embryonalstadium dieser Wissenschaft identisch ist. Denn allein dadurch, daß die einzelnen Erkenntnisse (bzw. das, was der Wissenschaftler für eine Einzelerkenntnis hält, was aber in Wahrheit nur eine unzutreffende Hypothese ist) durch die systematische Ordnung zueinander in eine logische Beziehung gesetzt werden, läßt sich überhaupt erkennen, ob sie miteinander logisch verträglich sind oder sich nicht gegenseitig widersprechen.

Wenn etwa aus zahlreichen Bodenfunden in Ostafrika die Hypothese abgeleitet wird, daß die Gattung „homo habilis" vor ca. 2 Millionen Jahren in dem Gebiet des heutigen Turkana-Sees in Kenia entstanden sei, so würde diese – induktiv aus zahlreichen Einzelerkenntnissen über vor- und frühmenschliche Fossilien abgeleitete – Annahme der Paläobiologie durch den Fund eines die spezifischen Merkmale des „homo habilis" aufweisenden Schädels auf Java in einer 3,5 Millionen Jahre alten Ablagerung widerlegt. Wenn sich die Paläobiologie dagegen zum Zeitpunkt des neuen Fundes noch im Embryonalstadium befände und keine die einzelnen Bodenfunde integrierende Gesamtaussage besäße, würde der neue Fund lediglich registriert werden und im übrigen wissenschaftlich folgenlos bleiben.

Das gewählte Beispiel zeigt, daß bei einem sich aus wissenschaftlichen Aussagen zusammensetzenden System der *Inhalt der Aussagen* unmittelbar auch deren *systematisches Verhältnis* zueinander bestimmt: Die systematische Verarbeitung der einzelnen Bodenfunde führt im Wege eines induktiven Schlusses zu der (im Verhältnis zu den einzelnen Beobachtungsprotokollen abstrakteren und deshalb systematisch übergeordneten) Aussage über Ort und Zeitraum der Entstehung des „homo habilis". Diese sinnfällige Einheit von Inhalt und System geht jedoch verloren, wenn man (unter enormer Steigerung des Abstraktionsgrades) nicht Sätze, sondern *Begriffe* als Bausteine des Systems verwendet, so wie es in der Rechtswissenschaft üblich geworden ist. In ihrer unanschaulichen Abstraktheit verschließen sich etwa die heute gängigen Elemente des Strafrechtssystems – Tatbestandsmäßigkeit, Rechtswidrigkeit und Schuld – dem Verständnis des Laien; und weil hinter jedem dieser Begriffe eine komplizierte Theorie steckt, deren Kenntnis für seine korrekte Verwendung unerläßlich ist, vernimmt der Student hinter diesen Worten zunächst nur „Schall und Rauch“ und muß sich erst durch einen mühsamen Lernprozeß nach und nach ihrer Bedeutung versichern. Selbstverständlich wäre es ohne weiteres möglich, gegen den Strom der Wissenschaftstradition zu schwimmen und die Begriffspyramide der Strafrechtsdogmatik wieder in ein System weitaus konkreterer, inhaltserfüllter Aussagen aufzulösen, wie dies ja auch in den Lehrbüchern und Kollegien zum Allgemeinen Teil des Strafrechts regelmäßig aus didaktischen Gründen geschieht. Die pragmatischen Funktionen jedes Systems – eine möglichst schnelle und umfassende Übersicht über die Gesamtheit der Einzelaussagen und ihre Ordnung zu ermöglichen und einen sofortigen, ohne überflüssiges „Durchprobieren“ erfolgenden Zugriff auf das jeweils beim konkreten Problem relevante Teilsystem sicherzustellen – werden jedoch durch das nach Form einer *Pyramide* angeordnete begriffliche System am vollkommensten erreicht und erklären und verbürgen deshalb seine Beliebtheit und seinen Fortbestand in der Wissenschaft.

2. Ordnung und Disziplinierung der vorhandenen Erkenntnis, Aufdeckung vorhandener Widersprüche und jederzeitige problemorientierte Verfügbarkeit des vorhandenen Wissens begründen deshalb den Wert der für jede entwickelte Wissenschaft unentbehrlichen Systembildung. Darüber hinaus läßt sich sogar sagen, daß ein völlig systemfreies, „chaotisches“ Denken zumindest in der Jurisprudenz nicht einmal möglich ist, weil ihr Gegenstand – die sozialen Beziehungen der Menschen – von vornherein nur durch das Medium der *Umgangssprache* erfaßt und beschrieben werden können, so daß die durch die Umgangssprache hergestellte, gewaltige Ordnungs- und Systematisierungsleistung immer schon benutzt wird, wenn man den ersten juristischen Gedanken entwickelt. Der Verzicht auf jedes rechtswissenschaftliche System würde infolgedessen nicht bedeuten, daß man völlig systemfrei argumentieren würde, sondern würde vielmehr auf die unveränderte Übernahme der in der Umgangssprache manifesten Weltsicht und -ordnung durch die Jurisprudenz hinauslaufen.

Der ungeheure Orientierungs- und Systematisierungseffekt der Umgangssprache wird uns in der Regel deswegen nicht bewußt, weil wir ja immer schon „in ihr" sind und ihn deshalb für selbstverständlich halten. Tatsächlich steckt aber in der Bezeichnung von in der Wahrnehmung getrennten Objekten mit ein und demselben Terminus die nach Zweck- und Relevanzkriterien getroffene Entscheidung, daß die Ähnlichkeit der einzelnen Objekte groß genug ist, um sie nach Art einer Familie unter dem gleichen Namen zusammenzufassen.[2] Diese umgangssprachliche Ordnung und Systematisierung des Welt-Erlebens kann dabei, wie die vergleichende Linguistik lehrt, in ganz verschiedener Weise ausfallen, so wenn in manchen Indianersprachen grüne und blaue Objekte mit der gleichen Farbbezeichnung belegt werden oder manche sudanesische Dialekte subtile Differenzierungen der Körperhaltungen und -bewegungen gestatten, gegenüber denen das in der deutschen Umgangssprache für diesen Bereich des sozialen Erlebens zur Verfügung gestellte Koordinatensystem geradezu holzschnittartig wirkt.[3] Weil Auge und Sehnerv der Indianer sowie der Muskelapparat der Sudanesen sich von den körperlichen Gegebenheiten der Bewohner Mitteleuropas nicht wesentlich unterscheiden, spiegelt die in den sprachlichen Differenzen zum Ausdruck kommende unterschiedliche Systematisierung offensichtlich unterschiedliche Werteinschätzungen der jeweiligen Gesellschaft wider, so wie sie etwa in der für uns kaum nachvollziehbaren Wichtigkeit körperlicher Vorzüge bei manchen Stämmen Ostafrikas zum Ausdruck kommt.

3. Ein Verzicht auf jegliche juristische Systembildung würde infolgedessen bedeuten, daß die Lösung sozialer Konflikte im Bereich des Alltagshandelns und in dem systematischen Rahmen der das Alltagshandeln ausdrückenden und formenden Umgangssprache verbleiben und somit durch die hier vorzufindende Vielfalt der Meinungen und Standpunkte, der Argumente und Reflexionen, der Konzepte und Ergebnisse geprägt würde.

---

[2] Vgl. dazu *Wittgenstein*, Philosophische Untersuchungen, in: Schriften I, 1969, S. 324f.; *v. Kutschera*, Sprachphilosophie, 2. Aufl. 1975, S. 190ff.

[3] Vgl. dazu *v. Kutschera*, a.a.O. (Fn. 2), S. 304f., sowie zu der dahinter stehenden, auf *Humboldt* und *Sapir/Whorf* zurückgehende Hypothese, daß die Welt-Sicht von der Sprache und ihrer Struktur abhängt, *Whorf*, Sprache – Denken – Wirklichkeit, 1963; *Henle* (Hrsg.), Sprache, Denken, Kultur, 1969, S. 9ff.; *Hoijer* (Hrsg.), Language in Culture, Chicago u. London 1954, S. 92ff. und passim; s. auch die populäre Schilderung bei *Riefenstahl*, Die Nuba von Kau, 1976, S. 209. Nach *McDougall*, in: Brockhaus Völkerkunde Bd. 2, 1974, S. 44, entspricht dem Wert des Reichtums in der westlichen Welt bei den Nuba die Wertschätzung von Muskeln und Behendigkeit.

Um dies an dem einfachen Beispiel der nächtlichen Entwendung eines von dem Bauern auf seinem Feld stehen gelassenen Pfluges zu demonstrieren: Ob man diese Handlung als „*Wegnahme*" einer fremden beweglichen Sache im Sinne des § 242 StGB qualifizieren kann, wäre im Rahmen einer umgangssprachlichen Diskussion (eines umgangssprachlichen „Sprachspiels") keinesfalls willkürlich zu entscheiden, weil der Ausdruck „Wegnahme" in seiner alltäglichen Verwendung durchaus einen festen Kern besitzt (unter den etwa das Entwenden von Brieftaschen durch Taschendiebe fällt), so daß ein völlig „chaotischer" Gebrauch dieses Wortes schon durch die umgangssprachliche Ordnung der Wirklichkeit verhindert wird; auf der anderen Seite müßte aber jede noch so beflissene alltagssprachliche Diskussion mit einer Pattsituation (einem non liquet) enden, weil die nächtliche Entwendung eines Pfluges auf dem Felde zweifellos in jenen offenen „Bedeutungshof" des umgangssprachlichen Wegnahmebegriffes fällt, wo die Anwendung oder Nichtanwendung des betreffenden Ausdrucks eine Frage des schicht- oder persönlichkeitsspezifischen Sprachgebrauchs ist und deshalb nicht eindeutig mit „richtig oder falsch" beurteilt werden kann. Eine strafrechtsdogmatische Erörterung der gleichen Frage zeichnet sich dagegen durch eine weitaus größere Präzision der verwendeten Einteilungsschemata, eine strengere Prüfung der Zulässigkeit der verwendeten Argumente und infolgedessen auch durch eine drastische Reduzierung des Vertretbarkeitsspielraumes der erzielten Ergebnisse aus. Auf der einen Seite haben sich im Laufe der wissenschaftlichen Entwicklung Definitionen und Subdefinitionen herausgebildet, durch die der Sprachgebrauch der Juristen geprägt und präzisiert worden ist, wie im Beispielsfall die Definition der „Wegnahme" als „Bruch fremden und Begründung neuen Gewahrsams", wobei „Gewahrsam" als die „nach den Regeln des sozialen Lebens zu beurteilende und von einem Herrschaftswillen getragene tatsächliche Herrschaft über die Sache" subdefiniert ist.[4] Auf der anderen Seite steht dem Begriff der Wegnahme in Zueignungsabsicht als Tathandlung des Diebstahls (§ 242 StGB) auf der gleichen systematischen Ebene die „Zueignung einer im Gewahrsam des Täters befindlichen Sache" als Tathandlung der Unterschlagung (§ 246 StGB) gegenüber, so daß die Konsequenzen der Nichtverwendung der Qualifikation „Wegnahme" für den Fall der nächtlichen

---

[4] Vgl. BGHSt 16, 271, 273; *Eser*, in: *Schönke/Schröder*, Strafgesetzbuch Kommentar, 21. Aufl. 1982, § 242, Rn. 14ff.; *Maurach/Schroeder*, Strafrecht Besonderer Teil, Teilbd. 1, 6. Aufl. 1977, S. 279; *Samson*, in: Systematischer Kommentar zum Strafgesetzbuch (SK) Bd. 2, Besonderer Teil, 3. Aufl. 1982ff., § 242, Rn. 18ff.; *Wessels*, Strafrecht Besonderer Teil 2, 6. Aufl. 1983, S. 12.

Entwendung eines Pfluges vom Felde exakt beschrieben werden können. Und zum dritten besitzt die Rechtsdogmatik auf der systematisch untersten Ebene, also „unterhalb" der Subdefinition des Gewahrsamsbegriffes, in der Regel wenigstens noch plakative „Prototypen", die im konkreten Fall als Anhaltspunkte für einen Ähnlichkeitsvergleich dienen können (für das gewählte Beispiel ist die Herrschaftsform der Sachgewalt durch einen generell beherrschten Raum wie etwa am Brief im Briefkasten des Hausbesitzers einschlägig).[5] Auf Grund dieser systematischen Verarbeitung der für die Bezeichnung als Wegnahme („für die Subsumtion unter den Wegnahmebegriff") relevanten Gesichtspunkte wird deshalb eine juristische Erörterung des „Pflugfalles" sehr schnell zu dem entscheidenden Punkt gelangen, ob die Sachgewalt vermöge eines generell beherrschten Raumes nach den Anschauungen des sozialen Lebens auch dann noch bejaht werden kann, wenn die generelle Herrschaft selbst nicht durch Umzäunungen oder ähnliche Vorrichtungen physisch gesichert wird, sondern im Grunde nur eine „soziale Zuordnung" durch Herkommen und Gewohnheit ist. Ganz unabhängig davon, wie man nun diese letztentscheidende Frage beantwortet, liegt der Wert der Strafrechtssystematik (die uns beim Wegnahmebegriff auf einem mittleren Abstraktionsniveau begegnet) infolgedessen darin, daß sie ohne Umwege zu der richtigen Fragestellung hinführt, die Konsequenzen der in Betracht kommenden Lösungen aufzeigt und dadurch eine allein durch die umgangssprachliche Beschreibung und Analyse sozialer Konflikte nicht zu leistende Ordnung, Präzisierung und Kanalisierung der relevanten Argumente und Lösungsmöglichkeiten garantiert.

II. Möglichkeiten, Tragweite und Grenzen juristischer Systembildung

1. Während somit an Wert und Notwendigkeit einer juristischen Systembildung nicht gezweifelt werden kann, muß andererseits dringend vor dem Trugschluß gewarnt werden, daß diese Systembildung in irgendeiner Form an dem in der Mathematik verwirklichten Modell eines *axiomatischen Systems* orientiert werden

[5] Vgl. *Dreher/Tröndle*, Strafgesetzbuch und Nebengesetze, 41. Aufl. 1983, § 242, Rn. 11; *Maurach/Schroeder*, a.a.O. (Fn. 4), S. 281; *Samson*, in: SK a.a.O. (Fn. 4), § 242, Rn. 24, 34; *Lackner*, Strafgesetzbuch, 15. Aufl. 1983, § 242, Anm. 3a cc.

sollte oder könnte. Nach diesem vielfach als systematisches Ideal angesehenen Modell wird die gesamte wissenschaftliche Erkenntnis auf eine begrenzte Anzahl von Grundformeln (Axiomen) zurückgeführt, aus denen alle übrigen richtigen Aussagen mit den Mitteln der deduktiven Logik abgeleitet werden können und die selbst den drei Grundanforderungen der *Widerspruchsfreiheit* (kein Axiom darf einem anderen widersprechen), der *Unabhängigkeit* (kein Axiom darf aus dem anderen ableitbar sein) und der *Vollständigkeit* (alles zur Ableitung der Einzelaussagen notwendige Wissen muß in den Axiomen vorhanden sein) genügen müssen.[6] Daß diese Bedingungen von der Rechtswissenschaft bisher nicht erfüllt worden sind und überhaupt auch nicht erfüllt werden können, ist heute allgemein anerkannt[7]; darüber hinaus läßt sich aber sogar sagen, daß eine derartige Axiomatisierung der Jurisprudenz nicht einmal wünschenswert wäre. Der Grund dafür liegt in der unübersehbaren Komplexität und *kontinuierlichen Veränderung* des sozialen Lebens und der zu seiner Ordnung dienlichen Wertungsgesichtspunkte. Denn es ist offensichtlich, daß die gesamte Erkenntnis einer Wissenschaft nur dann in relativ wenigen Axiomen mindestens implizit enthalten sein kann, wenn der Gegenstand der Wissenschaft nur eine geringe Komplexität aufweist und nicht geschichtlicher Veränderung unterliegt, so wie das bei der Geometrie und ihrem Substrat (das nur aus Punkten, Linien, Geraden, Kreisen usw. besteht) der Fall ist. Angesichts der unendlich viel größeren, bis jetzt nicht einmal durch die Sozialwissenschaften empirisch ausgeloteten Komplexität der menschlichen Gesellschaft muß eine Axiomatisierung ihres Steuerungssystems „Recht“ dagegen als praktisch unmöglich angesehen werden. Und mehr noch: Es läßt sich auch in theoretischer Hinsicht die Hoffnungslosigkeit eines derartigen Unterfangens nachweisen. Denn wegen der hohen Interdependenz aller sozioökonomischen Gegebenheiten und der darauf bezüglichen Werturteile (des hohen „Vernetzungsgrades“ unserer Gesellschaft) sowie we-

---

[6] Vgl. *Hilbert–Ackermann,* Grundzüge der theoretischen Logik, 6. Aufl. 1972, S. 24ff., 111ff.; *Engisch,* a.a.O. (Fn. 1), S. 173f.; *Weinberger/Weinberger,* Logik, Semantik, Hermeneutik, 1979, S. 192ff.

[7] Vgl. nur *Larenz* und *Engisch,* a.a.O. (Fn. 1), sowie *Zippelius,* Einführung in die juristische Methodenlehre, 3. Aufl. 1980, S. 100.

gen der ständigen, seit Beginn des technischen Zeitalters sogar stürmischen Entwicklung der sozioökonomischen Basis wie auch des normativen Überbaues wäre ein axiomatisches System schon mit seiner Errichtung hoffnungslos veraltet und würde, wenn man es mit Gewalt durchsetzen wollte, auf die reaktionäre Petrifizierung einer abgelebten Gesellschaftsordnung hinauslaufen und könnte deshalb niemals wünschenswert sein.

2. Anstelle des in der Jurisprudenz weder zu realisierenden noch anzustrebenden axiomatischen Systems muß deshalb ein *„offenes System"* in der Form treten, daß das System die gesellschaftliche und rechtliche Entwicklung nicht verbaut, sondern offenhält bzw. sich ihr zumindest anpaßt; daß es die noch ungelösten Rechtsfragen nicht präjudiziert, sondern nur derart kanalisiert, daß sie in den richtigen Zusammenhang gestellt werden; daß es aber jedenfalls in dem Bereich der für längere Zeit konstant gelösten Rechtsprobleme Ordnung und Widerspruchsfreiheit garantiert. Um ein derartiges „elastisches System" errichten zu können, das nicht zu viel und nicht zu wenig leistet, benötigt man naturgemäß elastische Bausteine, die sich einer gesellschaftlichen und rechtlichen Entwicklung anpassen können, ohne völlig inhaltslos und deshalb unbrauchbar zu sein. Tatsächlich hat die Rechtswissenschaft und insbesondere die Strafrechtswissenschaft, auch ohne daß es eine ausgearbeitete „Wissenschaftstheorie des offenen Systems" gegeben hätte, in glänzender Intuition diese Aufgabe mindestens zu einem erheblichen Teil dadurch zu lösen vermocht, daß ein begriffliches System errichtet wurde, dessen Bausteine teils exakt definierte juristische Fachtermini, teils aus der Umgangssprache entlehnte und lediglich partiell juristisch präzisierte Deskriptionen und teils inhaltlich ganz unbestimmte reine Wertprädikate bildeten. Die aus juristischer Sicht gemeinhin als Nachteil betrachtete *Unbestimmtheit* der Umgangssprache (die aus ihrer Tauglichkeit zur Verarbeitung zukünftiger Entwicklungen – ihrer sog. *Porosität* – und aus ihrer relativen Unbestimmtheit im Begriffshof – ihrer sog. *Vagheit* – resultiert[8]) konnte auf

[8] Vgl. dazu *Herberger/Koch*, JuS 1978, 812ff.; *Koch/Rüßmann*, Juristische Begründungslehre, 1982, S. 191ff., 194ff.; *Herberger/Simon*, Wissenschaftstheorie für Juristen, 1980, S. 285ff.

diese Weise zu dem Zweck eingesetzt werden, die notwendige Offenheit des Systems zu gewährleisten, während auf der anderen Seite die juristisch präzisierten Elemente des Systems für die Ordnung und Kanalisierung der zulässigen Wertungsgesichtspunkte und die Bewahrung der gesicherten Rechtserkenntnis sorgten.

Als Musterbeispiel kann hierfür die Systematik des *Notwehrrechts* dienen, die teilweise vom Gesetzgeber selbst fixiert, teilweise von der Wissenschaft herausgearbeitet worden ist. Der Begriff der „Notwehr" ist auf der dritthöchsten Abstraktionsstufe angesiedelt (auf einer „höheren" Stufe steht nur noch der Begriff der Rechtswidrigkeit bzw. ihres Ausschlusses durch einen Rechtfertigungsgrund, der nach heute h. M. zusammen mit dem Handlungsbegriff, der Tatbestandsmäßigkeit, der Schuld und den objektiven Strafbarkeitsbedingungen die Voraussetzungen der strafbaren Handlung als dem systematischen Grundbegriff des Strafrechts überhaupt bildet[9]). In § 32 Abs. 2 StGB ist die Notwehr in einer unter Bestimmtheitsgesichtspunkten geradezu mustergültigen Weise als die zur Abwehr eines gegenwärtigen rechtswidrigen Angriffs erforderliche Verteidigung definiert worden, wobei durch die Subdefinitionen dieser (auf der vierthöchsten Abstraktionsstufe angesiedelten) Begriffsmerkmale der Notwehr ein optimaler Präzisionsgrad erreicht wird. So wird etwa dadurch, daß als „erforderliche Verteidigung" diejenige (mildeste) Abwehrmaßnahme verstanden wird, die angesichts der physischen Gegebenheiten eine sofortige Beendigung des Angriffs erwarten läßt[10], eine nur noch von Existentialurteilen abhängige Subsumtion des konkreten Falles unter dieses Notwehrmerkmal ermöglicht; und durch das Verständnis des „rechtswidrigen Angriffs" als einer „von Rechts wegen nicht zu duldenden Aggression"[11] wird die Notwehr und damit das Strafrecht vermöge einer für sich genommen exakten juristischen Verweisung mit der die Rechte und Pflichten der Bürger gegeneinander abgrenzenden Gesamtrechtsordnung synchronisiert. Als „Quellprinzipien" dieser konkreten Maßstäbe dienen dabei die von der Wissenschaft erschlossenen

[9] Vgl. *Jescheck*, Strafrecht Allgemeiner Teil, 3. Aufl. 1978, S. 158 f.; *Maurach/Zipf*, Strafrecht Allgemeiner Teil, 1. Teilbd., 6. Aufl. 1983, S. 170 ff.; *Blei*, Strafrecht Allgemeiner Teil, 18. Aufl. 1983, S. 57 ff.

[10] Vgl. *Lenckner*, in: *Schönke/Schröder* (Fn. 4), § 32, Rn. 36; *Dreher/Tröndle* (Fn. 5), § 32, Rn. 16; *Wessels*, Strafrecht Allgemeiner Teil, 13. Aufl. 1983, S. 82; BGHSt 27, 337.

[11] Vgl. *Spendel*, in: *Jescheck/Ruß/Willms* (Hrsg.), Strafgesetzbuch Leipziger Kommentar (LK), 10. Aufl. 1978 ff., § 32, Rn. 54 ff. insbes. Rn. 57.

Grundgedanken des Notwehrrechts, nämlich das Selbstschutzprinzip und das Rechtsbewährungsprinzip („Das Recht braucht dem Unrecht nicht zu weichen").[12]

Im Laufe der Zeit hat sich nun freilich herausgestellt, daß die in der Notwehrdefinition des § 32 Abs. 2 StGB zum Ausdruck kommende völlige Vernachlässigung des Verhältnismäßigkeitsprinzips in extremen Situationen nicht zu überzeugen vermag und daß es zwar in einem radikal liberalistischen Gemeinwesen, nicht aber in einem auf die Solidarität der Mitbürger gegründeten Sozialstaat erträglich ist, wenn die drohende Verletzung eines geringfügigen Rechtsgutes durch die (nach den physischen Gegebenheiten zur erfolgreichen Verteidigung allein dienliche) Tötung des schuldlosen Angreifers abgewendet wird. Weil es auf der anderen Seite mit dem im Prinzip nach wie vor einleuchtenden Rechtsbewährungsprinzip aber unvereinbar wäre, die Zulässigkeit der Verteidigung generell von einer Proportionalität zwischen dem angegriffenen und dem durch die Verteidigung verletzten Rechtsgut abhängig zu machen, hat der Gesetzgeber den gerade auch in systematischer Hinsicht höchst bemerkenswerten Ausweg gewählt, die (schon vor der Strafrechtsreform geläufige) Definition der Notwehr in § 32 Abs. 2 StGB beizubehalten, die Rechtfertigung aber zusätzlich gemäß § 32 Abs. 1 StGB davon abhängig zu machen, daß die Verteidigung auch wirklich „geboten" war, wobei hierdurch nach dem erklärten Willen des Gesetzgebers ein Ventil für solche Fälle geschaffen werden sollte, in denen wegen eines extremen Mißverhältnisses zwischen den kollidierenden Rechtsgütern, einer mißbräuchlichen Provokation des Angriffs durch den Verteidiger oder wegen Schuldlosigkeit des Angreifers und leichter Ausweichmöglichkeit des Verteidigers eine Ausübung des scharfen Notwehrrechts als rechtsmißbräuchlich erscheinen würde.[13] Obwohl eine abschließende Fixierung des Notwehrbegriffs in § 32 Abs. 2 StGB rechtstechnisch möglich war, hat der Gesetzgeber sich also mit Rücksicht auf den im Normalfall für die Notwehr nicht relevanten, in Extremfällen aber „durchschlagenden" Wertungsgesichtspunkt der Verhältnismäßigkeit gezwungen gesehen, ein unbestimmtes Wertprädikat als Ventil für alle jene Fälle einzubauen, deren Behandlung nach dem gegenwärtigen Stand der sozialethischen und wissenschaftlichen Diskussion noch nicht völlig geklärt erscheint und für deren erst noch in der Zukunft zu erarbeitende Lösung das Rechtssystem deshalb offen bleiben muß. Charakteristisch für ein spezifisch rechtswissenschaftliches Denken ist dabei wiederum,

[12] Vgl. nur *Roxin,* ZStW 75 (1963), 541, 566; *ders.,* ZStW 93 (1981), 68, 70; *Schünemann,* JuS 1979, 275, 278.

[13] So ausdrücklich BT-Drucks. V/4095, S. 14.

wie diese offene Flanke des Notwehrrechts durch Rechtsprechung und Schrifttum Schritt für Schritt geschlossen wird: Es wird nicht einfach „chaotisch" argumentiert, sondern auf die leitenden Grundgedanken des Notwehrrechts (Selbstschutz- und Rechtsbewährungsprinzip) zurückgegriffen, indem beispielsweise im Fall einer provozierten Notwehrlage die Legitimation des Provokateurs, als Verteidiger der Rechtsordnung aufzutreten, verneint und sein Notwehrrecht infolgedessen ausschließlich von der Notwendigkeit des Selbstschutzes abhängig gemacht wird, so daß grundsätzlich eine Ausweichpflicht des Provokateurs, mindestens aber seine anfängliche Beschränkung auf eine bloß passive „Schutzwehr" angenommen wird.[14]

3. Die Option für ein „offenes Strafrechtssystem" bedeutet also auf der einen Seite, daß die vorhandene Erkenntnis in eine jederzeit abrufbare Ordnung gebracht wird; und auf der anderen Seite, daß bisher übersehene Fallgestaltungen und Probleme nicht unbesehen über den vorhandenen Leisten geschlagen werden, sondern daß jederzeit für eine Modifizierung oder Ergänzung des vorhandenen Systems Raum ist. Ein gutes Beispiel hierfür bietet die Behandlung der verschiedenen Erscheinungsformen des *Irrtums.* Insbesondere in den Fünfziger Jahren dieses Jahrhunderts hat man vielfach gemeint, daß die rechtliche Behandlung des Irrtums aus der systematischen Stellung des Vorsatzes einfach deduktiv abgeleitet werden könne[15], und zwar auch für jene Sonderform des Irrtums über tatsächliche Voraussetzungen eines Rechtfertigungsgrundes, der bei der Auseinandersetzung um die Stellung des Vorsatzes im Strafrechtssystem zunächst überhaupt nicht berücksichtigt worden war. Wie noch unten (unter III. 3) darzulegen ist, wurde hierbei jedoch die Tragweite einer rein systemimmanenten Deduktion überschätzt, weil auch eine bestimmte systematische Position des Vorsatzes durchaus noch für

[14] Grundlegend BGHSt 24, 356ff.; 26, 143ff., 256ff.; aus dem Schrifttum vgl. nur *Lenckner,* in: *Schönke/Schröder* (Fn. 4), § 32, Rn. 58; *Jescheck* (Fn. 9), S. 278f.

[15] Vgl. nur *Welzel,* Das neue Bild des Strafrechtssystems, 4. Aufl. 1961, S. 70f., sowie *ders.,* Das deutsche Strafrecht, 7. Aufl. 1960, S. 152f. m.w.N. zur strengen Schuldtheorie; *Schröder,* ZStW 65 (1953), 178ff.; *Mezger,* in: *Jagusch* u. a. (Hrsg.), Leipziger Kommentar (LK) zum StGB, 8. Aufl. 1958, § 59 Anm. II 17 I und III zur Vorsatztheorie; sowie *Arthur Kaufmann,* JZ 1954, 653ff., zur Lehre von den negativen Tatbestandsmerkmalen.

eine verschiedenartige Behandlung dieser Irrtümer „offen" bleibt. Auf der anderen Seite hieße es aber das Kind mit dem Bade ausschütten, wenn man aus dem Ausgang dieser Diskussion, bei dem die Systemkritiker den Sieg über die Systemapologeten davontrugen[16], die Nutzlosigkeit des Systems für jede einzelne bei Systemaufstellung nicht schon mitbedachte und miterörterte Frage folgern wollte. Denn die hiermit angesprochene *Tragweite* des Systems hängt allein von seinen *inhaltlichen* Qualitäten ab, d.h. davon, wieviele Wertungsgesichtspunkte bei Aufstellung des Systems mitberücksichtigt worden sind und wann ein neuer Sachverhalt auch neue Wertaspekte aufweist. Das soll an zwei Irrtumsfällen demonstriert werden, die vom Gesetzgeber in der Strafrechtsreform teils gar nicht, teils systemwidrig gelöst worden sind, nämlich anhand des Irrtums über die Angehörigeneigenschaft gem. § 258 Abs. 6 StGB sowie anhand des Irrtums über die Rechtmäßigkeit der Amtsausübung gemäß § 113 Abs. 4 StGB.

a) Die Vorschrift des § 258 Abs. 6 StGB, die die Strafvereitelung zugunsten eines *Angehörigen* für straffrei erklärt, begründet nach h.M. einen „persönlichen Strafausschließungsgrund"[17], der in systematischer Hinsicht gewöhnlich „hinter" der Tatbestandsmäßigkeit, Rechtswidrigkeit und Schuld auf der besonderen Ebene der „Voraussetzungen der Strafbarkeit außerhalb von Unrecht und Schuld" eingeordnet wird.[18] Wenn man das heutige Strafrechtssystem als ein gleichsam räumlich abgeschlossenes („topographisches") Gebilde ansähe, müßte infolgedessen die irrige Annahme des Täters, der von ihm Begünstigte sei sein Angehöriger, ein bloßer strafrechtlich unbeachtlicher Strafbarkeitsirrtum sein, weil der Täter in Kenntnis der Tatbestandsmäßigkeit und Rechtswidrigkeit seines Tuns handelt und auch nicht irrig die Voraussetzungen eines Schuldausschließungsgrundes annimmt, so daß weder § 16 noch § 17 StGB einschlägig ist und auch eine

[16] In vielerlei Hinsicht abschließend *Roxin*, ZStW 74 (1962), 515ff. und ZStW 76 (1964), 582ff.

[17] Vgl. hierzu nur *Stree*, in: *Schönke/Schröder* (Fn. 4), § 258, Rn. 39 und *Ruß*, in: LK a.a.O. (Fn. 11), § 258, Rn. 37.

[18] *Baumann*, Strafrecht Allgemeiner Teil, 8. Aufl. 1977, S. 486f.; *Blei*, a.a.O. (Fn. 9), S. 409; *Jescheck*, a.a.O. (Fn. 9), S. 446f.; *Maurach/Zipf*, a.a.O. (Fn. 9), S. 449f.; *Wessels*, a.a.O., (Fn. 10), S. 120f.

Analogie zu der Regelung des Irrtums über die Voraussetzungen eines entschuldigenden Notstandes in § 35 Abs. 2 StGB ausscheiden müßte. Bei einer rein problemorientierten, „topischen" Denkweise könnte man dagegen argumentieren, daß der Gesetzgeber in § 258 Abs. 6 StGB aus Nachsicht gegenüber dem unter einem außergewöhnlichen Druck handelnden Täter auf Strafe verzichtet und daß deshalb, weil der Druck ja strenggenommen nicht aus der objektiven Situation, sondern aus den hierüber beim Täter vorhandenen Vorstellungen resultiert, gegenüber dem die Angehörigeneigenschaft des Begünstigten nur irrig annehmenden Täter die gleiche Nachsicht geboten sei. Konsequenterweise müßte man dann die Straflosigkeit ausschließlich von der subjektiven Annahme des Täters abhängig machen, die Begünstigung eines Angehörigen in Unkenntnis von dessen Angehörigenstellung somit entgegen dem Wortlaut des § 258 Abs. 6 für strafbar erklären.

Ob dieser Standpunkt, soweit er auf eine Erweiterung der Strafbarkeit bei fehlender Kenntnis der Angehörigenstellung hinausläuft, mit dem nullum-crimen-Satz (Art. 103 Abs. 2 GG) zu vereinbaren ist, hängt natürlich von der Möglichkeit einer rein subjektiven Interpretation des Merkmals „zugunsten" ab, worauf im vorliegenden Zusammenhang nicht weiter eingegangen werden soll.

Bei einer kritischen Prüfung dieser beiden extremen Standpunkte zeigt sich, daß keiner von beiden richtig sein kann. Bei der Argumentation aus einem „geschlossenen System" heraus wird die begrenzte inhaltliche Tragweite der bisherigen Systembildung übersehen, in der die „persönlichen Strafausschließungsgründe" eine bloße Verlegenheitskategorie darstellen, deren „Tiefenstruktur" im System nicht abgebildet wird: Weil die Behandlung eines Irrtums über einen im weitesten Sinne zum Ausschluß der Strafe führenden Umstand offenbar von der Frage abhängt, *warum* das objektive Eingreifen dieses Umstandes zum Ausschluß der Strafe führt, kann ein bloß negatives Systematisierungsprinzip („persönliche Strafausschließungsgründe sind alle Gründe, die weder den Tatbestand noch die Rechtswidrigkeit noch die Schuld, aber dennoch die Strafbarkeit ausschließen") die Behandlung von Irrtümern auf dieser Ebene nicht präjudizieren. Auf der anderen Seite führt diese Einsicht in die begrenzte inhaltliche Tragweite des vorhandenen Systems nicht etwa zur Annahme eines endgültig „systemfreien Raumes", in dem der Austausch der auf das Einzelproblem bezogenen Argumente (der Topoi) das letzte Wort darstellt. Vielmehr erfordert es der Grundsatz der Widerspruchsfreiheit, daß das auf topischem Wege gefundene Ergebnis mit dem bisherigen System konfrontiert wird, um entweder an der Überlegenheit der darin gespeicherten Werturteile zu zerbrechen (womit zugleich die inhaltliche Reichweite des Systems erweitert würde) oder aber eine Modifizierung des Systems kraft besserer Einsicht zu erzwingen. Im Beispiel des § 258 Abs. 6 StGB könnte dies etwa in der Form geschehen, daß die bisherige Definition der Systemstufe „Schuld" als der „Möglichkeit des Andershandelns"[19] durch die Neubestimmung als „kriminalpolitisch sinnvolle Zumutbarkeit des Andershandelns" ersetzt würde, wodurch der Schuldbegriff fortentwickelt und zugleich § 258 Abs. 6 StGB als Schuldausschließungsgrund begriffen würde – womit dann auch eine systematisch problemlose Brücke zur analogen Anwendung des § 35 Abs. 2 StGB in den Irrtumsfällen geschlagen würde.

Ob diese Lösung *inhaltlich* überzeugend ist[20], braucht an dieser Stelle nicht weiter erörtert zu werden; hier kommt es nur auf den Nachweis an, daß das Strafrecht weder in ein geschlossenes System gebracht noch einer völlig systemfreien topischen Denkweise überantwortet werden kann, sondern daß stattdessen der Aufbau eines offenen Systems geboten ist, bei dem jedes neue

[19] *Baumann*, a.a.O. (Fn. 18), S. 377; *Blei*, a.a.O. (Fn. 9), S. 176 f.; *Dreher/Tröndle*, a.a.O. (Fn. 4), vor § 1, Rn. 30; *Jescheck*, a.a.O. (Fn. 9), S. 328; *Lenckner*, in: *Schönke/Schröder* a.a.O. (Fn. 4), vor § 13 ff., Rn. 118; *Maurach/Zipf*, a.a.O. (Fn. 9), S. 392; *Rudolphi*, in: Systematischer Kommentar zum Strafgesetzbuch, (SK), Bd. 1 Allgemeiner Teil, 4. Aufl. 1982 ff., Rn. 1 vor § 19.

[20] Vgl. zur Frage einer Neubestimmung des Schuldbegriffs im einzelnen die Beiträge von *Achenbach* und *Schünemann*, S. 135 ff., 153 ff.; zu den verschiedenen Lösungen des Irrtumsproblems bei § 258 Abs. 6 StGB vgl. *Dreher/Tröndle*, a.a.O. (Fn. 5), § 258, Rn. 16 und *Lackner*, a.a.O. (Fn. 5), § 258, Anm. 8, die allein auf die objektive Lage abstellen; weiter *Samson*, in: SK (Fn. 4), § 258, Rn. 55 und *Stree*, in: *Schönke/Schröder* (Fn. 4), § 258, Rn. 39, die ausschließlich die Vorstellung des Täters für maßgebend halten; schließlich *Maurach/Schroeder*, Strafrecht, Besonderer Teil, Teilbd. 2, 6. Aufl. 1981, S. 326 und *Preisendanz*, Strafgesetzbuch Lehrkommentar, 30. Aufl. 1978, § 258, Anm. VIII 3, die gemäß § 35 Abs. 2 StGB nach der Vermeidbarkeit des Irrtums fragen.

Problem in Kenntnis des vorhandenen Systems diskutiert und in einer Weise gelöst werden muß, die entweder dem vorhandenen System integriert werden kann oder dessen Modifizierung erzwingt.

b) Anders als bei der Strafvereitelung ist beim Widerstand gegen Vollstreckungsbeamte (§ 113) der *Irrtum über die Rechtswidrigkeit der Vollstreckungshandlung* (die nach der die Systemfrage offen lassenden Vorschrift des § 113 Abs. 3 die Strafbarkeit des Widerstandes beseitigt) in § 113 Abs. 4 ausdrücklich geregelt, so daß – im Gegensatz zu § 258 Abs. 6 – nur die systematische Stellung und nicht auch die Rechtsfolge des Irrtums problematisch sein kann. Einer rein topischen Denkweise entspräche es, die Irrtumsvorschrift des § 113 Abs. 4 als eine Ausnahmeregelung einfach „hinzunehmen" und auf ihre systematische Einordnung überhaupt zu verzichten. Daß eine solche Strafrechtswissenschaft aber allzu kurze Beine hätte, wird sofort klar, wenn man die verschiedenen Möglichkeiten der systematischen Einordnung durchspielt, weil nämlich dadurch (und nur dadurch!) verdeckte Widersprüche der legislatorischen Entscheidung ans Licht kommen:

aa) Wenn die Rechtmäßigkeit der Vollstreckungshandlung entsprechend der neueren Auffassung als unrechtskonstituierendes Tatbestandsmerkmal qualifiziert wird[21], so ließe sich die Strafbarkeit des über die Rechtmäßigkeit der Vollstreckungshandlung schuldhaft irrenden Täters gem. § 113 Abs. 4 Satz 1 noch als eine unorthodox formulierte Fahrlässigkeitsbestrafung verstehen; die Strafbarkeit des schuldlos Irrenden, der anstelle eines zumutbaren Rechtsbehelfes den aktiven Widerstand gewählt hat (§ 113 Abs. 4 Satz 2), kann dann aber nicht mehr plausibel gemacht werden. Denn wenn das in § 113 Abs. 1 und 3 umschriebene strafwürdige Unrecht nur gegeben ist, wenn der Bürger sich einer rechtmäßigen Vollstreckungshandlung widersetzt, so daß es im objektiven Tatbestand auf die Zumutbarkeit oder Unzumutbarkeit einer Rechtsbehelfseinlegung als Alternative zum Widerstand nicht ankommt, dann folgt aus dem verfassungsrechtlich gewährleisteten Schuldgrundsatz[22], daß der

[21] So *Rudolphi*, in: SK (Fn. 4), § 136, Rn. 30; *Eser*, in: *Schönke/Schröder* (Fn. 4), § 113, Rn. 20; *Hirsch*, ZStW 84 (1973), 380, 388ff., insbes. 391f.; *Naucke*, in: FS f. Dreher, 1977, S. 459; *Sax*, JZ 1976, 9, 16 und 429, 431; *Wolter*, Objektive und personale Zurechnung von Verhalten, Gefahr und Verletzung in einem funktionalen Straftatsystem, 1981, S. 162ff., 177.

[22] BVerfGE 20, 323 (331); 36, 193 (200); 45, 187 (228).

schuldlose Irrtum über die Tatbestandserfüllung nicht anders behandelt werden darf als ein objektiver Tatbestandsausschluß.

bb) Nichts anderes gilt, wenn man die Rechtswidrigkeit der Amtsausübung als Rechtfertigungsgrund versteht.[23] Zwar läßt sich dann wiederum die Strafbarkeit nach § 113 Abs. 4 Satz 1 als eine der strengen Schuldtheorie[24] Rechnung tragende Spezialvorschrift zu den §§ 16 und 17 begreifen, kraft der jeglicher Irrtum über die Rechtswidrigkeit (sei es auf Grund einer Verkennung der tatsächlichen Voraussetzungen des Rechtfertigungsgrundes, sei es auf Grund einer rein normativen Fehleinschätzung) nur im Falle der Unvermeidbarkeit die Strafbarkeit beseitigen soll. Die Strafbarkeit nach § 113 Abs. 4 Satz 2 erweist sich aber auch in diesem systematischen Rahmen als eine Verletzung des Schuldprinzips, weil der Täter bei einem unvermeidbaren Irrtum über die Rechtswidrigkeit seines Widerstandes keine ihm vorwerfbare Veranlassung hat, auf Widerstand zu verzichten und sich stattdessen mit einem zumutbaren Rechtsbehelf zu begnügen.

cc) § 113 Abs. 4 Satz 2 läßt sich deshalb nur dann mit den übrigen Regelungen des Strafgesetzbuches in ein widerspruchsfreies Gesamtsystem bringen, wenn die Absätze 1, 3 und 4 des § 113 zusammengelesen werden und die Verbotsmaterie dadurch in folgender Weise reformuliert wird: Verboten ist jeglicher Widerstand gegen staatliche Vollstreckungshandlungen, sofern nicht erstens die Vollstreckungshandlung rechtswidrig und zweitens (kumulativ!) eine Gegenwehr durch bloße Rechtsbehelfseinlegung unzumutbar ist; für den Fall einer rechtswidrigen Vollstreckungshandlung wird jedoch von einer Bestrafung des (bei zumutbarer Rechtsbehelfseinlegung rechtswidrigen) Widerstandes abgesehen, um durch diese „Lücke“ des Strafrechtsschutzes die Vollstreckungsbeamten zu sorgfältiger Prüfung ihrer Eingriffsbefugnisse anzuhalten.

Durch diese „Synchronisierung“ des § 113 innerhalb des Strafrechtssystems wird aber auf der Stelle ein Widerspruch zur Gesamtrechtsordnung offenbar, weil nämlich ein so verstandener Straftatbestand des Widerstandes gegen Vollstreckungsbeamte den Grundsatz der Einheit der

---

[23] So *v. Bubnoff*, in: LK a.a.O. (Fn. 11), § 113, Rn. 23; *Dreher*, NJW 1970, 1153, 1158; *ders.*, in: Gedschr. f. Schröder, 1978, S. 359, 376ff.; *Dreher/Tröndle* (Fn. 5), § 113, Rn. 10; *Niemeyer*, JZ 1976, 314, 315; *Paeffgen*, JZ 1979, 516, 521.

[24] Vgl. *Welzel*, ZStW 67 (1955), 208ff.; *ders.*, Das deutsche Strafrecht, 11. Aufl. 1969, S. 164ff.; *Hirsch*, Die Lehre von den negativen Tatbestandsmerkmalen, 1960, S. 314ff.; *Armin Kaufmann*, JZ 1955, 37; *Niese*, DRiZ 1953, 20; ferner auch den Versuch von *Hirsch*, § 113 IV vollständig i.S. der strengen Schuldtheorie zu interpretieren (in: FS f. Klug, 1983, S. 251ff.).

Rechtsordnung verletzt. Welche Duldungspflichten der Bürger gegenüber staatlichen Vollstreckungshandlungen besitzt, wird durch das öffentliche Recht (etwa durch die Regelung der Zwangsvollstreckung in der ZPO oder durch die Verwaltungsvollstreckungsgesetze in Verbindung mit dem allgemeinen Verwaltungsrecht) bestimmt. Wenn die darin aufgeführten Voraussetzungen nicht gegeben sind, beispielsweise ohne Erlaubnis des Amtsrichters eine Vollstreckungshandlung zur Nachtzeit vorgenommen wird (vgl. § 761 ZPO), so ist der Bürger zur Duldung nicht verpflichtet und darf gegenüber allen Eingriffen in seine Rechtssphäre Notwehr üben. Weil die Begrenzung der Pflicht des Bürgers zur Duldung von Grundrechtseingriffen durch den in den öffentlich-rechtlichen Eingriffstatbeständen gesetzten Rahmen, durch die Grundrechtsgewährleistungen des Grundgesetzes und das Rechtsstaatsprinzip verfassungsrechtlich garantiert ist, ist also auch die innerhalb des Strafrechtssystems allein übrig gebliebene Interpretation des § 113, wonach auch der Widerstand gegen rechtswidrige Vollstreckungshandlungen verboten ist, solange statt dessen eine Rechtsbehelfseinlegung zumutbar bleibt, innerhalb der Gesamtrechtsordnung nicht akzeptabel.[25]

Alle denkbaren Systematisierungen des § 113 führen deshalb zu unauflösbaren Widersprüchen, sei es innerhalb des Strafrechtssystems, sei es innerhalb des Systems der Gesamtrechtsordnung. Die Irrtumsregelung des § 113 Abs. 4 Satz 2 kann deshalb durch keine denkbare Konstruktion dem Gebot der Widerspruchsfreiheit standhalten, woraus sich zugleich ihre Verfassungswidrigkeit wegen Verletzung des *Gleichheitsgrundsatzes* (Art. 3 GG) ergibt. Diese unersetzbare Funktion der Systembildung und des systematischen Denkens, die zahllosen konkreten rechtlichen Werturteile auf ihre Verträglichkeit miteinander zu überprüfen und Wertungswidersprüche festzustellen, wird dagegen verkannt, wenn man § 113 Abs. 4 Satz 2 lediglich in einer „inneren Spannung mit den allgemeinen Regeln“ sieht und dem Gesetzgeber „die Befugnis zu einer dieser Lage angepaßten Ausnahmeregelung“ zuspricht[26]; denn weil das System nicht unverbunden neben den In-

---

[25] Die systematische Friktion des Strafrechts mit der öffentlich-rechtlichen Regelung fördert hier also einen inhaltlichen Widerspruch zum verfassungsrechtlichen Grundprinzip des Gesetzesvorbehaltes zutage. Vgl. zur Kritik bereits *Schünemann*, JA 1972, 703 ff., sowie *Roxin/Schünemann/Haffke*, Strafrechtliche Klausurenlehre, 4. Aufl. 1982, S. 358.

[26] So aber *Lackner* (Fn. 5), § 113, Anm. 7a bb.

halten der rechtlichen Werturteile steht, sondern deren logische Ordnung bedeutet, läuft ein auch durch Umbau und Modifizierung des Systems nicht behebbarer Widerspruch immer auf eine Wertungsaporie hinaus, die es in einer an Art. 3 GG orientierten Rechtsordnung nicht geben darf.

4. Zusammenfassend kann damit festgehalten werden, daß systematisches Denken und Systembildung für eine entwickelte, rationale Rechtskultur unverzichtbar sind; daß Systemwidrigkeiten, die auch durch einen Umbau des Systems nicht „integriert" werden können, eo ipso auf inhaltliche Mängel der Rechtsordnung hinweisen; daß man aber auf der anderen Seite niemals die Tragweite des erreichten Systems überschätzen darf, so daß beim Auftauchen neuer Probleme stets auch die bisherige Systematisierung überprüft werden muß; so daß – alles in allem – das Ideal der strafrechtlichen (wie auch allgemein der rechtswissenschaftlichen) Systembildung von einem „offenen System" repräsentiert wird, das die in der wissenschaftlichen Auseinandersetzung erzielten, gesicherten Erkenntnisse ordnet und bewahrt, gegenüber einer Modifizierung oder gar Umstürzung durch neue Problemlösungen oder neue inhaltliche Erkenntnisse aber nicht immunisiert ist.

III. Epochen strafrechtlicher Systembildung

Wenn man die zahlreichen systematischen Ansätze und Systementwürfe zu dem modernen, durch das Reichsstrafgesetzbuch von 1871 geprägten Strafrecht unter Inkaufnahme der dadurch bedingten Detail-Unschärfe zu großen, durch den philosophischen Hintergrund und die tragenden Systemideen zusammengeschlossenen Gruppen zu gliedern versucht, so lassen sich *fünf Epochen* der strafrechtlichen Systembildung unterscheiden: der in dem *Beling-Liszt*'schen Strafrechtssystem gipfelnde Naturalismus; der zu einer Re-Normativierung führende Neukantianismus; die zu einem Irrationalismus führende ganzheitliche Betrachtungsweise; der im Strafrechtssystem *Welzels* gipfelnde Finalismus; und die hypermodernen Versuche, die Bausteine des Strafrechtssystems wieder unmittelbar mit dessen Zwecken zu verknüpfen („Zweckrationalismus"). Nicht zuletzt wegen zahlreicher Unter- und Widerströmungen ist eine genaue zeitliche Einteilung dieser Epochen ohne erhebliche Nivellierungen kaum möglich; am ehesten kann die Feststellung gewagt werden, daß der Naturalismus bis zum Jahre 1900 dominiert, der Neukantianismus bis zum Jahre 1930, der Irrationalismus bis zum Jahre 1945, der Finalismus bis 1960 und der im Augenblick in einer stürmischen Entwicklung begriffene Zweckrationalismus vielleicht im Jahre 1990.

1. Der Naturalismus

a) Die naturalistische Strafrechtswissenschaft unternahm als Kind des das wissenschaftliche Denken Ende des Neunzehnten Jahrhunderts beherrschenden, alle transzendentalen Spekulationen abweisenden Positivismus[27] den Versuch, im Strafrechtssystem die „natürlichen" Elemente der Straftat nachzubilden, so daß die Feststellung einer Straftat mit dem Existenzialurteil identisch sei, daß diese oder jene sinnlich wahrnehmbaren, in einem physikalischen oder biologischen Begriffssystem beschreibbaren Fakten gegeben sind. Die Straftat wurde definiert als diejenige Handlung (= vom Willen beherrschtes Verhalten), die tatbestandsmäßig, rechtswidrig und schuldhaft ist[28], wobei erst die Subdefinition dieser (auch heute noch die Grundlagen des Strafrechtssystems bildenden) Merkmale den naturalistischen Gehalt des *Beling-Liszt*'schen Systems zum Vorschein bringt. Zur „*Tatbestandsmäßigkeit*" einer Handlung gehörte nämlich im *Beling-Liszt*'schen System ausschließlich das außenweltliche (physikalisch beschreibbare) Geschehen, das der Gesetzgeber in den

---

[27] Zum „Weltbild des Positivismus", in dem das Strafrechtssystem *von Liszts* wurzelt, vgl. die instruktive Darstellung von *Welzel*, in: Naturalismus und Wertphilosophie, 1935, hier zitiert aus dem Neudruck in: Abhandlungen zum Strafrecht und zur Rechtsphilosophie, 1975, S. 29ff. (m. zahlr. N. der Grundschriften des sog. klassischen Positivismus); zur Prägung *v. Liszts* durch dieses Weltbild vgl. *Welzel*, ibid., S. 51ff.

[28] Vgl. *v. Liszt*, Lehrbuch des deutschen Strafrechts, 14./15. Aufl. 1905, S. 117; *Beling*, Die Lehre vom Verbrechen, 1906, S. 7 (mit der an dieser Stelle noch nicht interessierenden 4. Kategorie der Erfüllung der Strafbarkeitsbedingungen).

einzelnen, deskriptiv gefaßten (und deshalb keine weitere Wertung mehr erfordernden) Verbrechenstypen des Besonderen Teils beschrieben habe.[29] Diese im Tatbestand erfaßte objektive Tatseite wurde durch die als *„Schuld“* bezeichnete subjektive Tatseite ergänzt, die in der psychischen Beziehung des Täters zu seiner Tat bestehe und in den beiden Schuldformen des Vorsatzes und der Fahrlässigkeit in Erscheinung trete.[30] Die *Handlung* als vom Willen beherrschtes Verhalten[31], die Tatbestandsmäßigkeit als das vom Gesetzgeber vertypte außenweltliche Geschehen und die Schuld als die psychische Beziehung des Täters zu seiner Tat sollten – als „natürliche Gegenstände der realen Welt“ – vom Richter ohne zusätzliche Werturteile festgestellt werden können; lediglich die *„Rechtswidrigkeit“* stellte in dem naturalistischen System noch einen normativen Fremdkörper dar. Daß dieser Bruch in dem dem *wissenschaftlichen* Positivismus verhafteten *Beling-Liszt*'schen System freilich nicht allzu störend in Erscheinung trat, ist dem *juristischen* Positivismus zu verdanken, der das Recht mit der Summe der vom Gesetzgeber erlassenen Gesetze identifizierte und (als „Begriffsjurisprudenz“) an die Möglichkeit glaubte, den Sinn des Gesetzes durch eine ohne eigene richterliche Wertungen erfolgende Auslegung zu erkennen.[32] Die Rechtswidrigkeit einer tatbestandsmäßigen Handlung bedeutete deshalb ihre Unvereinbarkeit mit dem positiven Recht[33], deren Feststellung im Einzel-

---

[29] Vgl. *Beling*, a.a.O. (Fn. 28), S. 147, 178f.; *dens.*, Grundzüge des Strafrechts, 11. Aufl. 1930, S. 31; *v. Liszt*, a.a.O. (Fn. 28), S. 140.

[30] Vgl. *Beling*, a.a.O. (Fn. 28), S. 180 u.ö.; *v. Liszt*, Lehrbuch, 1. Aufl., 1881, S. 105f. (während *v. Liszt* ab der 14./15. Aufl., 1905, hierunter nur noch die „Schuld im materiellen Sinne“ versteht, der er als „formelle Schuld“ die Verantwortlichkeit für die begangene rechtswidrige Handlung gegenüberstellt – a.a.O., S. 157 unter dem Einfluß des gerade aufkommenden normativen Schuldbegriffs).

[31] Vgl. *Beling*, a.a.O. (Fn. 28), S. 9ff.; *v. Liszt*, Lehrbuch, 14./15. Aufl., S. 122.

[32] Zum Gesetzespositivismus vgl. aus heutiger Sicht die Darstellungen bei *Larenz*, a.a.O. (Fn. 1), S. 36ff.; *Henkel*, Einführung in die Rechtsphilosophie, 2. Aufl. 1977, S. 486ff.; *Ryffel*, Grundprobleme der Rechts- und Staatsphilosophie, 1969, S. 216ff.; *Ott*, Der Rechtspositivismus, 1976; *Wieacker*, Privatrechtsgeschichte der Neuzeit, 2. Aufl. 1967, S. 430ff., alle m.w.N.

[33] So *v. Liszt* noch ausdrücklich in der 14./15. Aufl. seines Lehrbuches (a.a.O. – Fn. 28 –, S. 140), obwohl er zu diesem Zeitpunkt bereits – ähnlich wie auch beim Schuldbegriff – aus dem mit der Jahrhundertwende einsetzenden neu-

fall in pragmatischer Hinsicht dadurch vereinfacht wurde, daß die Rechtswidrigkeit einer tatbestandsmäßigen Handlung die Regel sei und lediglich zur Feststellung eines Ausnahmefalles die im positiven Recht geregelten Rechtfertigungsgründe durchgeprüft werden müßten.[34]

b) So folgenschwer die naturalistische Definition der Straftat als der tatbestandsmäßigen, rechtswidrigen und schuldhaften Handlung bis heute geblieben ist, so tiefgreifend und zählebig sind auch die inhaltlichen Auswirkungen des naturalistischen Denkens gewesen, und zwar dadurch, daß der *Kausalitätsbegriff* zum Angelpunkt des Tatbestandes (des „außenweltlichen Geschehens“) gemacht worden ist. Mit dem Siegeszug der Äquivalenztheorie, die alle Bedingungen als gleichursächlich bezeichnete und eine normative Gewichtung der verschiedenen Kausalanteile als unwissenschaftlich ablehnte[35], wurden in der Dogmatik des Allgemeinen Teils alle Ansätze erstickt, aus einer unterschiedlichen Intensität oder Gefährlichkeit der sozialen Position oder Mitwirkungsform bei verschiedenen Tatbeteiligten unterschiedliche rechtliche Bewertungen abzuleiten. Der naturalistische „*Kausalmonismus*“ verhinderte dadurch eine Entfaltung der Systemstufe „Tatbestand“, die zu der nivellierten „Verursachung einer Rechtsgutsverletzung“ verkümmerte und deshalb nicht mehr dazu in der Lage war, die in der Vielfalt der sozialen Konfliktsla-

---

kantianischen Strafrechtsdenken den Begriff der materiellen Rechtswidrigkeit übernommen hatte, vgl. a.a.O., S. 139.

[34] Vgl. *Beling*, a.a.O. (Fn. 28), S. 163f.; *dens.*, Grundzüge des Strafrechts, a.a.O. (Fn. 29), S. 14.

[35] Grundlegend und folgenschwer *v. Buri*, Über Causalität und deren Verantwortung, 1873, S. 2f. und passim; vgl. ferner *dens.*, Abhandlungen aus dem Strafrecht, 1878, S. 92ff.; zuvor bereits in Anknüpfung an *Köstlin*, *Berner* und *Hälschner*, in: Zur Lehre von der Theilnahme an dem Verbrechen und der Begünstigung, 1860, S. 1ff., 15 und passim; ferner im Zusammenhang mit der Unterlassungsstrafbarkeit *ders.*, in: GS 21 (1869), 199f.; 27 (1875), 25ff.; 56 (1904), 445ff.; ZStW 1 (1881), 400ff. Die daraus folgende normative Konsequenz, daß sämtliche Bedingungen des Erfolges gleichwertig seien, bildete in der Folgezeit den Basissatz des juristischen Naturalismus und fand sich auch bei *v. Liszt* (Lehrbuch, 14./15. Aufl., S. 126), der auch die direkte Verbindungslinie zur positivistischen Philosophie herstellte (auf S. 130 Fn. 8 unter Berufung auf den Ursachenbegriff *Mills*).

gen angelegten Wertungsdifferenzen aufzunehmen und durch begriffliche Ausdifferenzierung zu verarbeiten.

Dazu einige Beispiele: In der *Fahrlässigkeitsdogmatik* hat die Fixierung auf den Kausalitätsbegriff lange Zeit die Ausbildung einer normativen Zurechnungslehre blockiert, die erst in den letzten Jahren in Form der Risikoerhöhungs- und Schutzzweck-Theorien in Angriff genommen worden ist.[36] Die (nach dem RStGB von 1871 völlig offene) Strafbarkeit des *untauglichen Versuches* ist im Banne der Äquivalenztheorie zunächst von der Rechtsprechung (unter dem dominierenden Einfluß des Reichsgerichtsrates *von Buri*)[37], sodann auch im Schrifttum[38] und schließlich vom Gesetzgeber des AT 1975[39] im Sinne einer radikalen Strafbarkeitsausdehnung gelöst worden, weil man zunächst fälschlich annahm, wegen der Äquivalenz aller Bedingungen für das Scheitern des Versuches zwischen gefährlichen und ungefährlichen Versuchen nicht unterscheiden zu können[40], und weil spä-

---

[36] Grundlegend dazu *Roxin*, ZStW 74 (1962), 411ff.; *ders.*, in: FS f. Honig, 1970, S. 133ff.; *Rudolphi*, JuS 1969, 549ff.; vgl. ferner zur weiteren Entwicklung und Auseinandersetzung mit der Kritik *Schünemann*, JA 1975, 435ff., 511ff., 575ff., 647ff., 715ff. Daß sich die strafrechtliche Zurechnungslehre bei den Fahrlässigkeitsdelikten dagegen noch in den Fünfziger Jahren nicht vom Naturalismus emanzipiert hatte, belegen die Entscheidungen des BGH im Radfahrer- und im Pockenarzt-Fall (BGHSt 11,1ff.; 17, 359ff.), in denen die Zurechnungsprobleme in einer unbehelflichen, freilich dem damaligen dogmatischen Stand entsprechenden Weise (vgl. *Mezger*, Strafrecht, 3. Aufl. 1949, S. 109ff., insbes. S. 126f., 361f.; *Schönke/Schröder*, Strafgesetzbuch, 7. Aufl. 1954, § 59, Anm. VIII) durch Erwägungen zur Kausalität und zum Zeitpunkt der Einwilligung zu lösen versucht wurden.

[37] *v. Buri*, GS 19 (1867), 60, 71; 32 (1880), 321ff.; 40 (1888), 503ff.; *ders.*, ZStW 1 (1881), 185ff.; RGSt 1, 439, 441; 8, 198, 203; 34, 15, 21; 72, 66; 77, 1.

[38] Vgl. *Mezger*, Deutsches Strafrecht, 1938, S. 107f.; *Welzel*, Der allgemeine Teil des deutschen Strafrechts in seinen Grundzügen, 1940, S. 97; *v. Olshausen*, Kommentar zum Strafgesetzbuch, 12. Aufl. 1942, Anm. 3 vor § 43; *Wegner*, Strafrecht Allgemeiner Teil, 1951, S. 225; *Maurach*, Deutsches Strafrecht, Allgemeiner Teil, 1954, S. 430; *Kohlrausch/Lange*, Strafgesetzbuch, 3. Aufl. 1954, Vorbem. III, IV vor § 43; *Schönke/Schröder*, Strafgesetzbuch, 8. Aufl. 1957, § 43, Anm. II 1.

[39] Durch die §§ 22 und 23 StGB.

[40] Vgl. *v. Buri*, ZStW 1 (1881), 185, 198f., 205ff.; GS 40 (1888), 503ff.; völlig zutreffend in diesem Punkte dagegen *v. Liszt*, Lehrbuch, 14./15. Aufl., S. 209f.

ter die hierdurch eingetretene Suggestion des Rechtsgefühls so stark war, daß man den in der subjektiven Versuchstheorie stekkenden Verrat am Tatstrafrecht nicht einmal in der Strafrechtsreform mehr verspürte. Noch krasser fielen die Auswirkungen des naturalistischen Denkens in der *Teilnahmelehre* aus, wo das kausalmonistische Denken eine Unterscheidung zwischen Täterschaft und Teilnahme im objektiven Bereich (wegen der „naturwissenschaftlichen Äquivalenz" der Täter- und der Teilnehmerkausalität) unmöglich zu machen schien und wo deshalb von der Rechtsprechung unter dem erneuten Einfluß *von Buris* eine subjektive Abgrenzungstheorie kreiert wurde[41], die trotz ihrer dogmatischen Versteinerung vom Bundesgerichtshof sogar noch nach der Strafrechtsreform und der in § 25 Abs. 1 Satz 1 formulierten eindeutigen Absage an eine rein subjektive Teilnahmetheorie fortgesetzt wird.[42] Als besonders dubiose Frucht des kausalmonistischen Denkens ist schließlich noch die *Ingerenz-Garantenstellung* bei den unechten Unterlassungsdelikten zu erwähnen, deren Gleichstellungskriterium – der nackte Kausalstrang – in der modernen Garantentheorie ein vollständiger Fremdkörper ist, aus Traditionalismus in einem wenn auch eingeschränkten Umfange aber immer noch von der Rechtsprechung und herrschenden Lehre mitgeschleppt wird.[43]

c) Schon diese wenigen Beispiele dürften zur Genüge belegen, daß der strafrechtliche Naturalismus nicht nur die heute noch gebräuchlichen Systemstufen „Handlung, Tatbestandsmäßigkeit, Rechtswidrigkeit und Schuld" geschaffen hat, sondern auch für

---

[41] Vgl. *v. Buri*, Die Causalität und ihre strafrechtlichen Beziehungen, 1885, S. 41; *dens.*, Zur Lehre von der Teilnahme, 1860, S. 1 ff.; *dens.*, GA 1869, 233 ff., 305 ff.; in der Rechtsprechung des Reichsgerichts bereits grundlegend RGSt 3, 181 ff.

[42] Vgl. BGHSt 28, 346 ff.; BGH NJW 1979, 1259; StrV 1981, 275 f.; NStZ 1981, 394; StrV 1982, 17; NStZ 1982, 243; vgl. auch die eingehende Darstellung und Diskussion bei *Roxin*, Täterschaft und Tatherrschaft, 4. Aufl. 1984, S. 558 ff., dessen Resümee auf S. 589, daß die Entwicklung von der subjektiven Teilnahmetheorie allmählich wegführe, zu optimistisch erscheint. Vgl. im übrigen zur Widerlegung der subjektiven Theorie lediglich *Roxin*, a.a.O., S. 54 ff., 591 ff.

[43] Vgl. dazu sowie zur Herkunft der Ingerenz-Garantenstellung aus dem kausalmonistischen Denken *Schünemann*, ZStW 96 (1984), S. 289 ff., 308 f.

viele inhaltliche Festlegungen der Strafrechtsdogmatik verantwortlich ist, die sich trotz des Wandels der kriminalpolitischen und weltanschaulichen Grundlagen des Strafrechts und ungeachtet ihrer wiederholten wissenschaftlichen Widerlegung bis heute hartnäckig behauptet haben. Daran läßt sich nicht nur erneut die enge Verbindung der systematischen und der inhaltlichen Fragestellung erkennen, sondern auch das in einem systematischen Denken steckende kritische Potential ermessen: Allein schon der Nachweis ihrer Herkunft aus einem heute längst überholten kausalmonistischen Denken stellt den atavistischen Charakter der oben erwähnten subjektiven Theorien so deutlich heraus, daß sie in strafrechtswissenschaftlicher Hinsicht unheilbar diskreditiert sind, auch wenn die Rechtsprechung wegen ihres im Ansatz verständlichen Traditionalismus sowie wegen der für sie offenbar faszinierenden Bequemlichkeit, mit das richterliche Ermessen nicht beschränkenden Leerformeln zu arbeiten, an ihnen immer noch festhält.

2. Die Strafrechtssystematik unter dem Einfluß des Neukantianismus

a) Während der strafrechtliche Naturalismus vom Erscheinen der ersten Auflage von *Liszts* Strafrechtslehrbuch im Jahre 1881 an ungefähr zwei Jahrzehnte lang dominierte, setzte schon bald nach der Jahrhundertwende eine neue Phase des strafrechtswissenschaftlichen Denkens ein, durch die die wissenschaftstheoretische Naivität des Naturalismus bloßgelegt und seine Überwindung eingeleitet wurde. Den Anstoß gab dazu der Einfluß der *neukantianischen Philosophie* (insbes. ihrer südwestdeutschen Prägung[44]), durch die die alte Erkenntnis wiederbelebt wurde, daß aus einem Sein kein Sollen folgt (oder mit anderen Worten: daß durch eine empirische Analyse der Wirklichkeit niemals normative Maßstäbe

[44] Vgl. dazu die (allzu kritische) Darstellung von *Welzel*, in: Naturalismus und Wertphilosophie im Strafrecht, hier zitiert aus: Abhandlungen, a.a.O. (Fn. 27), S. 70f.; *Mittasch*, Die Auswirkungen des wertbeziehenden Denkens in der Strafrechtssystematik, 1939 (Abhandlungen des kriminalistischen Institutes an der Universität Berlin IV), S. 236ff.

für deren Bewertung gefunden werden können). Dem aus neukantianischer Sicht eindeutigen *„naturalistischen Fehlschluß“* bei der Lösung inhaltlicher Probleme[45] (exemplarisch: aus der Tatsache der Kausalität läßt sich nicht das Werturteil der strafrechtlichen Erfolgszurechnung ableiten!) entsprach dabei in systematischer Hinsicht der Fehlgriff, das Strafrechtssystem vorwiegend aus empirischen Begriffen aufzubauen anstatt aus den für das Strafrecht grundlegenden *Werten.*[46]

Diese (hier nur im Grundansatz skizzierte) Kritik gegenüber dem strafrechtlichen Naturalismus greift im Ergebnis durch, bedarf aus heutiger Sicht aber einiger Modifizierungen. Denn *Liszt's* Strafrechtskonzeption beruhte nicht etwa auf einem plumpen naturalistischen Fehlschluß[47], sondern bediente sich lediglich

---

[45] Vgl. dazu *Radbruch*, Rechtsphilosophie, 6. Aufl. 1963, S. 97ff.; *Kelsen*, Reine Rechtslehre, 2. Aufl. 1960, S. 5ff., 215ff., 409ff., 429ff.; zur philosophischen Kritik des (seit *Hume* und *Kant* entlarvten) naturalistischen Fehlschlusses vgl. *Moore*, Principia Ethica, Cambridge, 1968 (dt. 1970), Kap. 10, 24f.; *Frankena*, Analytische Ethik, 1972, S. 117ff.; *Kaulbach*, Ethik und Metaethik, 1974, S. 73ff.; *Höffe*, Naturrecht ohne naturalistischen Fehlschluß, 1980, S. 9ff.

[46] Der Gedanke, daß die strafrechtliche Begriffsbildung wertbeziehend zu erfolgen hat, geht auf die Philosophie *Rickerts* zurück (vgl. nur *dens.*, in: Kulturwissenschaft und Naturwissenschaft, 6./7. Aufl. 1926, S. 24, 50, 107ff.; Die Grenzen der naturwissenschaftlichen Begriffsbildung, 2. Aufl. 1913, S. 318ff., 325ff.), wurde von *Lask* auf die Rechtsphilosophie übertragen (in: Gesammelte Schriften Bd. 1, 1923, S. 290ff., 307ff.) und fand zu Beginn dieses Jahrhunderts raschen Eingang in die Strafrechtswissenschaft, wobei sich der Einfluß *Rickerts* mit Parallelströmungen vereinigte, die teils auf den dem sog. Marburger Neukantianismus nahestehenden Rechtsphilosophen *Stammler*, teils – als „Teleologische Rechtswissenschaft“ – auf *Rudolf v. Jhering* zurückgingen (vgl. *M. E. Mayer*, Rechtsnormen und Kulturnormen, 1903, S. 2 Fn. 1 und passim; *Graf zu Dohna*, Die Rechtswidrigkeit, 1905, S. 46ff.; *Radbruch*, Grundzüge der Rechtsphilosophie, 1. Aufl. 1914, S. 1ff., 190ff.; *Hegler*, ZStW 36 (1915), 20ff.; *M. E. Mayer*, Allgemeiner Teil des deutschen Strafrechts, 1915, S. 38ff.; *Grünhut*, Begriffsbildung und Rechtsanwendung im Strafrecht, 1926, S. 15ff.; *E. Wolf*, Strafrechtliche Schuldlehre 1. Teil, 1928, S. 73ff.; *Schwinge*, Teleologische Begriffsbildung im Strafrecht, 1930, S. 4ff.; *Radbruch*, Festgabe f. Frank I, 1930, S. 158ff.; *Hegler*, Festgabe f. Frank I, S. 270ff.; alle m.w.N.).

[47] Das zeigt sich etwa daran, daß *v. Liszt* ein teleologisches Denken durchaus kannte und im Bereich der Kriminalpolitik auch favorisierte (Lehrbuch, 14./15. Aufl., S. 64ff.), durch das Strafgesetz als die „Magna charta“ des Ver-

zur Überwindung des „Grabens zwischen Sein und Sollen" eines unzulänglichen Instrumentes, nämlich des *Gesetzespositivismus:* An sich besteht die Aufgabe der Jurisprudenz wie die jeder Wissenschaft durchaus auch darin, die auf den höheren Abstraktionsstufen des Systems verwendeten „theoretischen Konstrukte" operational zu definieren, und das heißt: auf („naturalistische") Beobachtungssprache zurückzuführen und dadurch zu „entnormativieren".[48] Der Fehler von *Liszt's* Konzeption bestand deshalb eigentlich erst darin, daß er die Wertungsprobleme bereits durch das StGB gelöst wähnte und nicht erkannte, daß beispielsweise im Allgemeinen Teil die bei weitem meisten normativen Probleme vom Gesetzgeber und der Strafrechtswissenschaft des Neunzehnten Jahrhunderts noch nicht einmal erkannt, geschweige denn gelöst worden waren.[49] Weil das Gesetz die notwendigen Wertungen also noch gar nicht enthielt, wurde das Strafrechtssystem unversehens mit diesen Wertentscheidungen befrachtet, zu denen es infolge seiner Konstruktion aus empirischen Begriffen aber nur durch einen unzulässigen Schluß vom Sein aufs Sollen gelangen konnte.

Um diese wissenschaftstheoretischen Räsonnements an einem konkreten Beispiel zu erläutern: Ob der Notstand gemäß § 35 StGB n. F. (= §§ 52, 54 RStGB a. F.) die Rechtswidrigkeit oder nur die Schuld ausschließt, ist eine für das Strafbarkeitsergebnis relevante und deshalb „inhaltliche" Frage, weil davon beispielsweise das Notwehrrecht des im Notstand Angegriffenen abhängt. Das dazu notwendige rechtliche Werturteil kann offenbar nur sinnvoll abgegeben werden, wenn die beiden Alternativen (Rechtfertigung oder Schuldausschluß) jeweils (wenn auch in unterschiedlicher Weise) *wertbezogen* sind. Im *Beling-Liszt*'schen System trifft dies für den Schuldbegriff von vornherein nicht zu, weil die „psychische Beziehung des Täters zur Tat" jedenfalls bei der Schuldform des Vorsat-

brechers aber abgeschnitten wähnte (a.a.O., S. 79 sowie bereits in ZStW 13 – 1893 –, 325 = Strafrechtliche Aufsätze und Vorträge, Bd. 2, 1905, S. 25).

[48] Vgl. allgemein zu der Methode der operationalen Definition theoretischer Konstrukte *Seiffert*, Einführung in die Wissenschaftstheorie 1, 3. Aufl. 1971, S. 190ff.; *Atteslander*, Methoden der empirischen Sozialforschung, 4. Aufl. 1975, S. 32ff.

[49] Typisch etwa die Überschätzung der Tragweite der legislatorischen Entscheidungen im Lehrbuch, 14./15. Aufl., S. 140.

zes ein empirisch feststellbarer Sachverhalt sein sollte, von dem sich keine Brücke zu der (hinter der Notstandssituation stehenden) Unzumutbarkeit normgemäßen Handelns bei starkem Motivationsdruck schlagen läßt. Infolgedessen blieb aber im naturalistischen System keine andere Möglichkeit übrig, als den Notstand entweder bei den (aus gänzlich anderen Wertungen gespeisten) Rechtfertigungsgründen einzuordnen *(von Liszt)*[50] oder aber unter der Bezeichnung als „Strafausschließungsgrund" in die unbewältigte Rumpelkammer der Strafrechtsdogmatik zu verbannen *(Beling)*.[51]

Ein weiteres Beispiel: Vor dem Siegeszug des Naturalismus gab es hoffnungsvolle Ansätze für eine normative Konzeption der Erfolgszurechnung, die auf der systematischen Unterscheidung zwischen der (rechtlich relevanten) „Ursache" und der (rechtlich irrelevanten) „Bedingung" des Erfolges beruhte.[52] Durch den typisch naturalistischen Fehlschluß, „daß man einen Kausalzusammenhang nicht juristisch untersuchen" könne und daß, wenn „eine Erscheinung ihre Entstehung der Wirksamkeit verschiedener Kräfte verdankt, keine einzige Kraft im Vergleich zu der anderen zur Bedingung degradiert" werden könnte, „sie vielmehr alle als gleichberechtigt angesehen werden" müßten[53], sind die Ansätze zu einer normativen Erfolgszurechnungstheorie damals im Keime erstickt und für nahezu ein Jahrhundert durch eine Verabsolutierung der naturwissenschaftlichen Kausalität (den „Kausalmonismus") ersetzt worden.

b) Durch den Einfluß des Neukantianismus ist die Dimension der spezifisch rechtlichen, d. h. nach Wertmaßstäben erfolgenden Entscheidung für die Strafrechtssystematik und -dogmatik zurückgewonnen worden, wobei die „normative Aufladung" der auf der zweithöchsten Stufe der Begriffspyramide stehenden Systemgrundbegriffe „Rechtswidrigkeit" und „Schuld" bis zur Entscheidung des Einzelfalles hin fruchtbar geworden ist.

aa) Im *Beling-Liszt*'schen System war die *Rechtswidrigkeit* ursprünglich eine rein *formelle*, lediglich durch die Machtsprüche des Gesetzgebers mit Inhalt erfüllte Kategorie. Hier trat nun

[50] Vgl. Lehrbuch, 14./15. Aufl., S. 150f.

[51] a.a.O. (Fn. 28), S. 53.

[52] Vgl. nur *v. Bar*, Die Lehre vom Kausalzusammenhang im Recht, besonders im Strafrecht, 1871, S. 4ff.; *Ortmann*, GA 1876, 99ff.; *v. Birkmeyer*, GS 37 (1885), 272ff. u. *Kohler*, Studien aus dem Strafrecht, Bd. I, 1890, S. 83ff.

[53] So wörtlich *v. Buri*, Über Causalität und deren Verantwortung, S. 2f.

durch die Doktrin von der *„materiellen Rechtswidrigkeit"* ein völliger Umschwung ein: Indem die materielle Rechtswidrigkeit als „gesellschaftsschädliches Verhalten" definiert wurde und für den Ausschluß der Rechtswidrigkeit die regulativen Formeln des „rechten Mittels zum rechten Zweck" bzw. des „Mehr-Nutzen-als-Schaden-Prinzips" entwickelt wurden[54], konnte man überhaupt erst eine systematisch verarbeitete Lösung der zahlreichen vom Gesetzgeber übersehenen oder offen gelassenen Rechtswidrigkeitsprobleme in Angriff nehmen. Durch die endgültige Anerkennung des Rechtfertigungsgrundes der Güter- und Pflichtenabwägung in der berühmten Entscheidung des Reichsgerichts zur Schwangerschaftsunterbrechung zwecks Rettung der Schwangeren vom 11. März 1927[55] wurde auch in der Rechtsprechung der Abschied von einem positivistisch-naturalistischen Rechtswidrigkeitsverständnis markiert, und die systematische Unterscheidung zwischen rechtfertigendem (heute § 34) und entschuldigendem Notstand (heute § 35)[56] bezeugt in paradigmatischer Weise, wie leicht in einem fortentwickelten System sachentsprechende Differenzierungen gefunden werden können, die in einem unterentwickelten System überhaupt nicht in den Blick kommen.

bb) Diese Auflösung des „Gordischen Notstandsknotens" war freilich nur möglich, weil außer der Rechtswidrigkeit auch die Systemstufe der Schuld eine neue Sinngebung erfahren hatte, nämlich in Gestalt der Ersetzung des psychologischen Schuldbegriffs

[54] Grundlegend sind die (freilich nicht auf *Rickert*, sondern auf der Rechtsphilosophie *Stammlers* fußenden) Ansätze von *Graf zu Dohna*, Die Rechtswidrigkeit als allgemeingültiges Merkmal im Tatbestand strafbarer Handlungen, 1905, S. 28, 54 u.ö., und von *M. E. Mayer*, Rechtsnormen und Kulturnormen, 1903, S. 88. Vgl. ferner *Hegler*, ZStW 36 (1915); 27 ff.; Sauer, Grundlagen des Strafrechts, 1921, S. 391; *Zimmerl*, Aufbau des Strafrechtssystems, 1930, S. 41 u.ö.; *v. Liszt/Schmidt*, Lehrbuch des deutschen Strafrechts, Bd. I, Einleitung und Allg. Teil, 26. Aufl. 1932, S. 187 f.

[55] RGSt 61, 242, 253 ff.

[56] Grundlegend *Goldschmidt*, in: Österreichische Zeitschrift für Strafrecht 1913, 162 ff.; vgl. ferner *dens.*, in: Festgabe f. Frank I, 1930, S. 452 f.; *v. Weber*, Das Notstandsproblem und seine Lösung in den deutschen Strafgesetzentwürfen von 1919 u. 1925, 1925, S. 16; *Henkel*, Der Notstand nach gegenwärtigem und zukünftigem Recht, 1932, S. 16 ff.; *Marcetus*, Der Gedanke der Zumutbarkeit, 1928, S. 68.

durch den *normativen Schuldbegriff.* Das naturalistische Verständnis der Schuld als der psychischen Beziehung des Täters zu seiner Tat hatte, wie schon oben bemerkt, den Entschuldigungsgründen keine systematische Heimstatt bieten können, vermochte den Schuldcharakter der unbewußten Fahrlässigkeit (bei der es an einer psychischen Beziehung des Täters zum Erfolg gerade fehlt) nicht verständlich zu machen und ließ im übrigen die aus neukantianischer Sicht unentbehrliche Wertbeziehung vermissen. Der zunächst beiläufig unterbreitete Vorschlag *Franks,* die *„Vorwerfbarkeit"* als das Wesen der Schuld anzuerkennen[57], setzte sich deshalb in kürzester Zeit durch[58] und stiftete für die bis dahin eher disparaten Figuren der Zurechnungsfähigkeit, des Vorsatzes und der Fahrlässigkeit sowie der zuvor meist als Rechtfertigungs- oder Strafausschließungsgründe mißverstandenen Schuldausschließungsgründe eine gemeinsame systematische Heimstatt. Die Entdeckung der gleichen Wertbeziehung und damit der *axiologischen Nachbarschaft* von in ontologischer Hinsicht ganz unterschiedlichen Sachverhalten war also das entscheidende Novum am normativen Schuldbegriff, durch den nun der Blick auf bisher unbemerkt gebliebene Zusammenhänge geöffnet wurde: In deutlich antipositivistischer Stoßrichtung wurde das Konzept eines auf dem Gedanken der Unzumutbarkeit beruhenden übergesetzlichen Schuldausschließungsgrundes entwickelt[59], und – was für die Zukunft noch folgenschwerer werden sollte – unter dem leitenden Aspekt der „Vorwerfbarkeit" trat die Relevanz des zuvor weitgehend ignorierten *Verbotsirrtums* offen zutage.[60]

---

[57] In: FS f. die juristische Fakultät in Gießen, 1907, S. 529.

[58] Zu den Einzelheiten vgl. die dogmenhistorische Darstellung bei *Achenbach,* Historische und dogmatische Grundlagen der strafrechtssystematischen Schuldlehre, 1974, S. 105ff. Obwohl *Frank* den „normativen Schuldbegriff" nicht in der Philosophie des Neukantianismus verankert hatte, ist sein Entwurf von den Zeitgenossen durchweg als „bahnbrechend" empfunden worden, vgl. *Goldschmidt,* in: Festgabe f. Frank I, S. 428; *Marcetus,* a.a.O. (Fn. 56), S. 7ff.; *Schumacher,* Um das Wesen der Strafrechtsschuld, 1927, S. 1ff.

[59] Vgl. *Freudenthal,* Schuld und Vorwurf im geltenden Strafrecht, 1922, S. 25ff.; *Goldschmidt,* Festgabe f. Frank I, S. 448ff.; *v. Liszt/Schmidt,* a.a.O. (Fn. 54), S. 225f., 283f.; *Henkel,* a.a.O. (Fn. 56), S. 62; *Marcetus,* a.a.O. (Fn. 56), S. 57f.

[60] Vgl. dazu im einzelnen *Achenbach,* a.a.O. (Fn. 58), S. 171ff. m. zahlr. N.

c) Im Bereich des *Tatbestandes* hat der Einfluß des Neukantianismus zur Überwindung der Begriffsjurisprudenz durch eine *teleologische Begriffsbildung* geführt, die unmittelbar in der Konzeption *Rickerts* und *Lasks* wurzelte, wonach die Rechtswissenschaft als eine Kulturwissenschaft es weder mit der wertfreien Realität der sinnlichen Wahrnehmung noch mit dem „Halbfabrikat" der umgangssprachlichen Begriffe, sondern mit neugeschaffenen, spezifisch kulturwissenschaftlichen, nämlich durch ein wertbeziehendes Verfahren gewonnenen Begriffen zu tun hat.[61] Als „Leitwert" im Bereich des Tatbestandes wurde vor allem von *Schwinge* das im jeweiligen Tatbestand geschützte Rechtsgut herausgestellt, woraus sich die auch heute noch in Judikatur und Literatur dominierende „Auslegung vom geschützten Rechtsgut her" ergab.[62]

Um auch diese Konzeption an einem Beispiel zu verdeutlichen: Das Tatbestandsmerkmal der „Waffe" in den §§ 244 Abs. 1 Nr. 2, 250 Abs. 1 Nr. 2 kann nicht allein durch eine sinnliche Anschauung der vorkulturellen, wertfreien, „physikalischen" Wirklichkeit begriffen werden, weil der im Waffeneinsatz steckende spezifische Unwert – die besonders massive Zwangswirkung auf den Willen des Opfers – nur in einem ganz bestimmten kulturellen Rahmen, in dem die Freiheit des Einzelnen Wertschätzung genießt, nachvollziehbar ist. Ein in der Tradition ritueller, vom Opfer erwünschter Tötungshandlungen aufgewachsener Aztekenpriester wäre deshalb von vornherein außerstande gewesen, den Sinn dieser Tatbestandsmerkmale zu erfassen. Auch die Kenntnis der deutschen Umgangssprache und der durch sie gestifteten, sinnerfüllten und zweckbezogenen Ordnung kann jedoch (und in der gegenteiligen impliziten Annahme liegt einer der Fehler der Begriffsjurisprudenz) den vom Gesetzgeber intendierten Begriff der Waffe nicht abschließend vermitteln, weil es nämlich ausschließlich von rechtlichen Zweck- und Wertkriterien abhängt, ob auch die Waffenattrappe (die Scheinwaffe) oder nur das einsatzfähige Instrument als Waffe im Sinne des Gesetzes qualifiziert wer-

[61] Vgl. dazu die Nachweise oben in Fn. 46.

[62] Vgl. *Schwinge*, Teleologische Begriffsbildung im Strafrecht, 1930, S. 21ff. sowie zu der heute noch anhaltenden Resonanz *Jescheck*, a.a.O. (Fn. 9), S. 124f.; *Baumann*, a.a.O. (Fn. 18), S. 150; *Eser*, in: *Schönke/Schröder* (Fn. 4), § 1, Rn. 59. Vgl. aber auch zur Kritik bereits *Schaffstein* in der Leipziger Festgabe f. Richard Schmidt, 1936, S. 47ff. (auch abgedr. in: *Ellscheid/Hassemer*, Interessenjurisprudenz, 1974, S. 380ff.), sowie *Schünemann*, in: FS f. Bockelmann, 1979, S. 128ff.

den soll. Erst der durch die teleologische Auslegung erfolgende Rückgriff auf die Schutzfunktion des Gesetzes vermag dann eine differenzierende Begriffsbildung zu fundieren: Weil § 244 den zum Raub bereiten Dieb schärfer bestrafen will, für den Raub aber die bloße Drohung und deshalb auch die Scheinwaffe ausreicht, ist hier die weite Auslegung des Waffenbegriffs geboten, wohingegen es bei § 250 um die besonders strenge Bestrafung eines Kapitalverbrechers, nämlich des für Leib und Leben des Opfers besonders gefährlichen Räubers geht, so daß hier die enge Auslegung und die Ausscheidung bloßer Scheinwaffen am Platze ist.[63]

d) Obwohl das neukantianische Denken also, wie vorstehend dargelegt, im Vergleich zum strafrechtlichen Naturalismus System und Methode der Strafrechtswissenschaft geradezu revolutioniert hat, sind die Konsequenzen für die Einteilung der vier grundlegenden Stufen des Strafrechtssystems und für deren Reihenfolge erstaunlich begrenzt geblieben. Handlung, Tatbestandsmäßigkeit, Rechtswidrigkeit und Schuld sowie die freilich erheblich geschrumpfte Gruppe der objektiven Strafbarkeitsbedingungen und Strafausschließungsgründe sind als die Basiselemente des Strafrechtssystems als solche und in dieser Reihenfolge bestehen geblieben und auch in ihrer Abgrenzung zueinander – unbeschadet der vorstehend angesprochenen punktuellen Verschiebungen zwischen Rechtswidrigkeit, Schuld und objektiven Strafbarkeitsbedingungen – nur wenig verändert worden.[64] Das alte naturalistische Aufteilungskriterium, die objektive Seite der Tat zum Tatbestand und die subjektive Seite zur Schuld zu schlagen, mußte zwar gewisse Einbußen hinnehmen, als von *Hegler* und *Mezger* die Existenz subjektiver Merkmale nachgewiesen wurde, von denen (wie von der Zueignungsabsicht beim Diebstahl) bereits die Rechtswidrigkeit abhängt (sog. *subjektive Unrechtselemente*)[65],

---

[63] Vgl. zu dieser kriminalpolitisch fundierten „Mittellösung" zwischen den von der Rechtsprechung einerseits und der h. L. andererseits verfochtenen extremen Auffassungen *Schünemann*, JA 1980, 355 (mit Nachweisen der Gegenmeinungen).

[64] Vgl. z. B. *M. E. Mayer*, Der Allgemeine Teil des Deutschen Strafrechts, 2. Aufl. 1923, S. 9ff., 13, 238; *v. Liszt-Schmidt*, a.a.O. (Fn. 54), S. 143ff.

[65] Vgl. *Hegler*, ZStW 36 (1915), 31ff.; *ders.*, Festgabe f. Frank I, 1930, S. 251ff.; *Mezger*, GS 89 (1924), 207ff.

und als – gewissermaßen als Gegenstück dazu – im Anschluß an *Franks* Neubestimmung des Schuldbegriffs *objektiv gefaßte Schuldmerkmale* (wie die uneheliche Mutterschaft in § 217) anerkannt wurden, bei denen der Gesetzgeber schon die objektive Situation als solche für einen Ausschluß oder eine Einschränkung der Vorwerfbarkeit genügen läßt.[66] Abgesehen hiervon blieb aber die im Naturalismus vorgenommene Abgrenzung der System-Basiselemente im wesentlichen intakt. Insbesondere wurden Vorsatz und Fahrlässigkeit nach wie vor auf der Systemebene der Schuld als deren „Formen" oder „Elemente" eingeordnet[67], und die grundlegenden systemtheoretischen Fragen, welcher Beziehungswert in einem wertbeziehenden System denn zur Systemebene der Tatbestandsmäßigkeit gehört und welche Funktion dem wertfreien Begriff der Handlung als willkürlicher Körperbewegung in einem wertbeziehenden System zukommen kann, blieben unbeantwortet.[68]

---

[66] Auch in dieser Hinsicht grundlegend *Hegler* (ZStW 36 – 1915 –, 34; Festgabe der juristischen Fakultäten für das Reichsgericht, 1929, Bd. V, S. 314; Festgabe f. Frank I, S. 253 ff.); vgl. ferner *Thierfelder*, Objektiv gefaßte Schuldmerkmale, 1932, S. 44 ff.

[67] Vgl. die Nachweise oben in Fn. 64 sowie *Frank*, Das Strafgesetzbuch für das deutsche Reich, 17. Aufl. 1926, S. 132 f. m.w.N.

[68] Die Entdeckung der „normativen Tatbestandsmerkmale", bei denen die Subsumtion einen Wertungsakt des Richters voraussetzt (vgl. *M. E. Mayer*, Der Allgemeine Teil des deutschen Strafrechts, 1915, S. 182 ff.; *Grünhut*, Begriffsbildung und Rechtsanwendung im Strafrecht, 1926, passim; *Hegler*, in: Festgabe f. Frank I, 1930, S. 274 f. m.w.N.), war entgegen *Jescheck*, a.a.O. (Fn. 9), S. 165, für den Verbrechensbegriff folgenlos, weil ein für alle Tatbestandsmerkmale gleicher, d.h. tatbestandsspezifischer Bezugswert damals nicht gefunden wurde. Der Bezugswert der Gesellschaftsschädlichkeit wurde allein der materiellen Rechtswidrigkeit zugeordnet (vgl. z.B. *Hegler*, Festgabe f. Frank I, 1930, S. 270 f.), weshalb etwa *Hegler* konsequent die von *Beling* vorgenommene Gleichordnung von Tatbestandsmäßigkeit und Rechtswidrigkeit ablehnte und den Tatbestand nur als ein Instrument zur Kennzeichnung der Gesellschaftsschädlichkeit verstand (ZStW 36 – 1915 –, 35). Erst recht fand bei dem Handlungsbegriff keine Weiterentwicklung des naturalistischen Systems statt (entgegen *Jescheck*, a.a.O., S. 164), der teils überhaupt für verzichtbar erklärt (vgl. *Radbruch*, Festgabe f. Frank I, 1930, S. 162), teils sogar noch gegenüber dem Naturalismus sinnentleert wurde (so *Hegler*, ZStW 36 – 1915 –, 23 f., der die Forderung der Willkürlichkeit fallen ließ und nur noch eine „äußere Handlung" bzw. ein „äußeres Verhalten" verlangte).

3. Die Ganzheitsbetrachtung

Während sich die neukantianische Strafrechtswissenschaft bis 1930 gegenüber ihren durchaus nicht spärlichen, sich aber doch jeweils vereinzelt artikulierenden Kritikern zu behaupten vermocht hat[69], setzte sich in den Dreißiger Jahren eine massive Gegenbewegung durch, die nach der nationalsozialistischen Machtergreifung die strafrechtsdogmatische Szene fast vollständig eroberte. Als Angriffspunkte dienten zum einen Schwächen und Unvollkommenheiten des neukantianischen Systemdenkens, so wenn *Schaffstein* die Einseitigkeit einer auf das geschützte Rechtsgut beschränkten teleologischen Begriffsbildung rügte, die die Strafbarkeitseinschränkungsinteressen zu kurz kommen läßt[70]; oder wenn *Welzel* die in erkenntnistheoretischer Hinsicht dubiose These von *Lask* angriff, daß die rechtlichen Phänomene selbst (!) lediglich Produkte der kulturwissenschaftlichen Begriffsbildung seien.[71] Zum größeren Teil wurde die Kritik aber aus politischen und weltanschaulichen Quellen gespeist, indem die „Trennschärfe" des neukantianischen Systems als Produkt eines angeblich überholten und verfehlten liberalen Strafrechtsdenkens abgelehnt und der Ausbau der Entschuldigungsgründe als eine „sozialistische Knochenerweichung des Strafrechts" gebrandmarkt wurde.[72] Statt dessen wurde eine *„ganzheitliche Betrachtungsweise"* propagiert, die in letzter Konsequenz zu einem Irra-

[69] Von *Erich Kaufmanns* „Kritik der neukantischen Rechtsphilosophie" (1921) abgesehen ging es meist um einzelne Konsequenzen des neukantianischen Ansatzes, beispielsweise um die bis zum Schluß kontroverse materielle Rechtswidrigkeit (vgl. etwa *Nagler,* in: Festgabe f. Frank I, 1930, S. 346 m.w.N.) oder um den allgemeinen Schuldausschließungsgrund der Unzumutbarkeit (Nachw. b. *v. Liszt/Schmidt,* a.a.O. – Fn. 54 –, S. 225 Fn. 5).

[70] Vgl. den Nachweis oben in Fn. 62.

[71] In: Abhandlungen, a.a.O. (Fn. 27), S. 77ff.

[72] Vgl. *Dahm/Schaffstein,* Liberales oder autoritäres Strafrecht?, 1933, S. 29ff.; *Schaffstein,* Die Nichtzumutbarkeit als allgemeiner übergesetzlicher Schuldausschließungsgrund, 1933, S. 62ff.; ders., ZStW 57 (1938), 295ff.; ZStW 53 (1934), 613; *Günther,* in: *Günther* (Hrsg.), Was wir vom Nationalsozialismus erwarten, 1932, S. 101ff.; vgl. ferner mit zahlr. w. N. *Marxen,* Der Kampf gegen das liberale Strafrecht, 1975, S. 87ff., 214ff.

tionalismus und Dezisionismus und damit zu einer Selbstabschaffung der Strafrechtswissenschaft geführt hätte.[73]

4. Der Finalismus

Nach dem Zusammenbruch der nationalsozialistischen Herrschaft stand die strafrechtssystematische Diskussion mehr als zwei Jahrzehnte lang im Zeichen des von *Welzel* konzipierten finalistischen Systems, durch das der heute herrschende, auch von Nichtfinalisten anerkannte Verbrechensaufbau wesentlich geprägt worden ist.

a) Der wissenschaftstheoretische Ausgangspunkt des Finalismus ist in *Welzels* Kritik am Wertrelativismus und Normativismus des neukantianischen Strafrechtsdenkens zu finden, aus der der Versuch hervorging, in den „sachlogischen Strukturen der vom menschlichen Zusammenleben geprägten und dadurch sinnerfüllten Welt" eine Verschmelzung von ontologischen und axiologischen Bezügen (von Wirklichkeit und Wert) nachzuweisen, ohne dem naturalistischen Fehlschluß zu verfallen, der bei der Beschränkung der Wirklichkeitsbetrachtung durch eine wertfreie naturwissenschaftliche Denkweise im strafrechtlichen Naturalismus unterlief. Nach dieser (als Kompromiß zwischen Naturrecht und Wertrelativismus von *Welzel* auch rechtsphilosophisch abgestützten) Konzeption handelte es sich bei den *sachlogischen Strukturen* um anthropologische Konstanten, die dem Recht vorgegeben sind, von ihm nicht verändert werden können und deshalb auch vom Gesetzgeber notwendig beachtet werden müssen, so daß sie die natürlichen Bausteine eines der rechtlichen Regelung selbst vorgegebenen Strafrechtssystems darstellen.[74]

Als sachlogische Grundstruktur des Strafrechts überhaupt machte *Welzel* die menschliche Handlung aus, deren entscheidendes Charakteristikum er in ihrer *Finalstruktur* erblickte, d. h. in der spezifischen Fähigkeit des Menschen, „auf Grund seines Kausalwissens die möglichen Folgen seines Tätigwerdens in bestimmtem

[73] Vgl. nur *Marxen*, a.a.O. (Fn. 72), S. 203ff., 214ff. mit zahlr. w. N.

[74] Vgl. *Welzel*, Abhandlungen, a.a.O. (Fn. 27), S. 103ff., 283ff., 348ff.; *dens.*, Naturrecht und materielle Gerechtigkeit, 4. Aufl. 1962, S. 244f.

Umfange vorauszusehen, sich darum verschiedenartige Ziele zu setzen und sein Tätigwerden auf diese Zielerreichung hin planvoll zu lenken".[75] Daß diese vorrechtliche (d.h. in der Wirklichkeit vorgegebene) Struktur der menschlichen Handlung als Ausübung der Zwecktätigkeit nun auch eine für das Strafrecht wesentliche sachlogische Struktur darstellte, ergab sich für *Welzel* durch eine Analyse der Aufgaben und Instrumente der Strafgesetzgebung: Weil der Zweck des Strafrechts, Rechtsgüter zu schützen, durch das Mittel sanktionierter Verbote und Gebote erreicht werden soll, sei die in der Finalstruktur der Handlung angelegte Fähigkeit des Menschen, Erfolge zwecktätig herbeizuführen oder zu vermeiden, direktes Substrat des Strafrechts und damit die Finalität der Handlung die für das Strafrecht fundamentale sachlogische Struktur.[76]

b) Aus diesem Grundansatz ergaben sich weitreichende, heute zum Gemeingut der Strafrechtswissenschaft gewordene Folgerungen. Der die Verbotsmaterie umreißende Tatbestand konnte nicht länger auf die Beschreibung eines rein objektiven (außenweltlichen) Geschehens reduziert bleiben, sondern mußte die tatbestandsspezifische Finalstruktur der menschlichen Handlung mitumfassen, woraus sich die Anerkennung eines neben den objektiven Tatbestand tretenden *„subjektiven Tatbestandes"* ergab. Hieraus folgte wiederum, daß sich Vorsatzdelikte und Fahrlässigkeitsdelikte bereits auf der Tatbestandsebene unterschieden und daß bei den Vorsatzdelikten der *Tatbestandsvorsatz* das zentrale Merkmal des subjektiven Tatbestandes darstellte, je nach der Art des Deliktes ergänzt um die (im neukantianischen System noch als Fremdkörper wirkenden) subjektiven Unrechtselemente wie etwa die Zueignungsabsicht beim Diebstahl. Diese Komplettierung des Tatbestandes bewirkte zugleich eine Reinigung des normativen Schuldbegriffs um die Rudimente des psychologischen Schuldbegriffs, wodurch es wiederum möglich wurde, die Vor-

---

[75] Vgl. *Welzel*, Das deutsche Strafrecht, 7. Aufl. 1960, S. 28; *dens.*, Das neue Bild des Strafrechtssystems, 4. Aufl. 1961, S. 1; grundlegend bereits in ZStW 51 (1931), 703ff. = Abhandlungen, a.a.O. (Fn. 27), S. 7ff., 12ff.; Naturalismus und Wertphilosophie, hier zitiert aus den Abhandlungen a.a.O., S. 108ff.

[76] Vgl. *Welzel*, Abhandlungen, a.a.O. (Fn. 27), S. 114, 141; Das deutsche Strafrecht, S. 2f.; Das neue Bild, S. 4f., beide a.a.O. (Fn. 75).

aussetzungen der Vorwerfbarkeit viel klarer zu bestimmen als bisher: Während es bei der Einordnung des Vorsatzes als Schuldform konsequent erscheinen mußte, außer dem finalen Verwirklichungswillen darunter auch das Bewußtsein der Rechtswidrigkeit zu verstehen und infolgedessen bei jedem Irrtum über die Rechtswidrigkeit einen Vorsatzausschluß anzunehmen[77], leuchtete es nach der Versetzung des Verwirklichungswillens in den Tatbestand unmittelbar ein, für die Schuld als Vorwerfbarkeit der Tat *virtuelle Verbotskenntnis* ausreichen zu lassen und demgemäß die Systemstufe „Schuld" in die Zurechnungsfähigkeit, die Erkennbarkeit der Rechtswidrigkeit und das Fehlen von Schuldausschließungsgründen auszudifferenzieren.[78]

Ähnlich gewichtig war die durch den Finalismus ausgelöste Neuorientierung bei den *Fahrlässigkeitsdelikten*, bei der sich nunmehr die Nichtausnutzung möglicher (rechtsgutserhaltender) Finalität als das Unrechtskonstitutivum erwies. Der bisher nur die Erfolgsverursachung umfassende, noch aus dem naturalistischen System stammende Fahrlässigkeitstatbestand konnte nunmehr um die Verletzung der im Verkehr erforderlichen Sorgfalt (= die Nichterbringung der geforderten, rechtsgutserhaltenden finalen Sorgfalt) erweitert werden, wodurch zugleich der normative Schuldbegriff nunmehr auch bei den Fahrlässigkeitsdelikten rein durchgeführt werden konnte, indem hierunter nur noch das die individuelle Vorwerfbarkeit begründende Zurückbleiben des Täters hinter seinen persönlichen Fähigkeiten verstanden wurde.[79]

---

77 So die von den Gegnern des Finalismus in den Fünfziger Jahren weithin vertretene Vorsatztheorie, vgl. *Mezger*, Strafrecht, 3. Aufl. 1949, S. 330ff., *Schönke/Schröder*, Strafgesetzbuch, 7. Aufl. 1954, § 59, Anm. IV; *Schröder*, ZStW 65 (1953), 178, 200ff.; *Lang-Hinrichsen*, JR 1952, 182, 184ff.; *Sauer*, Allgemeine Strafrechtslehre, 3. Aufl. 1955, S. 150; w.N.b. *Welzel*, Das neue Bild, a.a.O. (Fn. 75), S. 62ff.; aus der Rechtsprechung etwa OLG Kiel DRZ 1946, 126; KG DRZ 1947, 198; OLG Frankfurt SJZ 1947, 626.

78 Grundlegend *Welzel*, SJZ 1948, 368ff. = Abhandlungen, a.a.O. (Fn. 27), S. 250ff., 255f. sowie ibid., S. 285.

79 Eingehend ausgearbeitet bei Welzel, *Abhandlungen*, a.a.O. (Fn. 27), S. 315ff.; eine knappe Zusammenfassung findet sich in: Das neue Bild, a.a.O. (Fn. 75), S. 32ff. Der Finalismus schwenkte damit übrigens auf die schon 1930 von *Engisch* (in: Untersuchungen über Vorsatz und Fahrlässigkeit im Strafrecht, S. 343ff.) gewiesene Richtung ein.

Durch das finalistische System wurden auf diese Weise teils die im neukantianischen Strafrechtsdenken angelegten Entwicklungen erfolgreich weitergeführt, teils wichtige, zuvor weitgehend übersehene Differenzierungen ermöglicht und insgesamt die schon aus dem Naturalismus bekannten vier Systemstufen der Handlung, Tatbestandsmäßigkeit, Rechtswidrigkeit und Schuld in erheblich vertiefter Weise neu definiert und auch neu gegeneinander abgegrenzt. Der Handlungswille wurde „materialisiert", indem die „willkürliche Körperbewegung" durch die „Ausübung der menschlichen Zwecktätigkeit" ersetzt wurde. Der Tatbestandsbegriff wurde durch die Bildung des subjektiven Tatbestandes mit dem Kernstück des Vorsatzes, der alle objektiven Tatbestandsmerkmale umfassen mußte, erstmals zum Träger einer spezifisch strafrechtlichen Verbotsmaterie gemacht, die – und das war eine der weiteren bleibenden Erkenntnisse des Finalismus – niemals allein in der kausalen Rechtsgüterverletzung als solcher (dem *„Erfolgsunwert"*) bestehen kann, sondern wegen des Zieles des Strafrechts, menschliches Verhalten zu beeinflussen, immer auch einen *„Handlungsunwert"* (die vom Recht mißbilligte Finalität der Täterhandlung) voraussetzt.[80] Die darin ausgedrückte Erkenntnis, daß es im Strafrecht um ein spezifisch *„personales Unrecht"* geht, half nunmehr auch zu verstehen, daß die Rechtfertigung einer Tat unter Umständen von subjektiven Elementen (den *„subjektiven Rechtfertigungselementen"*) abhängig ist, so etwa die Notwehr vom Verteidigungswillen (genauer: von der Kenntnis der Notwehrvoraussetzungen).[81] Durch diese „Anreicherung" der ersten drei Systemstufen wurde zugleich die im normativen Schuldbegriff des Neukantianismus intendierte, aber niemals zu Ende geführte Konzentration des Schuldbegriffs auf die Vorwerfbarkeit ermöglicht, die wiederum die konsequente Ausdifferenzierung in die drei oben angeführten Schuldvoraussetzungen ermöglichte.

---

[80] Grundlegend *Welzel,* Abhandlungen, a.a.O. (Fn. 27), S. 133ff., 147; vgl. ferner *dens.,* Das deutsche Strafrecht, a.a.O. (Fn. 75), S. 56 sowie zum heutigen Stand: *Jescheck,* a.a.O. (Fn. 9), S. 191ff. m. zahlr. w.N.; *Gallas,* Beiträge zur Verbrechenslehre, 1968, S. 45ff., 51f.; *Hirsch,* ZStW 94 (1982), 240ff.

[81] Vgl. nur *Jescheck,* a.a.O. (Fn. 9), S. 263f. mit w.N.; ferner zum „personalen Unrechtsbegriff" allgemein *Hirsch,* ZStW 93 (1981), 833ff. m. zahlr. N. in Fn. 13.

Wegen der hier wiederholt betonten Untrennbarkeit von systematischer und inhaltlicher Fragestellung ist es selbstverständlich, daß die Neuordnung des Strafrechtssystems durch den Finalismus auch vom materiell-strafrechtlichen Ergebnis her weitreichende Konsequenzen zeitigte (wobei genau genommen sowohl die Neubestimmung strafrechtlicher Rechtslagen als auch die systematische Evolution parallele Konsequenzen aus neuen inhaltlichen Einsichten bildeten, die durch eine klarere Ordnung und Aufgliederung des vorhandenen Erkenntnisbestandes ermöglicht wurden). Drei besondere „Triumphe" des Finalismus sollen an dieser Stelle erwähnt werden: Bereits im Jahre 1952 verwarf der Große Senat für Strafsachen des Bundesgerichtshofes die Vorsatztheorie, die das Bewußtsein der Rechtswidrigkeit als Bestandteil des Vorsatzes einordnete und deshalb den Vorsatz auch bei vermeidbarem Verbotsirrtum entfallen ließ, und bekannte sich zu der auf der finalen Handlungslehre beruhenden *Schuldtheorie*, nach der der Verbotsirrtum den Vorsatz unberührt läßt und lediglich im Falle der Unvermeidbarkeit einen Schuldausschließungsgrund darstellt[82] – eine Lösung, die vom Gesetzgeber in der Strafrechtsreform gutgeheißen und in § 17 des AT 1975 direkt ins Gesetz übernommen worden ist. Auch die weitere fundamentale Doktrin des Finalismus, daß es *keine Teilnahme an unvorsätzlicher Tat* gebe und daß deshalb Anstiftung und Beihilfe auch beim Haupttäter Vorsatz voraussetze[83], ist vom Gesetzgeber in den §§ 26 und 27 StGB n.F. ausdrücklich übernommen worden. Und die Neubestimmung des *Fahrlässigkeitsunrechts* durch die objektive Sorgfaltswidrigkeit ist sogar vom Großen Senat für Zivilsachen in einer berühmten Entscheidung aus dem Jahre 1957 übernommen worden (wenn auch mit der durch zivilprozessuale Beweislastregeln veranlaßten Modifikation, daß das sorgfaltsgemäße Verhalten als Rechtfertigungsgrund qualifiziert wurde).[84]

c) Trotz des überragenden Einflusses, den das finalistische Denken in den dargestellten und vielen anderen Bereichen auf die deutsche Strafrechtswissenschaft der Nachkriegszeit gehabt hat,

---

[82] BGHSt 2, 194 ff., 208 ff.

[83] Grundlegend bereits *Welzel*, Abhandlungen, a.a.O. (Fn. 27), S. 162 ff., 166 f.

[84] BGHZ 24, 21 ff.

und trotz der Übernahme zahlreicher Einzelelemente und -entdeckungen durch die communis opinio hat die letzte Phase der in den sechziger Jahren abflauenden Auseinandersetzung um die finale Handlungslehre doch eher im Zeichen ihrer Kritiker gestanden, die den fortdauernden Innovationen der Welzel-Schule vor allem in dreifacher Hinsicht anhaltenden und letztlich erfolgreichen Widerstand entgegengesetzt haben: gegenüber der Forderung nach einer Identifizierung des Begriffs der strafrechtlich relevanten Handlung mit dem Idealtypus der menschlichen Handlung; gegenüber der immer wieder versuchten Überdehnung der (auch für die Rechtsfindung verbindlichen) „normativen Reichweite" der sachlogischen Strukturen; und gegenüber der allerneuesten Tendenz des Finalismus, unter gleichzeitiger Eliminierung des Erfolgsunwertes aus dem Unrechtsbegriff den Handlungsunwert zu verabsolutieren und letztlich sogar die am Anfang des modernen Strafrechtsdenkens stehende, fundamentale Unterscheidung zwischen Unrecht und Schuld zum Einsturz zu bringen.

aa) Es ist unbestreitbar, daß die von *Welzel* tiefgründig ausgelotete und in allen Konsequenzen verfolgte Finalstruktur der menschlichen Handlung für ein Strafrecht, das sich die generalpräventive Einwirkung auf die Bürger zwecks Verhinderung rechtsgutsverletzenden Verhaltens zum Ziel gesetzt hat und deshalb über eine entsprechende Motivierung der Rechtsunterworfenen wirkt, geradezu eine Schlüsselfunktion besitzt, so daß die nachhaltige Beeinflussung von Inhalt und System des Strafrechts durch den Finalismus vollauf gerechtfertigt ist. Auf der anderen Seite läßt es sich aber nicht leugnen, daß bei den *Fahrlässigkeitsdelikten* nicht die aktuelle Finalsteuerung der Handlung, sondern deren Unzulänglichkeit für die strafrechtliche Zurechnung wesentlich ist, so daß zwar auch in diesen Fällen finale Handlungen vorliegen (etwa: Heimfahrt beim Verkehrsunfall), deren Finalität aber für die Zurechnung irrelevant und deshalb bei einer auf die rechtlich relevanten ontischen Strukturen abhebenden Begriffsbildung zu vernachlässigen ist.[85] Und ferner können im Ausnahme-

---

[85] Zutreffend *Arthur Kaufmann*, JuS 1967, 145 ff., dessen Kritik durch die Antikritik von *Welzel* in NJW 1968, 425 ff. (vgl. dazu auch *dens.*, JuS 1966, 421 ff.) nicht entkräftet wird.

fall auch völlig unfinale Verhaltensweisen Gegenstand der strafrechtlichen Zurechnung sein, nämlich die unwillkürlichen, aber vermeidbaren *Reflexbewegungen* (Beispiel: Jemand läßt einem anfangs noch unterdrückbaren Brechreiz aus Unachtsamkeit freien Lauf und besudelt dadurch die Gastgeberin – fahrlässige Körperverletzung gemäß § 230 durch eine weder final überdeterminierte noch vom Willen beherrschte, aber vom Willen beherrschbare = vermeidbare Körperbewegung!). Als Grundbegriff des Strafrechtssystems, dessen Aufgabe in der Ausscheidung aller von vornherein für das Strafrecht irrelevanten Sachverhalte besteht, sollte die Handlung deshalb als *„vermeidbare Körperbewegung"* definiert werden – wodurch zwar das „Wesen", d.h. die für die strafrechtlichen Werturteile wichtigste Eigenart der Handlung (ihre Finalität) nicht abgebildet, die für einen (*nach* Lösung der materiell-rechtlichen Probleme konzipierten) Systemgrundbegriff zentrale *Abgrenzungs- und Ausscheidungsfunktion* aber optimal erfüllt wird. Gerade weil auch die „Kümmerformen" der menschlichen Handlung für das Strafrecht unter Umständen relevant werden könnten, kann der auf den Idealtyp bezogene Handlungsbegriff des Finalismus nicht zum Grundbegriff des Strafrechtssystems überhaupt genommen werden.[86]

bb) Während der Finalismus eine inhaltliche Falsifikation durch den vorstehend skizzierten Einwand dadurch vermeiden könnte, daß er die Reflexbewegungen (in freilich gekünstelter Weise) als Unterlassungen (nämlich einer finalen Reflexblockade) qualifizieren würde, vollzog sich in der *Irrtumslehre* auch vom rechtlichen Ergebnis her das Fiasko eines radikal-orthodoxen Finalismus. Denn die von *Welzel* unerschütterlich verfochtene *strenge Schuldtheorie*, die auch den Irrtum über die tatsächlichen Voraussetzungen eines Rechtfertigungsgrundes als bloßen Verbotsirrtum behandelt, mithin den Vorsatz davon unberührt lassen und lediglich im Falle der Unvermeidbarkeit die Schuld verneinen

[86] Vgl. im übrigen zur Kritik der finalen Handlungslehre den in vielem abschließenden Beitrag von *Roxin* in ZStW 74 (1962), 515ff. mit Erwiderung von *Welzel* in der Erinnerungsgabe f. Grünhut, 1965, S. 173ff. = Abhandlungen, a.a.O. (Fn. 27), S. 345ff., sowie zum heute herrschenden „sozialen Handlungsbegriff" *Jescheck*, a.a.O. (Fn. 9), S. 176ff. m.w.N.

will[87], ist schon sehr früh von der Rechtsprechung[88] und im Laufe der Zeit auch von der überwältigenden Mehrheit im Schrifttum zugunsten der *eingeschränkten Schuldtheorie* verworfen worden, die im Bereich des Irrtums über Rechtfertigungsgründe zwischen dem Irrtum über tatsächliche Voraussetzungen und dem Irrtum über die rechtliche Bewertung unterscheidet und nur den letzteren nach § 17, den ersteren dagegen nach § 16 behandelt, bei diesem sog. „Erlaubnistatbestandsirrtum" infolgedessen eine vorsätzliche Tat verneint.[89] Aus heutiger Sicht muß es fast tragisch

---

[87] Vgl. bereits oben Fn. 15 sowie *Welzel*, Das neue Bild, a.a.O. (Fn. 75), S. 70ff. m.w.N.; *Hirsch*, Die Lehre von den negativen Tatbestandsmerkmalen, 1960, S. 278ff. und passim.

[88] Vgl. BGHSt 2, 234, 236; 3, 7, 12f.; 3, 105, 106f.; grundlegend 3, 110, 124; 3, 194, 196; 3, 357, 364; 17, 87, 90f.

[89] Vgl. *Blei*, a.a.O. (Fn. 9), S. 206f.; *Cramer*, in: *Schönke/Schröder* (Fn. 4), § 16, Rn. 13cff.; *Dreher/Tröndle*, a.a.O. (Fn. 5), § 16, Rn. 27; *Lackner*, a.a.O. (Fn. 5), § 17, Anm. 5b; *Maurach/Zipf*, a.a.O. (Fn. 9), S. 491ff.; *Rudolphi*, in: SK a.a.O. (Fn. 19), § 16, Rn. 12; *Wessels*, a.a.O. (Fn. 10), S. 114ff.; *Jescheck*, a.a.O. (Fn. 9), S. 375f. Aus dem hier rekapitulierten systematischen Zusammenhang der eingeschränkten Schuldtheorie ergibt sich übrigens, daß sie nur über die gleiche Valenz des finalen Verwirklichungswillens im Bereich des Tatbestandes wie im Bereich der Rechtfertigungsgründe und damit durch eine uneingeschränkte Anwendung des § 16 StGB überzeugend begründet werden kann, während die heutzutage beliebte sog. Theorie der Rechtsfolgenverweisung (vgl. *Jescheck*, a.a.O. – Fn. 9 –, S. 375f.; *Wessels*, a.a.O. – Fn. 10 –, S. 115f.) zu zahlreichen Ungereimtheiten führt: Zwar läßt sie die Möglichkeit offen, bei einem Erlaubnistatbestandsirrtum des Haupttäters weiterhin von einer vorsätzlichen Haupttat zu sprechen und diese als Anknüpfungspunkt für eine gemäß den §§ 26, 27 strafbare Teilnahme ausreichen zu lassen, aber die damit bezweckte Strafbarkeitsausdehnung ist dogmatisch nicht haltbar. *Erstens* stammen alle Argumente, die überhaupt für eine Anwendung des § 16 (sei es direkt, sei es analog) auf den Irrtum über sachliche Voraussetzungen eines Rechtfertigungsgrundes sprechen, aus der Vorsatzlehre, zumal insbes. die Unterscheidung zwischen dem Irrtum über die tatsächlichen Voraussetzungen und dem Irrtum über die rechtliche Bewertung im Bereich der Rechtfertigungsgründe nur aus der Abgrenzung von Vorsatz und Unrechtsbewußtsein plausibel zu machen ist. Dann ist es aber auch geboten, konsequent zu verfahren und § 16 direkt anzuwenden. *Zweitens* gibt es überhaupt keinen eigenen Schuldausschließungsgrund des „Entfallens der Vorsatzschuld", weil es in der Schuld immer nur auf die Erkennbarkeit des Unrechts ankommt und irgendeine aktuelle Kenntnis hier typischerweise nicht gefordert wird. Wenn der Täter mit Tatbestandsvorsatz handelt und einen begleitenden, schuldrelevanten Irrtum vermeiden kann, ist für eine Verneinung der Schuld „analog § 16" also

erscheinen, daß *Welzel* das Wohl und Wehe des Finalismus so kompromißlos mit der strengen Schuldtheorie verkettete, obwohl diese (was in der einschlägigen Diskussion meistens verkannt worden ist) gerade der fundamentalen Erkenntnis *Welzels* zuwiderlief: Die finale Überdeterminierung des sozialen Geschehens als Essenz der menschlichen Handlung und die daraus folgende scharfe Trennung von Verwirklichungswillen und Unrechtsbewußtsein bedeutet keine auf die Systemstufe der Tatbestandsmäßigkeit beschränkte oder beschränkbare Erkenntnis, sondern muß schon deshalb auch auf der Ebene der Rechtswidrigkeit „durchschlagen", weil beide Ebenen auch im finalistischen System nur pragmatisch gegeneinander abgrenzbar sind, aber (anders als im Verhältnis Unrecht/Schuld) keine unterschiedlichen „Leitwerte" aufweisen. *Welzels* Vorwurf, daß die die inhaltlichen Aussagen der eingeschränkten Schuldtheorie systematisch reproduzierende Lehre von den negativen Tatbestandsmerkmalen die Tötung eines Menschen in Notwehr nicht anders qualifiziere als die Tötung einer Mücke und dadurch das rechtlich Bedeutungslose mit dem rechtlich Erlaubten unzulässig vermische[90], ist des-

---

kein Platz (vgl. auch § 35 Abs. 2!). *Drittens* verschlägt das Argument von den Schwierigkeiten bei der Strafbarkeit des Teilnehmers deswegen nicht, weil zum einen in den meisten Fällen die Rechtsfigur der mittelbaren Täterschaft durch Benutzung eines vorsatzlosen Werkzeuges eingreift und weil zum anderen bei den Sonderdelikten, bei denen die Straflosigkeit des nicht selbst qualifizierten Teilnehmers an unvorsätzlicher Haupttat allein praktisch wird, diese ja auch sonst vom Gesetzgeber gewollt und also hinzunehmen ist, zumal es auch hier wieder gerade die Sachargumente der eingeschränkten Schuldtheorie sind, die beim Teilnehmer eine unterschiedliche Behandlung der beiden Irrtumsformen verbieten. *Viertens* kommt die These von der analogen Anwendung des § 16 aber auch im Falle eines vermeidbaren Irrtums über die sachlichen Voraussetzungen eines Rechtfertigungsgrundes bei der dann gebotenen Bestrafung wegen einer Fahrlässigkeitstat in Schwierigkeiten: Die Verweisung in § 16 kann sie ja nicht übernehmen, weil das eine unzulässige Analogie in malam partem wäre; und wenn die Anhänger der Analogielösung die Auffassung vertreten würden, daß das Fahrlässigkeitsdelikt auch ohne diese Analogie konstruierbar wäre, würden sie bei der Fahrlässigkeit einen prinzipiell anderen Tatbestandsbegriff und eine prinzipiell andere Abgrenzung von Tatbestandsmäßigkeit und Rechtswidrigkeit als beim Vorsatzdelikt vornehmen müssen, was wenig überzeugend erscheint.

[90] Das deutsche Strafrecht, a.a.O. (Fn. 75), S. 74f.

halb gerade im finalistischen Kontext deplaziert und auch sonst in einem am Neukantianismus geschulten dogmatischen Denken unverständlich, weil unter dem im Strafrecht leitenden Wertaspekt des Rechtsgüterschutzes zwischen rechtlich irrelevanten und rechtlich erlaubten Handlungen kein Unterschied zu machen ist.

Die strenge Schuldtheorie aus den finalistischen Prämissen deduzieren zu wollen, stellte deshalb von vornherein einen untauglichen Versuch dar und mußte geradezu zu einem Krieg mit verkehrten Fronten führen. Unabhängig davon hat die intensive Diskussion darüber gelehrt, daß die sachlogische Struktur der Finalität den Gesetzgeber bei der Entscheidung der Irrtumsprobleme, die in vielfältigster Abstufung denkbar ist und letztlich von kriminalpolitischen Erwägungen gesteuert werden muß, nicht zu binden vermag und daß die gegenteiligen Behauptungen des Finalismus eine Überstrapazierung des sachlogischen Denkens bedeuteten, die im Laufe der Zeit sogar den berechtigten Kern dieses Ansatzes diskreditierte.[91]

cc) Die schon in der Irrtumslehre erkennbare „Überreizung“ der finalistischen Position ist nicht von *Welzel* selbst, aber von der *Welzel*-Schule in den letzten Jahren in der Unrechtslehre konsequent zu Ende geführt worden. So hat *Zielinski* die von *Welzel* durchgeführte Ergänzung des rein erfolgsbezogenen Unrechtsbegriffes (des Erfolgsunwertes) um das personale Unrecht (den Handlungsunwert) zu einer rein verbots- und handlungsbezogenen Unrechtslehre fortentwickelt, bei der der *Erfolg* (die Rechtsgutsverletzung) nur noch als *objektive Strafbarkeitsbedingung* Bedeutung behält[92] und der *Prototyp* des Unrechts im *untauglichen Versuch* gesehen wird. *Horn* hat den (durch diese Reduzierung der

---

[91] Vgl. dazu im einzelnen *Roxin*, ZStW 74 (1962), 515ff.; 76 (1964), 582ff.

[92] In: Handlungs- und Erfolgsunwert im Unrechtsbegriff, 1973, S. 143, 172ff., 200, 208ff. und passim; ähnlich bereits *Armin Kaufmann*, FS f. Welzel, 1974, S. 410f. sowie in ZfRvgl. 1964, 44, 54f. = Strafrechtsdogmatik zwischen Sein und Wert, 1982, S. 136f. – Zur Kritik vgl. *Schünemann*, FS f. Schaffstein, 1975, S. 171ff.; *dens.*, JA 1975, 511f.; *Stratenwerth*, FS f. Schaffstein, S. 176ff.; *Gallas*, FS f. Bockelmann, 1979, S. 161ff.; *Wolter*, a.a.O. (Fn. 21), S. 113ff.; *Hirsch*, ZStW 94 (1982), 241ff.; *Mylonopoulos*, Über das Verhältnis von Handlungs- und Erfolgsunwert im Strafrecht, 1981, S. 67ff.

Erfolgsdelikte auf die Gefährdungsdelikte in das Zentrum des Interesses getretenen) Begriff der (konkreten) Gefahr durch die rein naturalistische Definition zu bestimmen versucht, daß das Ausbleiben des auf Grund eines abstrakten Kausalgesetzes zu erwartenden Erfolges nicht durch ein spezielleres Unmöglichkeitsgesetz erklärt werden könne.[93] Und *Stratenwerth* und *Jakobs* haben für die Fahrlässigkeitsdelikte die radikalsten Konsequenzen überhaupt gezogen, indem sie die Tatbestandsmäßigkeit von der *individuellen* Fähigkeit des Täters zur Vermeidung der Rechtsgutsverletzung abhängig machten und damit jene fundamentale Scheidung zwischen generellem Sollen und individuellem Können einebneten, die am Anfang der modernen Strafrechtssystematik stand.[94]

All das sind wissenschaftlich faszinierende Spielformen eines denkbaren Strafrechtssystems, nicht aber adäquate systematische Rekonstruktionen unseres geltenden Rechts, das den Versuch nicht zum Grundmuster des strafbaren Verhaltens erklärt, sondern nur ausnahmsweise bestraft (vgl. § 23 Abs. 1); das die fundamentale und sinnvolle Unterscheidung zwischen Unrecht und Schuld zum Angelpunkt für zahlreiche inhaltliche Aussagen ge-

---

[93] Konkrete Gefährdungsdelikte, 1973, S. 144ff., 159ff.; zur Kritik vgl. *Schünemann*, JA 1975, 795f.; *Wolter*, a.a.O. (Fn. 21), S. 237ff. Die finalistische Neukonzeption der Unterlassungsdelikte durch *Armin Kaufmann* (Die Dogmatik der Unterlassungsdelikte, 1959) gehört dagegen nicht in den Zusammenhang der im Text genannten Beispiele einer Überreizung des finalistischen Systems, weil ihre Kritik nicht schon von ihren eigenen Prämissen her oder kraft eindeutiger Entscheidungen des geltenden StGB, sondern nur im Rahmen einer bestimmten Auslegung des geltenden Rechts erfolgen kann.

[94] Vgl. *Stratenwerth*, Strafrecht I, 3. Aufl. 1980, Rn. 1097ff.; *Jakobs*, Studien zum fahrlässigen Erfolgsdelikt, 1972, S. 48ff., 55ff.; *dens.*, Teheran-Beiheft zur ZStW 1974, S. 20f. Fn. 45. Zur Kritik vgl. *Schünemann*, FS f. Schaffstein, 1975, S. 161ff.; *ders.*, JA 1975, 513ff. ; vgl. ferner zu der Antikritik von *Samson*, in: SK a.a.O. (Fn. 19), Anhang zu § 16, Rn. 13ff., und *Stratenwerth*, a.a.O., Rn. 1094ff., durchschlagend *Hirsch*, ZStW 94 (1982), 267ff. Dafür, daß die Auffassung von *Stratenwerth* und *Jakobs* letztlich auf eine Nivellierung des auch im Konzept der finalen Handlungslehre an sich niemals bestrittenen Unterschiedes zwischen den Systemstufen Unrecht und Schuld hinausläuft, kann kein geringerer als *Welzel* selbst zitiert werden, der dieses Konzept in der Frühzeit der finalen Handlungslehre erwogen, später aber verworfen hat (vgl. Abhandlungen, a.a.O. – Fn. 27 –, S. 110f., 180f.).

nommen hat (vgl. §§ 11 Abs. 1 Nr. 5; 26–29; 32 u. ö.); das schließlich auch im Bereich der für die moderne Kriminalpolitik so überaus wichtigen Gefährdungsdelikte nicht durch naturwissenschaftliche Kausalitätstheorien, sondern nur durch normative Ansätze wie der Gefahrdefinition als der „Wahrscheinlichkeit eines durch übliche Veranstaltungen nicht mehr abzuwendenden Verletzungserfolges“[95] konkretisiert werden kann. Die Überreizung der dem Finalismus zu verdankenden personalen Unrechtslehre droht deshalb gerade die Errungenschaften dieses Ansatzes für das Strafrechtssystem wieder zu zerstören und bezeichnet damit zugleich den Punkt, wo der lange Zeit progressive finalistische Ansatz für die Strafrechtssystematik keine Zukunft mehr verheißt.

5. Der Zweckrationalismus und die Zukunft des Strafrechtssystems

a) Als zum Widerspruch reizender und dadurch stimulierender Auslöser der jüngsten und augenblicklich noch in der Entwicklung befindlichen, als „zweckrational“ oder „funktional“ zu bezeichnenden Phase des strafrechtssystematischen Denkens kann jene soeben geschilderte Tendenz des Finalismus zu einem auf allzu spärlichen Axiomen aufbauenden Konstruktivismus gelten, die in der neuesten Entwicklung der *Welzel*-Schule besonders ausgeprägt ist, aber auch schon in *Welzels* eigenem Lehrgebäude nicht zu übersehen ist: so, wenn *Welzel* etwa selbst die axiomatisch-deduktive Methode des Finalismus hervorhob und die Unrichtigkeit der eingeschränkten Schuldtheorie mit der Begründung nachweisen zu können glaubte, daß die Rechtfertigungsgründe nicht die Tatbestandsmäßigkeit, sondern nur die Rechtswidrigkeit beseitigen, weshalb durch die irrige Annahme eines Rechtfertigungsgrundes nicht der Tatbestandsvorsatz, sondern lediglich das Bewußtsein der Rechtswidrigkeit ausgeschlossen würde.[96] Die darin liegende Verschüttung der sich in Wahrheit

[95] Vgl. dazu *Schünemann*, JA 1975, 796f. und daran anknüpfend *Demuth*, Der normative Gefahrbegriff, 1980, S. 203ff. Ähnlich *Wolter*, a.a.O. (Fn. 21), S. 223ff. sowie bereits in JuS 1978, 748ff.

[96] Das neue Bild, a.a.O. (Fn. 75), S. 70f. m.w.N.

dem Gesetzgeber zahlreich bietenden Wertungsalternativen und Wertungsdifferenzierungen bedeutete eine nur wenig geringere Ausblendung kriminalpolitischer Erwägungen, als wie sie für den strafrechtlichen Naturalismus typisch gewesen ist, so daß die Forderung nach einer Zusammenführung von begrifflicher Konstruktion und dogmatischer Zielsetzung geradezu das Erlösungswort für einen neuen Aufbruch des strafrechtsdogmatischen Denkens bedeutet hat. Unabhängig von dem verdienstlichen, aber eigenwilligen Entwurf eines „teleologischen Strafrechtssystems" durch *Schmidhäuser*[97] hat *Roxin* im Jahre 1970 das Programm für eine Versöhnung von „Kriminalpolitik und Strafrechtssystem" verkündet und die ersten Einzelheiten seiner Durchführung zu skizzieren unternommen.[98]

aa) *Roxin* geht von den an ein fruchtbares System zu stellenden drei Grundforderungen aus, begriffliche Ordnung und Klarheit, Wirklichkeitsbezug und Orientierung an kriminalpolitischen Zwecksetzungen zu garantieren, woraus sich die Notwendigkeit ergebe, die *systematische Einheit zwischen Kriminalpolitik und Strafrecht* auch im Aufbau der Verbrechenslehre zu verwirklichen.[99] Daraus leitet er ab, daß die einzelnen Deliktskategorien

---

[97] Strafrecht Allgemeiner Teil, 2. Aufl. 1975, S. 139ff. und passim; vgl. dazu die Kritik von *Roxin*, in: ZStW 83 (1971), 369ff. Sehr klar hat *Schmidhäuser* das Programm eines zweckrationalen Strafrechtssystems bereits in der Gedächtnisschrift f. Radbruch (1968, S. 276) formuliert: „Wir müssen die Merkmale der Straftat von vornherein auf die Strafe als Rechtsfolge hin erfragen." Vgl. ferner *dens.* in: FS f. Würtenberger, 1977, S. 91ff. sowie auch den Entwurf eines funktionalen Systems durch *Mir Puig* (in: ZStW 95 – 1983 –, 413ff.), der allerdings infolge einer Verabsolutierung der Bestimmungsnorm zu den gleichen Lösungen wie der extreme Finalismus gelangt (ibid. S. 423ff., 433ff.).

[98] In: Kriminalpolitik und Strafrechtssystem (2. Aufl. 1973). Auch wenn es sich dabei, wie *Jescheck* (in: ZStW 93 – 1981 –, 24) an sich zutreffend bemerkt hat, (noch) nicht um ein „neues System" im Sinne einer neuen Topographie der Deliktsvoraussetzungen handelt, schafft doch die von *Roxin* eingeleitete Neuorientierung der systembildenden Prinzipien überhaupt erst die Voraussetzungen für eine neue (hier sog. „zweckrationale") Systemepoche, während das gegenwärtig herrschende System (vgl. dazu *Jescheck*, a.a.O., S. 19ff. m.w.N.) alle wesentlichen Inhalte dem Finalismus verdankt (zutr. *Hirsch*, ZStW 93 – 1981 –, 840f.) und deshalb im Text auch nicht als ein selbständiger Abschnitt des strafrechtlichen Systemdenkens thematisiert worden ist.

[99] A.a.O. (Fn. 98), S. 10. Zu dem von *Roxin* nicht weiter problematisierten wissenschafts- und systemtheoretischen Verhältnis von Dogmatik und Rechtspo-

(Tatbestandsmäßigkeit, Rechtswidrigkeit und Schuld) von vornherein unter dem Blickwinkel ihrer kriminalpolitischen Funktion gesehen, entfaltet und systematisiert werden müßten, wobei er dem *Tatbestand* das Leitmotiv der *Gesetzesbestimmtheit* entsprechend dem nullum-crimen-Satz, der *Rechtswidrigkeit* den Bereich der *sozialen Konfliktslösungen* und der *Schuld* das aus präventiven Erwägungen resultierende *Strafbedürfnis* zuordnet.[100]

Durch diese Zuordnung der einzelnen Systemstufen zu unterschiedlichen Leitwerten gewinnt *Roxin* – in fruchtbarer Fortentwicklung des im Wertrelativismus versandeten Neukantianismus – spezifische Konkretisierungsrichtlinien, die die weitere Ausdifferenzierung der drei Systemstufen steuern. So folgert er beispielsweise aus dem nullum-crimen-Bezug des Tatbestandes, daß die Täterschaftsfrage nicht nach der dem Belieben des Richters freien Raum lassenden subjektiven Theorie, sondern nur nach der materiell-objektiven Tatherrschaftslehre beantwortet werden dürfe und daß die Einordnung des Vorsatzes in den Tatbestand schon aus dem rechtsstaatlichen Bestimmtheitserfordernis abzuleiten sei.[101] Die Rechtfertigungsgründe als Ebene der „sozialen Konfliktslösung" seien Ausdruck des Zusammenspiels einer begrenzten Zahl materieller Ordnungsprinzipien, deren spezifische „Mischung" nur (nach dem Muster der Unterscheidung von Rechtsbewährungs-, Selbstschutz- und Verhältnismäßigkeitsprinzip im Notwehrrecht) analysiert zu werden brauche, damit auch für konkrete Problemlagen wie etwa für die provozierte Notwehrlage eine kriminalpolitisch überzeugende und zugleich systematisch verarbeitete Lösung erzielt werden könne.[102] Zu besonders einschneidenden Konsequenzen führt schließlich *Roxins* Orientierung der Systemebene „Schuld" am präventiven Strafbedürfnis, weil danach der Schuldausschluß im konkreten Falle nicht – wie nach der herkömmlichen Auffassung – an die Unmöglichkeit des Andershandelns, sondern an den Fortfall eines gene-

---

litik vgl. W. *Hassemer,* Strafrechtsdogmatik und Kriminalpolitik, 1974, S. 194 u. passim.

[100] A.a.O. (Fn. 98), S. 15f.

[101] A.a.O. (Fn. 98), S. 20f.

[102] A.a.O. (Fn. 98), S. 26f.

ral- oder spezialpräventiven Strafbedürfnisses geknüpft werden soll.

Um das an zwei konkreten Beispielen zu verdeutlichen: Sowohl beim entschuldigenden Notstand gemäß § 35 als auch beim Notwehrexzeß gemäß § 33 kann die psychische Unmöglichkeit des Andershandelns offenbar nicht den ausschlaggebenden Grund für den Strafverzicht des Gesetzgebers geliefert haben, weil sich die Träger besonderer Pflichtenstellungen wie etwa Polizisten, Soldaten und Feuerwehrleute anerkanntermaßen trotz gleicher Motivationslage nicht auf § 35 berufen können und weil § 33 selbst eine Unterscheidung zwischen aggressiver und defensiver Motivation (sthenischen und asthenischen Affekten) trifft, die unter dem psychologischen Aspekt der Handlungs- und Motivationsfreiheit unverständlich ist. Offensichtlich hat der Gesetzgeber hier also die Entschuldigung nicht von einer psychologisch-wertfreien Beurteilung der Handlungsfreiheit, sondern von einer Bewertung der jeweiligen Motivation und Drucksituation abhängig gemacht, durch die wiederum auf die grundlegende Frage zurückverwiesen wird, ob in der gegebenen Situation ein strafrechtliches Einschreiten aus general- und spezialpräventiven Gründen geboten ist (wie gegenüber dem gegenüber seinen besonderen Pflichten versagenden Feuerwehrmann oder gegenüber dem durch sein schlechtes Beispiel generell bedrohlichen und durch seine aggressiven Affekte speziell gefährlichen im asthenischen Affekt handelnden Täter) oder nicht (wie bei dem im sthenischen Affekt handelnden Täter des § 33 und dem quivis ex populo im Fall des § 35).[103]

bb) Diese *Rückführung der Schuld auf das präventive Strafbedürfnis* avancierte rasch zum Hauptdiskussionsfeld des neuartigen Systementwurfes. Auf der einen Seite bot sich hierdurch die einfache Möglichkeit zur Auflösung uralter Aporien, weil der auf die Möglichkeit des Andershandelns verweisende überkommene normative Schuldbegriff[104] die nach heute h. M. weder generell noch individuell beweisbare menschliche Willensfreiheit zur Prämisse hatte[105], während bei einer Ableitung des Schuldbegriffs aus dem

[103] Vgl. *Roxin*, a.a.O. (Fn. 98), S. 33f. sowie *dens.*, in: FS f. Schaffstein, 1975, S. 117ff.

[104] Vgl. dazu die Nachweise bei Fn. 19.

[105] Vgl. dazu *Engisch*, Die Lehre von der Willensfreiheit in der strafrechtsphilosophischen Doktrin der Gegenwart, 2. Aufl. 1965, passim; *Lenckner*, Strafe, Schuld und Schuldfähigkeit, in: *Göppinger-Witter* (Hrsg.), Handbuch der forensischen Psychiatrie, Bd. I, Teil A, 1972, S. 39f.; *Roxin*, FS f. Henkel, 1974,

Strafbedürfnis das unlösbare Problem der Willensfreiheit offenbar dahingestellt bleiben konnte.[106] Auf der anderen Seite lagen aber auch gravierende Bedenken auf der Hand, und zwar sowohl unter dem Aspekt der Vereinbarkeit mit dem geltenden materiellen Recht als auch im Hinblick auf die Frage, ob die individuelle Vorwerfbarkeit als wichtigster Ertrag der normativen Schuldbetrachtung in einem allein an den Grundsätzen der General- und Spezialprävention ausgerichteten Strafrechtssystem überhaupt noch einen legitimen Platz beanspruchen kann.

(1) Weil der Gesetzgeber in § 46 die Strafe ausdrücklich an der Schuld orientiert und general- oder spezialpräventiven Überlegungen lediglich eine sekundäre Funktion zugewiesen hat, muß bei einer „präventiven Anbindung" des Schuldbegriffs offenbar entweder diese Regelung für nichtig oder der präventiv ausgedeutete Schuldbegriff mit ihr für vereinbar erklärt werden. *Roxin* hat in späteren Veröffentlichungen den zweiten Weg gewählt, indem er § 46 im Einklang mit der Rechtsprechung im Sinne der Theorie des „Schuldspielraumes" interpretiert und die Behauptung aufgestellt hat, daß den Notwendigkeiten der Generalprävention schon durch die mildeste schuldausgleichende Strafe vollauf genügt werde, so daß die endgültige Strafe innerhalb des von der Schuld bezeichneten Spielraumes allein nach den Erfordernissen der Spezialprävention ausgefüllt werden müsse.[107]

(2) Der Kritik, daß in einem generalpräventiven Strafrecht auch solche Taten geahndet werden müßten, die der individuelle Täter nicht hätte vermeiden können, weil insbesondere bei manifesten Beweisschwierigkeiten sonst kein Abschreckungseffekt erzielt werden könnte[108], hat *Roxin* dadurch die Spitze zu nehmen versucht, daß er die legitimen Ziele der Generalprävention auf die von ihm sog. *Integrationsprävention* reduziert hat, d.h. auf die „Stärkung des allgemeinen Rechtsbewußtseins durch Befriedigung des Rechtsgefühls", die wiederum nur dann möglich sein

---

S. 174ff.; sowie die Beiträge von *Achenbach* u. *Schünemann* in diesem Band, unten S. 135ff., 153ff.

[106] So *Roxin*, MschrKrim 1973, 320, 322; *ders.*, FS f. Henkel, 1974, S. 185f.

[107] SchwZStR 94 (1977), 463ff.

[108] Vgl. *Schöneborn*, ZStW 88 (1976), 349ff.; *Burkhardt*, GA 1976, 321ff.; *Stratenwerth*, Die Zukunft des strafrechtlichen Schuldprinzips, 1977, S. 30f.

soll, wenn der Täter für vorwerfbares, d.h. individuell vermeidbares Verhalten zur Rechenschaft gezogen wird.[109]

cc) Während *Roxin* auf diese Weise in der von ihm neudefinierten dritten Systemstufe der „*Verantwortlichkeit*" den traditionellen Schuldbegriff im Sinne der „Vorwerfbarkeit" (die wiederum als „normale Motivierbarkeit" verstanden wird) als System-Unterstufe bewahrt hat, so daß der Leitwert der Prävention hier nur zur Feineinstellung des „Normalitätskriteriums" benötigt wird und im übrigen auf eine Ergänzungsfunktion bei der näheren Ausgestaltung der herkömmlich sog. Schuldausschließungsgründe verwiesen wird, hat *Jakobs* den Ansatz *Roxins* radikal zu Ende gedacht und den herkömmlichen Schuldbegriff vollständig in der Generalprävention *aufgehen* lassen.[110] *Jakobs* bestreitet rundweg, daß die von der h.M. als ontologische Grundlage des Schuldurteils (der Vorwerfbarkeit) angesehene Fähigkeit zum Andershandeln ein „feststellbarer Zustand" sei, sondern erklärt sie für eine „Zuschreibung, die erfolgt, weil ein Konflikt verarbeitet werden muß und anders als durch Zurückführung auf eine Person nicht verarbeitet werden kann".[111] Weil „nur der Zweck dem Schuldbegriff Inhalt" gebe, der Zweck der Schuldzuschreibung aber in der generalpräventiven Wirkung (in der „Stabilisierung des durch das deliktische Verhalten gestörten Ordnungsvertrauens") bestehe, werde Schuld „durch Generalprävention begründet und nach dieser Prävention bemessen".[112] Der Schuldbegriff und die einzelnen Schuldvoraussetzungen sind hiernach durch eine Ableitung aus den Notwendigkeiten der Generalprävention zu entwickeln.

Um dies an einem konkreten Beispiel zu demonstrieren: Der Schuldausschließungsgrund der Unzurechnungsfähigkeit gemäß § 20 soll seine Basis nicht in einem die davon erfaßten Personen kennzeichnenden, realen Fortfall der bei den übrigen Mitgliedern der Gesellschaft wirklich vorhandenen Fähigkeit zur freien Selbstbestimmung finden, sondern in der generalpräventiv motivierten Bewertung dieser Personen als bloße „Störfaktoren" der Gesellschaft, deren Handlungen keine normativen Erwar-

[109] FS f. Bockelmann, 1979, S. 300f., 305f.
[110] In: Schuld und Prävention, 1976, passim.
[111] A.a.O. (Fn. 110), S. 20.
[112] A.a.O. (Fn. 110), S. 9.

tungen enttäuschen, sondern wie Naturkatastrophen angesehen werden, gegenüber denen man sich durch Heilung oder Verwahrung schützt. In welchem Umfange gegenüber psychisch kranken Personen eine Exkulpation gemäß § 20 konzediert wird, hänge deshalb nicht von der ontologischen Frage ihrer Handlungsfreiheit oder -unfreiheit ab, sondern von den Therapiemöglichkeiten, so daß etwa die Exkulpation von Triebtätern erst habe diskutabel werden können, nachdem es der Medizin gelungen sei, Rezepte zu deren Behandlung vorzulegen.[113]

b) Das hier sog. „zweckrationale Systemdenken" hat damit innerhalb eines Jahrzehnts die Weichen für eine tiefgreifende Veränderung des Strafrechtssystems gestellt, die durch eine vollständige Abkehr vom sachlogischen Denken des Finalismus gekennzeichnet und als eine *Fortentwicklung des Neukantianismus* anzusehen ist, mit dem der moderne Zweckrationalismus die Ableitung der Systemstufen aus den leitenden Wert- und Zwecksetzungen gemein hat, von dem er sich aber durch die Überwindung des Wertrelativismus mittels einer sozialwissenschaftlich fundierten Ausdifferenzierung des *Präventionszweckes* als des heute allgemein anerkannten *Leitwertes der Strafrechtspflege* überhaupt unterscheidet.

Neben die (mit diesem Sammelband fortgesetzte) Reihe der sich an *Roxins* „Kriminalpolitik und Strafrechtssystem" anschließenden kleineren Beiträge zu Einzelfragen eines zweckrationalen Strafrechtssystems sind in den letzten Jahren drei umfangreiche Publikationen getreten, in denen die mit dem neuen systematischen Ansatz verknüpften inhaltlichen Konsequenzen für den jeweils untersuchten Bereich umfassend ausgearbeitet werden.

aa) Mit dem Ziel einer „teleologischen Handlungs- und Zurechnungslehre"[114] hat *Wolter* den Unrechtsbegriff bei den Erfolgsdelikten durch die Schaffung eines von der Rechtsordnung verbotenen *Risikos* in Verbindung mit dem Eintritt einer auf diesem Risiko beruhenden Rechtsgutsverletzung definiert[115], womit die Personalisierung und Subjektivierung des Unrechtsbegriffs durch den extremen Finalismus in zweifacher Weise konterkariert

[113] A.a.O. (Fn. 110), S. 11.
[114] Vgl. *Wolter*, a.a.O. (Fn. 21), S. 17.
[115] *Wolter*, a.a.O. (Fn. 21), S. 29.

wird: Prototyp des Handlungsunwertes ist nach *Wolter* nicht der untaugliche Versuch, sondern die *objektive Gefährdung*[116], und der Erfolgsunwert wird nicht nur in seine unrechtskonstituierende Funktion wieder eingesetzt, sondern sogar durch eine rein objektive Zurechnung im Verhältnis zum personalen Unrecht auch inhaltlich verselbständigt.[117] Auf diese Weise gelingt es, in einem vielfältig ausdifferenzierten Unrechtsbegriff[118] die vom Gesetzgeber geschaffenen verschiedenartigen Deliktstypen systematisch adäquat zu rekonstruieren und durch die erneute Verankerung des im geltenden Recht eine so wichtige Funktion einnehmenden Erfolgsmomentes im Unrechtsbereich ein Auseinanderdriften von inhaltlicher und systematischer Fragestellung abzuwehren.[119]

bb) Auch *Frischs* Versuch, den *Vorsatz* als „funktionalen Begriff"[120] neu zu bestimmen, ist dem zweckrationalen Systemdenken zuzurechnen[121], aus dem *Frisch* weitreichende, die bisherige Vorsatzdogmatik nahezu auf den Kopf stellende Folgerungen ableitet. Weil funktionaler Vorsatzgegenstand nicht der Tatbestand, sondern das tatbestandsmäßige Verhalten sei[122], gebe es weder ein voluntatives Vorsatzelement noch überhaupt einen dolus eventualis im herkömmlichen Sinne.[123] Notwendig und ausreichend sei vielmehr, daß der Täter um die vom Gesetz nicht mehr tolerierte

---

116 Vgl. etwa *Wolter*, a.a.O. (Fn. 21), S. 37 zum Gefährdungsverbot als Inhalt der Verhaltensnorm.

117 Zur Trennung von personaler und objektiver Zurechnung s. etwa *Wolter*, a.a.O. (Fn. 21), S. 177f.

118 Vgl. die Aufgliederung der zahlreichen Unrechtstypen des Gesetzes bei *Wolter*, a.a.O. (Fn. 21), S. 65f.

119 Von den dadurch ermöglichten neuen inhaltlichen Einsichten vermittelt *Wolters* Beitrag in diesem Band (unten S. 103ff.) einen Eindruck.

120 So *Frisch*, Vorsatz und Risiko, 1983, S. 47.

121 Vgl. *Frisch*, a.a.O. (Fn. 120), S. 32 zum funktionalen Verfahren, S. 47ff. zur zweckrationalen Anbindung sowie S. 505 zur Notwendigkeit eines funktionalen Systems auf der Basis der Unterscheidung von Verhaltensnorm und Sanktionsnorm. Daneben kennt *Frisch* allerdings auch eine wertrationale Komponente, vgl. ibid., S. 51ff.

122 Vgl. *Frisch*, a.a.O. (Fn. 120), S. 101, 115.

123 So *Frisch*, a.a.O. (Fn. 120), S. 411ff., 494ff. und passim. Ähnlich auf der Basis einer sprachphilosophischen Rekonstruktion des Handlungsbegriffs auch *Kindhäuser*, ZStW 96 (1984), 1, 21ff.

Gefährlichkeit seines Verhaltens wisse[124], weil die Ratio der Vorsatzstrafe in der qualifizierten Bestrafung einer „Entscheidung abweichend von den tatbestandsrelevanten Verhaltensnormen" bestehe.[125] Dieser normwidrige Verhaltensunwert soll nun bei den Erfolgsdelikten in dem dem Täterverhalten objektiv eignenden Risiko der Beeinträchtigung bestimmter Rechtsgüter bestehen[126]; und auch außerhalb des Erfolges soll das tatbestandsmäßige Verhalten über das Risiko des Vorliegens der Tatbestandsmerkmale definiert werden[127], so daß die aus der Täterperspektive ex ante objektiv zu beurteilende Möglichkeit des Vorliegens der Tatbestandsmerkmale das Handlungsverbot auslösen soll.[128]

Um das an zwei Beispielen zu verdeutlichen: Der Täter, der ein fremdes Menschenleben durch seine Handlung in einer über das erlaubte Risiko hinausgehenden Weise gefährdet und dies auch erkennt, verletzt dadurch die von *Frisch* aus dem Totschlagstatbestand abgeleitete Verhaltensnorm, das Leben anderer nicht zu gefährden, entscheidet sich zugleich kraft seiner Kenntnis von der Gefährlichkeit seines Handelns abweichend von der tatbestandsrelevanten Verhaltensnorm und handelt infolgedessen vorsätzlich. Nichts anderes soll für denjenigen gelten, der ein Mädchen zur Vollziehung des Beischlafes verführt, obwohl er die Möglichkeit erkannt hat, daß sein Opfer das 16. Lebensjahr nicht vollendet hat: Weil die aus seiner Sicht zu beurteilende Möglichkeit, daß die Tatbestandsmerkmale des § 182 StGB vorliegen, nach *Frisch* bereits das Verbot einer Verführung auslöst, werde dem Täter durch die bloße Möglichkeitskenntnis direkt der Vorsatz des tatbestandsmäßigen Verhaltens vermittelt.

Einen besonderen Vorzug der Ersetzung des herkömmlichen Vorsatzbegriffs im Sinne einer „Inkaufnahme des Erfolges" durch die „Kenntnis des tatbestandsmäßigen Risikos" sieht *Frisch* darin, daß nunmehr den bei den einzelnen Tatbeständen je unterschiedlich tolerablen Risiken im Rahmen der Bestimmung des Vorsatzge-

124 So *Frisch*, a.a.O. (Fn. 120), S. 118ff., 162ff.

125 So *Frisch*, a.a.O. (Fn. 120), S. 109 u.ö.

126 Wobei die objektive Eignung allerdings aus der Täterperspektive beurteilt werden soll, vgl. *Frisch*, a.a.O. (Fn. 120), S. 93, 124, 127.

127 So *Frisch*, a.a.O. (Fn. 120), S. 352ff.

128 Vgl. *Frisch*, a.a.O. (Fn. 120), S. 361 sowie in ganz gleicher Weise zu den Rechtfertigungsgründen auf S. 448.

genstandes Rechnung getragen werden könne, ohne daß der Vorsatzbegriff selbst zu einem Spielball des Besonderen Teils wird[129], wobei dieser inhaltliche Fortschritt erst durch die Erkenntnis der systematischen Selbständigkeit des tatbestandsmäßigen Verhaltens ermöglicht worden sei.[130]

cc) Eine umfassende Re-Normativierung der strafrechtssystematischen Begriffe des Allgemeinen Teils hat schließlich *Jakobs* in seinem 1983 erschienenen Lehrbuch unternommen: Weil die ontologisierende Strafrechtsdogmatik vollständig zerbrochen sei, seien sämtliche Begriffe der Strafrechtsdogmatik von den Aufgaben des Strafrechts her mit Inhalt zu erfüllen, so daß Begriffe wie Kausalität, Können, Fähigkeit, Schuld u.a.m. ihren vorrechtlichen Inhalt verlören und erst im Zusammenhang strafrechtlicher Regelungen entstünden.[131] Die Konzeption von *Jakobs* bedeutet damit eine frappierende Renaissance der von *Welzel* so heftig und für fast 5 Jahrzehnte erfolgreich bekämpften Begriffsbildungstheorie des Neukantianers *Lask*, gegenüber dessen Rezeption zu Beginn dieses Jahrhunderts (vgl. dazu oben III. 2.) *Jakobs'* System aber zwei wesentliche Vorteile aufweist: Zum einen bewahrt sich *Jakobs* vor einem Versinken im Wertrelativismus durch die Anerkennung der Generalprävention qua Einübung in Normtreue als der dominierenden Aufgabe staatlichen Strafens[132], und zum anderen kann er sich bei der Funktionalisierung der dogmatischen Begriffe auf die Kategorien der soziologischen Systemtheorie stützen[133].

Wegen des von *Jakobs* erhobenen Anspruches auf eine umfassende Re-Normativierung des Straftatsystems ist eine Nachzeichnung der zahlreichen inhaltlichen Konsequenzen in dieser Übersicht nicht möglich; es muß deshalb exemplarisch auf die

---

[129] Vgl. *Frisch*, a.a.O. (Fn. 120), S. 492f.

[130] Vgl. dazu *Frisch*, a.a.O. (Fn. 120), S. 502f.

[131] So wörtlich *Jakobs*, Strafrecht Allgemeiner Teil, 1983, S. Vf.

[132] Vgl. *Jakobs*, a.a.O. (Fn. 131), S. 8f.

[133] Vgl. exemplarisch die Definition des Subjekts durch die Zuständigkeit, die Definition der Schuld durch die motivatorischen Gründe, für die der Täter als zuständig angesehen werden muß, und die Definition der Garantenstellungen durch Pflichten kraft Organisationszuständigkeit und kraft institutioneller Zuständigkeit bei *Jakobs*, a.a.O. (Fn. 131), S. V, 397 und 660.

Auseinandersetzung mit *Jakobs'* Schulddogmatik verwiesen werden, die sich in diesem Band in den Beiträgen von *Achenbach* und *Schünemann* findet.[134]

c) Für die *zukünftige Entwicklung des Strafrechtssystems* wird man lediglich die Prophezeiung wagen können, daß sie im Zeichen einer weiteren Ausarbeitung und Verfeinerung des zweckrationalen („funktionalen") Denkansatzes stehen wird, dessen Möglichkeiten und Tragweite durch die bisherige Diskussion auch nicht ansatzweise ausgeschöpft sind. Weil das zweckrationale Strafrechtsdenken nicht einen bestimmten Kanon systematischer und inhaltlicher Annahmen axiomatisch festlegt, sondern vielmehr eine bestimmte Methode der Systembildung wie auch der Gewinnung inhaltlicher Erkenntnisse bezeichnet, wird es – wie gerade auch die Beiträge dieses Bandes belegen – zunächst einer Periode kontroverser Auseinandersetzungen bedürfen, ehe die Umrisse des zweckrationalen Strafrechtssystems und der damit verknüpften inhaltlichen Annahmen in der Sache feststehen. Über die zahlreichen, in den nachfolgenden Beiträgen zum Teil thematisierten Einzelfragen hinaus werden insbesondere vier grundsätzliche Probleme einer in der bisherigen Diskussion noch nicht gefundenen Lösung zuzuführen sein: der logische Status der Bausteine des Strafrechtssystems, die weitere Verwendung der herkömmlichen Systemelemente, die Methode der Ausdifferenzierung und Konkretisierung und die Rolle der Normentheorie.

aa) Am Anfang eines jeden Versuches, ein Strafrechtssystem aufzubauen, steht die Frage, ob die *Bausteine* dieses Systems der *deskriptiven* oder *präskriptiven* Sprache entnommen werden sollen, d.h. ob Wertungen oder empirisch beschreibbare Sachverhalte die Elemente des Systems bilden. Während der Naturalismus und der Finalismus die ontischen (d.h. der strafrechtlichen Wertung vorgegebenen) Strukturen zum Angelpunkt des Systems genommen haben, muß nach neukantianischem und zweckrationalem Denken ein Wert oder ein Zweck (d.h. ein als wertvoll und damit erstrebenswert anerkanntes Ziel) den Ausgangspunkt bilden. Aus der durchschlagenden Kritik am sog. naturalistischen Fehlschluß folgt, daß zuallererst die maßgeblichen *Leitwerte* auf-

---

[134] S. unten S. 135ff., 153ff., insbes. 168ff.

gefunden werden müssen. Wegen der Abhängigkeit der systematischen von der inhaltlichen Fragestellung („Substratadäquanz" des Systems) muß man sich also zuvörderst darüber verständigen, welche selbständigen, nicht aufeinander rückführbaren Wertungsebenen dem geltenden Strafrecht der Bundesrepublik Deutschland zugrunde liegen. Einer adäquaten Rekonstruktion des geltenden Rechts dürfte es entsprechen, von *zwei selbständigen Wertungsebenen* auszugehen: einer besonders intensiven (*„strafrechtsspezifischen") objektiven Unwertigkeit der Tat* und der *individuellen Verantwortlichkeit* des Täters für die Tat. Diese beiden Basis-Wertungen können jeweils in *zwei Sub-Wertungen* aufgelöst werden: Von einer strafrechtsspezifischen Unwertigkeit (dem „strafrechtlichen Unrecht") kann man nur sprechen, wenn die Tat erstens *überhaupt verboten* und zweitens in *qualifizierter* Form unerwünscht ist (d.h. wenn ein schutzwürdiges Rechtsgut erheblich beeinträchtigt wird und wenn ein Strafrechtsschutz gegenüber dem konkreten Angriff geeignet, erforderlich und verhältnismäßig ist). Und die individuelle Verantwortlichkeit setzt erstens voraus, daß die Tat für den *individuellen* Täter *überhaupt vermeidbar* war (= ihm vorwerfbar ist), und zweitens, daß die Tat*motivation* qualifiziert unwertig ist (= ein *Strafbedürfnis* auslöst).

Die elementaren Bausteine des Strafrechtssystems werden deshalb von Wertprädikaten gebildet, nämlich dem strafrechtlichen Unrecht und der Verantwortlichkeit, wobei es in beiden Fällen um einen qualifizierten Unwert geht, so daß der Begriff des „strafrechtlichen Unrechts" in dem hier gemeinten Sinn die herkömmliche Kategorie der Rechtswidrigkeit ebenso als *Teilaspekt* einschließt wie der Begriff der Verantwortlichkeit das traditionelle Verständnis der Schuld als „Möglichkeit des Andershandelns".

bb) Aus dieser Dichotomie der strafrechtlichen Basiswertungen folgt, daß nur ein *zweigliedriges System* den logischen Anforderungen genügt und von dem herkömmlichen drei- oder viergliedrigen System (Tatbestandsmäßigkeit, Rechtswidrigkeit und Schuld, eventuell zuzüglich der Handlung) nur zwei Bausteine – nämlich Unrecht und Verantwortlichkeit – die Basis des zweckrationalen Strafrechtssystems bilden können. Sowohl der Tatbestand als auch die Rechtswidrigkeit im Sinne einer schlichten,

rechtstatbestand eine „eigene rechtliche Sinneinheit unabhängig von einer gegebenen Rechtfertigungslage" zusprechen und dies mit dem alten Argument *Welzels,* daß die Tötung einer Mücke etwas anderes sei als die gerechtfertigte Tötung eines Menschen, nachweisen will: Aus der Blickrichtung des maßgeblichen Basiswertes, des strafrechtsspezifischen Unrechts, läßt sich für beide Fälle das gleiche Urteil abgeben, so daß ihre Unterscheidung auch erst auf einer späteren Stufe der Ausdifferenzierung systematisch reproduziert werden kann.

Weil auch der Handlungsbegriff noch nicht auf der aus Wertprädikaten gebildeten Fundamental-Stufe des Strafrechtssystems, sondern frühestens auf der nächstfolgenden Stufe der Entnormativierung in Erscheinung treten kann, besteht die Basis des Strafrechtssystems (oder – je nach der Blickrichtung – die oberste Stufe der Begriffspyramide) also nur aus *„Unrecht"* und *„Verantwortlichkeit"*, während alle anderen traditionellen systematischen Unterscheidungen erst bei der weiteren Konkretisierung und Ausdifferenzierung dieser Basiselemente in den Blick treten.

cc) Diese *Konkretisierung* muß und kann nur in der Weise vor sich gehen, daß durch eine Auslegung der legislatorischen Entscheidungen Schritt für Schritt diejenigen empirisch beschreibbaren Sachverhalte namhaft gemacht werden, für die die jeweilige Bezugswertung zutrifft. Es muß mit anderen Worten danach gefragt werden, für welche in der deskriptiven Sprache zu schildernden, in der Welt des sozialen Lebens angesiedelten Sachverhalte von einem strafrechtsspezifischen Unrecht bzw. einer generellen und individuellen Vorwerfbarkeit gesprochen werden kann. Grundsätzlich gehört es in unserer am Primat der Gesetzgebung orientierten Rechtsordnung zur legislatorischen Prärogative, diese „Entnormativierung durch Angabe der die Ausgangswertung erfüllenden Sachverhalte" selbst vorzunehmen, wobei der Gesetzgeber zu diesem Zweck üblicherweise so vorgeht, daß er die von ihm gemeinten Sachverhalte in den Termini der Umgangssprache oder einer auf die Sachverhalte in spezifischer Weise zutreffenden Fachsprache bezeichnet. Soweit die in Betracht kommenden Sachverhalte in den *Bedeutungskern* der vom Gesetzgeber benutzten Termini fallen und deshalb eindeutig bezeichnet sind[136], ist der Rechtsanwender daran gebunden und zu einer den Gesetzgeber korrigierenden, eigenen Entscheidung nicht befugt. Soweit das nicht der Fall ist (was im Allgemeinen Teil des Strafrechts mit den großen Bedeutungsspielräumen der vom Gesetzgeber benutzten Termini sehr häufig vorkommt), ist der Rechtsanwender befugt und gehalten, die von der legislatorischen Entscheidung gelassenen Spielräume rechtsschöpferisch zu schließen, wobei der *Entnormativierung durch Zweck-Mittel-Reduktion*, d. h. durch Ermittlung der dem Zweck eines bestimmten Rechtsinstitutes entsprechenden Sachverhalte, eine hervorragende Bedeutung zukommt. Hierbei geht es durchweg um inhaltliche Entscheidungen, die für das strafrechtliche System zwar präjudiziell sind und die sich auch an der vom System garantierten Folgerichtigkeit messen lassen müssen, die aber durch eine rein intrasystematische Deduktion selbstverständlich nicht ersetzt werden dürfen.

Um diesen Entnormativierungsvorgang am Schuldbegriff i.e.S. zu verdeutlichen: Weil das normative Urteil der individuellen Vorwerfbarkeit die empirische Feststellung der individuellen Möglichkeit des Andershandelns impliziert, hat der Gesetzgeber unter der Prämisse der generellen menschlichen Willensfreiheit[137] in § 20 StGB den Versuch unternommen, mit Hilfe von Termini, die teils der Umgangssprache, teils der psychiatrischen und psychologischen Fachsprache angehören, diejenigen Sachverhalte zu bezeichnen, bei denen nicht von einer Selbstbestimmungsfreiheit des Täters ausgegangen werden kann. Soweit der Bedeutungskern der in § 20 verwendeten Ausdrücke reicht, kommt deshalb ein korrigierender Rückgriff auf den (ja erst selbst aus der legislatorischen Entscheidung zu rekonstruierenden) Leitwert und erst recht ein Rückgriff auf den Zweck der gesamten Institution „Strafrechtspflege" nicht in Betracht; vielmehr sind diese Hilfsmittel einer rechtschöpferischen Rechtsfindung nur insoweit zulässig und am Platze, wie es um die Ausfüllung der Bedeutungsspielräume der Gesetzestermini geht. Es läuft deshalb auf eine bedenkliche, dem extremen Finalismus vergleichbare Überreizung des zweckrationalen Strafrechtsdenkens hinaus, wenn *Jakobs* die Auffassung vertritt, daß es „zur Bestimmung der Schuld auszuhandeln sei, wie viele soziale Zwänge dem von der Schuldzuschreibung

[136] Vgl. dazu statt aller nur *Schünemann*, in: FS f. Klug I, 1983, S. 169 ff. m. zahlr. w. N.

[137] Vgl. dazu unten den Beitrag von *Schünemann*, S. 153 ff., insbes. 160 ff.

betroffenen Täter aufgebürdet werden können und wie viele störende Eigenheiten des Täters vom Staat und von der Gesellschaft akzeptiert oder von Dritten getragen werden müssen".[138] Denn diese Annahme einer Aushandelbarkeit, also Beliebigkeit der Schuldvoraussetzungen mißachtet nicht nur die Prärogative des Gesetzgebers, sondern hebt auch die im Gesetz bereits geleistete Entnormativierungsarbeit wieder auf und ersetzt den *naturalistischen* Fehlschluß durch den *normativistischen Fehlschluß*, der die Konkretisierbarkeit empirischer Allgemeinbegriffe wie etwa der „normalen Motivierbarkeit" durch eine wertfreie Ermittlung der psycho-physischen Gegebenheiten im Einzelfall leugnet.

Eine besonders weitgehende Entnormativierung hat der Gesetzgeber in den Tatbeständen des *Besonderen Teils* geleistet, die sämtlich eine Konkretisierung der das strafrechtsspezifische Unrecht begründenden *Sozialschädlichkeit* darstellen. Zur Ausfüllung der verbleibenden Bedeutungsspielräume muß aber selbstverständlich wiederum auf die Leitwertungen zurückgegriffen werden, die sich zu diesem Zweck wiederum in die Strafwürdigkeit und Strafbedürftigkeit, letztere wiederum in die Geeignetheit, Erforderlichkeit und Verhältnismäßigkeit des Strafrechtsschutzes ausdifferenzieren und dadurch für eine weitere Entnormativierung handhabbar machen lassen.[139]

Die Zukunft des Strafrechtssystems liegt hier also in einer inhaltlichen Ausdifferenzierung des strafrechtsspezifischen Unrechts und nicht in jener aufbautechnischen Abscheidung von Tatbestand und Rechtswidrigkeit, die die bisherige Diskussion beherrscht hat. Im Kontext eines durch ständige Konkretisierung und Entnormativierung zweier Basiswertungen gebildeten Systems ist es ferner auch nicht befremdlich, daß ein und derselbe empirisch beschreibbare Sachverhalt (etwa die psychische Beziehung des Täters zu seiner Tat) sowohl unter Unrechts- als auch unter Schuldgesichtspunkten relevant sein kann, so daß der Vorsatz im Vergleich zur Fahrlässigkeit sowohl die schwerere Un-

[138] In: Strafrecht Allgemeiner Teil (Fn. 131), S. 396.

[139] Vgl. dazu exemplarisch *Schünemann*, FS f. Faller, 1984, sowie bereits in der FS f. Bockelmann, 1979, S. 117, 129ff.; eingehend jetzt zu einem besonderen Straftatmerkmal der „Strafrechtswidrigkeit" und zu seiner Bedeutung für die Rechtfertigungsgründe *Günther*, Strafrechtswidrigkeit und Strafunrechtsausschluß, 1983, S. 103ff., 281ff. und passim.

rechts- als auch die gravierendere Schuldform verkörpert.[140] Der lang anhaltende Streit, ob der Vorsatz „zum Tatbestand" oder „zur Schuld" gehöre, litt deshalb bereits unter einer grundsätzlich falschen Fragestellung: Die psychische Beziehung des Täters zu seiner Tat ist für beide Basiswertungen relevant, so daß es nur in einem pragmatischen, aufbautechnischen Sinne richtig ist, daß ein bereits im Rahmen des Unrechts bejahter Vorsatz für die Schuld nicht erneut geprüft zu werden braucht.[141]

dd) Nach wie vor ungeklärt ist schließlich die Frage, in welchem Umfange die strafrechtliche Systembildung zur *Normentheorie* steht, d.h. insbesondere, ob die Normentheorie als Motor oder als Produkt der Systembildung angesehen werden muß.

Seit *Bindings* Normentheorie[142] sind die Auseinandersetzungen um das Strafrechtssystem fast ununterbrochen durch Streitigkeiten über die logischen Implikationen der Strafgesetze kontrapunktiert worden, die zumeist folgende Fixpunkte betroffen haben: Das an den Strafrichter adressierte Strafgesetz (die „*Sanktionsnorm*") impliziert offenbar eine bestimmte negative Stellungnahme des Gesetzgebers zu dem Verhalten des Täters („*Verhaltensnorm*"), deren Existenz auch ohne ausdrückliche Formulierung in dem Umfange bejaht werden muß, wie sie logisch notwendig ist. Unbestreitbar ist nun zunächst, daß der Gesetzgeber das strafbare Verhalten negativ bewerten muß, weil sonst dessen Bestrafung unsinnig wäre, so daß also der im Gesetz formulierten Sanktionsnorm eine das Verhalten des Täters betreffende, negativ auszeichnende *Bewertungsnorm* logisch vorrangig ist. Weil die Aufgabe des Strafrechts, Rechtsgüter zu schützen, nur über

140 Vgl. bereits *Roxin*, Gedächtnisschrift für Radbruch, 1968, S. 266.

141 Selbstverständlich aber nur unter der Prämisse, daß der Vorsatz im Rahmen der Schuld nicht anders bestimmt werden müßte als im Rahmen des Unrechts, was etwa von *Schmidhäuser*, a.a.O. (Fn. 77), S. 178f. bestritten wird und noch weiterer Klärung bedarf. Beispielsweise könnten gute Gründe dafür sprechen, das von *Frisch* aus dem unrechtsbezogenen Vorsatzbegriff verbannte voluntative Element (s.o. im Text unter 2.b) im Rahmen des Schuldbezuges beizubehalten.

142 Vgl. *Binding*, Die Normen und ihre Übertretung, 4 Bde. 1872–1919, und dazu grundlegend *Armin Kaufmann*, Lebendiges und Totes in Bindings Normentheorie, 1954.

die Hervorrufung einer rechtstreuen Motivation der Bürger verwirklicht werden kann, liegt es aber auch nahe, die Existenz einer an die Bürger adressierten, ungeschriebenen *Bestimmungsnorm* zu erschließen, die den Bürgern die Begehung strafbarer Handlungen untersagt. Je nachdem, ob die Bewertungsnorm oder die Bestimmungsnorm als das Rückgrat des Strafrechts angesehen worden ist, wurde der strafrechtssystematische Begriff des Unrechts mehr durch objektive oder mehr durch subjektive Elemente definiert[143], und die Bestimmung des Unrechts-Prototyps durch den untauglichen Versuch im extremen Finalismus[144] ist in gewissem Sinne die folgerichtige Konsequenz einer Verabsolutierung der Bestimmungsnorm und der mit ihr intendierten personalen Unrechtslehre gewesen. Auch in dem modernen zweckrationalen Strafrechtsdenken kommt normentheoretischen Erwägungen gegenwärtig eine erhebliche Bedeutung zu, wie die Darstellung der Arbeiten von *Wolter* und *Frisch* (oben S. 51 ff.) gezeigt hat.

Weil Sollenssätze, die ein bestimmtes Verhalten gebieten oder verbieten *(Imperative)*, anders als Seinsaussagen aus *Werturteilen ableitbar* sind (und umgekehrt), kann in logischer Hinsicht kein Zweifel daran bestehen, daß zu jedem Strafrechtssystem eine kohärente Normentheorie konstruiert werden kann (und umgekehrt). Auf der anderen Seite darf man aber nicht übersehen, daß aus einer Bewertungsnorm ganz verschiedene Bestimmungsnormen entwickelt werden können, so daß das Strafrechtssystem und erst recht inhaltliche Fragen nicht durch das Bekenntnis zu einer nicht stringent, sondern nur kontingent herleitbaren Bestimmungsnorm präjudiziert werden dürfen. So ist etwa die allgemein anerkannte Erfolgszurechnung bei unwesentlicher Abweichung des Kausalverlaufes vom Vorsatz[145] nur dadurch systematisch adäquat rekonstruierbar, daß man die personale Zurechnung der gefährlichen Handlung qua Verletzung der Bestimmungsnorm

[143] Vgl. dazu *Jescheck*, a.a.O. (Fn. 9), S. 188 f. mit zahlr. w. N.

[144] Vgl. nur *Zielinski*, Handlungs- und Erfolgswert im Unrechtsbegriff, 1973, S. 143 f.

[145] *Cramer*, in: *Schönke/Schröder* (Fn. 4), § 15, Rn. 55 ff.; *Rudolphi*, in: SK (Fn. 19), § 16, Rn. 31 f.; *Jescheck*, a.a.O. (Fn. 9), S. 250 f.; *Schmidhäuser*, a.a.O. (Fn. 77), S. 401 f.; jew. m.w.N.

um eine rein objektive Zurechnung des eingetretenen Erfolges qua Bewertungsnorm ergänzt.[146] Auf der anderen Seite dürfte aber *Frisch* die Tragfähigkeit einer normentheoretischen Argumentation überstrapazieren, wenn er das tatbestandsmäßige Verhalten als Gegenstand des Vorsatzes mit dem objektiv *vom Standpunkt des Täters* aus zu beurteilenden Risiko der Erfolgsverursachung bzw. des Vorliegens sonstiger Tatbestandsmerkmale identifiziert und auf diese Weise dem Strafgesetz ein Handlungsverbot auch für den Fall einer nur aus der Perspektive des Täters, nicht aber etwa aus der des Opfers drohenden Tatbestandserfüllung subintellegiert.[147] Denn damit ist er nicht nur unversehens sogar über die Sichtweise des von ihm im übrigen bekämpften extremen Finalismus hinausgegangen, wonach der Prototyp des Unrechts in dem beendeten untauglichen Versuch besteht, sondern hat auch sein Vorsatzkonzept auf eine aus dem Gesetz nicht zwingend ableitbare Bestimmungsnorm gegründet, die weitaus mehr verbieten würde, als nach der Sanktionsnorm des StGB überhaupt bestraft werden könnte.[148]

---

[146] Vgl. *Wolter*, a.a.O. (Fn. 21), S. 178. Wenn man den Erfolg dagegen in diesen Fällen – entsprechend einer die Bestimmungsnorm verabsolutierenden Unrechtsauffassung – als bloße objektive Strafbarkeitsbedingung einordnen würde, so könnte man nicht plausibel machen, daß die Abweichungen im Kausalverlauf dem Täter erkennbar und deshalb zur Schuld zurechenbar sein müssen.

[147] In: Vorsatz und Risiko (Fn. 120), S. 124, 127, 352 ff., 361.

[148] Denn die objektive ex-ante-Betrachtung als Mittellösung zwischen einer objektiven ex-post-Betrachtung und einer rein subjektiven ex-ante-Betrachtung aus der Sicht und nach dem Vermögen des Täters ist nur bei der Beurteilung eines zeitlich gestreckten Sachverhalts sinnvoll, d.h. bei der Frage, ob ein bestimmtes Verhalten die Gefahr eines zeitlich danach eintretenden Erfolges birgt (sei es einer Rechtsgutsverletzung, sei es einer konkreten Rechtsgutsgefährdung – so daß die von *Wolter*, a.a.O. – Fn. 21 –, S. 85 ff., 223 ff., vorgenommene Unterscheidung zwischen der ex ante zu beurteilenden Gefährlichkeit der Handlung und der ex post festzustellenden Gefährdung des Rechtsgutes entgegen der daran von *Frisch*, a.a.O. – Fn. 120 –, S. 120/21 Fn. 9, geübten Kritik durchaus berechtigt erscheint). Weil bei den sonstigen Tatbestandsmerkmalen außerhalb des Erfolges zwischen ex ante und ex post eintretenden Umständen von vornherein nicht differenziert werden kann, kommt bei ihnen für *Frisch* als entscheidendes Kriterium der Risikobeurteilung praktisch nur noch die Perspektive des Täters in Betracht, so daß er also letztlich den „fahrlässigen untauglichen Versuch" zum Prototyp des Unrechts stempelt!

Auf die Bestimmungsnorm gegründete normentheoretische Folgerungen drohen deshalb in einem zweckrationalen Strafrechtssystem noch radikalere und angreifbarere Konsequenzen zu zeitigen als in der extrem finalistischen Konzeption, so daß man der Formulierung einer über den Bereich des strafbaren Verhaltens hinausreichenden Bestimmungsnorm auch hier skeptisch gegenüberstehen muß.

d) Der Ausblick auf die Entwicklungstendenzen des zweckrationalen Strafrechtssystems hat damit ergeben, daß es sich auch hierbei nicht um einen Zauberhut handelt, dem ohne Probleme und Kontroversen einfach fertige Ergebnisse entnommen werden können. Weder darf die damit intendierte Re-Normativierung des strafrechtssystematischen Denkens übertrieben noch der überkommene Bestand des von der personalen Unrechtslehre geprägten modernen Strafrechtssystems in Bausch und Bogen preisgegeben werden. Vielmehr wird es gelten, im Lichte des neuen systematischen und methodischen Ansatzes die in den letzten hundert Jahren gewonnenen, bleibenden Erkenntnisse der Strafrechtswissenschaft zu bewahren und zusammen mit den von einem zweckrationalen Denken zu erwartenden Verfeinerungen und Verbesserungen in ein neues, freilich für den auch in Zukunft zu erwartenden Erkenntnisfortschritt offenes Gesamtsystem einzubringen.

IV. Stellenwert und Zielsetzung der nachfolgenden Beiträge

Die in diesem Band versammelten Einzelbeiträge zu strafrechtssystematischen und -dogmatischen Fragen stimmen in dem Ausgangspunkt überein, daß sie die Lösung der System- und Sachfragen in einem *zweck- und wertbezogenen Denkansatz* suchen bzw. – anders formuliert – voreilige begrifflich-konstruktive Festlegungen mit der daraus resultierenden Verkümmerung der normativen Aspekte zu vermeiden trachten. Sie verstehen sich deshalb als Probe aufs Exempel eines zweckrationalen Strafrechtsdenkens, wobei die durchaus kontroverse Beschäftigung mit dem als Initialzündung zu verstehenden Konzept *Roxins* in „Kriminalpolitik und Strafrechtssystem" sowie mit *Jakobs'* radikaler Zurückführung von Schuld auf Prävention deutlich machen soll, daß die verbindende wissenschaftliche Basis des zweckrationalen Strafrechtsdenkens nicht in bestimmten inhaltlichen Annahmen besteht, die zu orthodoxen Doktrinen verfestigt werden sollen, sondern in der explizit normativen Fragestellung und in der Ablehnung rein begriffsjuristischer, normativ nicht oder nicht ausreichend fundierter Konstruktionen und Deduktionen.

1. In dem programmatischen Beitrag von *Rudolphi* wird deshalb der Versuch unternommen, die Entwicklung der einzelnen Systemstufen des Strafrechts aus seinem Zweck (der Prävention von Rechtsgüterletzungen) nicht nur für die bisher im Vordergrund stehende Stufe der Schuld, sondern auch für den Unrechtsbereich zu demonstrieren. Letztlich geht es hierbei um die Befreiung des zweckrationalen Strafrechtssystems aus einer doppelten Verlegenheit, in die die ursprüngliche Konzeption *Roxins* deswegen geraten mußte, weil der nulla-poena-Grundsatz als der von *Roxin* für die Tatbestandsebene namhaft gemachte Leitwert ein rein formales und nur limitierendes Prinzip ist, das schlecht zu einer konkretisierungsfähigen, positiven Richtlinie taugt; und weil der für die Ebene der Rechtswidrigkeit angegebene Leitgesichtspunkt der „sozialen Konfliktsregelung" im Grunde keinen normativen Leitwert, sondern nur eine deskriptive Diagnose liefert.

2. An diesen Punkten setzt auch der Beitrag *Amelungs* an, dem es in seiner „Kritik" nicht um eine Bekämpfung, sondern um eine Fortentwicklung des von *Roxin* begründeten zweckrationalen Strafrechtssystems geht. *Amelung* ersetzt deshalb das als Leitwert auf der Tatbestandsebene problematische nulla-poena-Prinzip durch die Funktion, das gesteigerte (d.h. qualifiziert sozialschädliche) Unrecht zu erfassen, und verfolgt die Fruchtbarkeit der hiermit thematisierten Unterscheidung zwischen „schlichter Rechtswidrigkeit" und „spezifisch strafrechtlichem, d.h. strafwürdigem und strafbedürftigem Unrecht" auch für die Rechtfertigungsgründe: Hier unterscheidet er im Anschluß an *Günther* zwischen Unrechtsminderungsgründen, die (lediglich) die strafrechtliche Unrechtsqualität ausschließen, und echten Rechtfertigungsgründen, die das Unrecht vollständig ausschließen. Eine

ähnliche Differenzierung entwickelt *Amelung* auch im Schuldbereich, wo er zwischen „Verantwortungsausschlußgründen", die sowohl das general- als auch das spezialpräventive Strafbedürfnis entfallen lassen und deswegen nicht nur eine Bestrafung, sondern auch eine Maßregelverhängung ausschließen, und Schuldausschließungsgründen i.e.S. unterscheidet, die lediglich das generalpräventive Strafbedürfnis beseitigen, einer aus spezialpräventiven Gründen angeordneten Maßregelverhängung aber nicht entgegenstehen. Weil diese Differenzierungen nicht aus vorgeblichen sachlogischen Strukturen, sondern aus normativen Ansätzen abgeleitet werden, bewegt sich *Amelungs* „Kritik" damit vollständig in den Bahnen des von *Roxin* gewiesenen zweckrationalen Strafrechtsdenkens.

3. In dem Beitrag *Wolters* wird das zweckrationale Strafrechtsdenken bis in die feinsten Verästelungen der objektiven Zurechnungslehre verfolgt. In Anknüpfung an den Beitrag *Rudolphis* leitet *Wolter* aus dem Zweck des Strafrechts (präventiver Rechtsgüterschutz) das Verständnis der strafrechtlichen Normen als Verbote von objektiv gefährlichen Verhaltensweisen ab und erkennt als Prototyp des Unrechts nicht (wie es den radikalen Konsequenzen des Finalismus entsprochen hatte) den untauglichen Versuch, sondern das objektiv gefährliche Verhalten. Indem *Wolter* die objektive Zurechnung qua Risikozusammenhang mit der personalen Zurechnung qua Vorsatz oder Fahrlässigkeit und der individuellen Zurechnung qua Andershandelnkönnen konfrontiert und diese drei Zurechnungsschichten in den traditionellen Problemkonstellationen (von dem Erbonkel-Gewitter-Fall bis zur aberratio ictus) sorgfältig auseinanderhält, scheinen sich die zahlreichen kontroversen Sachfragen durch diese normativ fundierte systematische Unterscheidung nahezu von selbst zu beantworten. *Wolters* Beitrag belegt auf diese Weise exemplarisch, daß eine substratadäquate und hinreichend differenzierte Systembildung zugleich inhaltliche Entscheidungen impliziert (und umgekehrt).

4. Während die ersten Beiträge die Konsequenzen des zweckrationalen Strafrechtssystems vornehmlich auf der Unrechtsebene verfolgen, sind die letzten drei Beiträge den Neuerungen und Kontroversen auf der Systemstufe der „Schuld" i.w.S. gewidmet. *Achenbach* und *Schünemann* setzen sich mit der Frage auseinan-

der, ob die von *Jakobs* propagierte Zurückführung der Schuld auf Generalprävention die folgerichtige Durchführung des zweckrationalen Strafrechtssystems oder dessen reductio ad absurdum bedeutet. Während *Achenbach* sich auf die Seite von *Jakobs* schlägt, weil er die Garantien des Schuldprinzips bereits in einer an der Idee der Gerechtigkeit ausgerichteten, auf die Rechtsbewährung und damit auf die soziale Akzeptanz abzielenden sog. „Integrationsprävention" verwirklicht sieht, wird in dem anschließenden Beitrag von *Schünemann* der Nachweis unternommen, daß die Schuld als Legitimationsprinzip durch die Nützlichkeitskategorie der Generalprävention weder ersetzt noch auf sie zurückgeführt werden kann, wie überhaupt in einem zweckrationalen Strafrechtsdenken auf eine von Nützlichkeitserwägungen unabhängige wertrationale Rechtfertigung („Legitimation") der staatlichen Eingriffe nicht verzichtet werden könne. Es wird deshalb für eine klare Ausdifferenzierung der herkömmlichen Systemstufe „Schuld i.w.S." in die Schuld i.e.S. (als Andershandelnkönnen im ontologischen Sinne) und in die „Verantwortlichkeit" als Ausdruck präventiver Notwendigkeiten plädiert, wobei die Angriffe der Agnostiker auf das die Willensfreiheit voraussetzende klassische Schuldverständnis mit sprachphilosophischen Argumenten zurückgewiesen werden, die Schuld auf eine Limitationsfunktion für ein utilitaristisches Strafrechtsdenken beschränkt und dieser „Funktionswandel" auch für die Rolle der Schuld in der Strafzumessung praktiziert wird.

5. In dem abschließenden Beitrag von *Haffke* wird am Beispiel der Rückfallverschärfung gemäß § 48 die These von *Jakobs* vertieft und weiterentwickelt, daß Schuld in Wahrheit nicht empirisch festgestellt, sondern normativ zugeschrieben, das Tatschuldprinzip mithin in der Praxis verbal hochgehalten, faktisch jedoch unterlaufen werde. Die hieran anknüpfenden ideologiekritischen Überlegungen *Haffkes* machen aber auch deutlich, daß eine systematische Entfaltung des Schuldgedankens durchaus und allein sicherzustellen vermag, daß die Schein-Deskriptivität der Strafrechtswirklichkeit aufgedeckt, das die Rechtsanwendung in Wirklichkeit leitende informelle Programm zutage gefördert und dadurch kritisierbar gemacht wird – wobei diese Aufdeckung der wirklichen Entscheidungsgrundlagen entweder zu einer Verwer-

fung der Praxis oder zu einer Anpassung der Theorie führen kann, so wenn etwa das die Rückfallverschärfung offenbar auslösende gesteigerte Präventionsbedürfnis als Argument für den im Beitrag *Schünemanns* geforderten Funktionswandel der Schuld bei der Strafzumessung eingesetzt würde.

6. So bleibt als Ertrag der sechs Beiträge kein in jedem einzelnen Detail ausgemaltes „neues Bild des zweckrationalen Strafrechtssystems" zu verbuchen, wohl aber der Nachweis der unerhörten Fruchtbarkeit und Dynamik der hierin liegenden Re-Normativierung des strafrechtswissenschaftlichen Denkens.

Hans-Joachim Rudolphi

Der Zweck staatlichen Strafrechts und die strafrechtlichen Zurechnungsformen*

I. Problemstellung

Rechtssätze enthalten stets *Imperative,* d.h. Ver- oder Gebote menschlichen Handelns. Unmittelbares *Ziel* der rechtlichen Verhaltensanweisungen ist damit stets das Unterlassen oder die Vornahme einer bestimmten menschlichen *Handlung.* Doch erschöpft sich der Sinn und Zweck der rechtlichen Imperative nicht darin, die Normunterworfenen zu bestimmten Unterlassungen oder Handlungen zu bewegen. Aufgabe der rechtlichen Imperative ist es vielmehr darüber hinausgehend, durch Ver- oder Gebote menschlichen Verhaltens die Normadressaten zu veranlassen, bestimmte als *wertvoll bewertete Gegebenheiten nicht* zu *beeinträchtigen,* vor Gefahr zu *bewahren* oder erst noch zu *schaffen.* Handelt es sich bei dem Recht somit stets um eine *Institution zur Erreichung bestimmter Zwecke,* so folgt daraus, daß sich sein Inhalt allein von den verfolgten Zielen und Zwecken her in vollem Umfang erschließen läßt.

Für das *Strafrecht* bedeutet dies, daß nicht nur die Auslegung der einzelnen besonderen *Straftatbestände* an ihrem *Schutzzweck* zu orientieren ist, sondern ebenso, daß die *allgemeinen Lehren* des Strafrechts, insbesondere also auch die Grundsätze über die verschiedenen *Stufen strafrechtlicher Zurechnung,* mit Rücksicht auf

* Der Beitrag beschränkt sich weitgehend darauf, vorhandene Ansätze, die die strafrechtlichen Zurechnungsstufen von dem Zweck staatlichen Strafrechts her deuten, zusammenfassend darzustellen. Daraus erklärt sich auch, daß die Literaturhinweise sich darauf beschränken, einige Arbeiten anzugeben, in denen diese Ansätze näher ausgeführt sind.

die *Zweckbestimmung* staatlichen Strafrechts mit Inhalt zu füllen sind. Inhalt und Voraussetzungen sowohl der strafrechtlichen Sanktionsnormen als auch der strafrechtlichen Verhaltensnormen sind auch von den Zielen und Zwecken eines staatlichen Strafrechts her zu bestimmen.

In einem eigentümlichen Gegensatz dazu steht nun allerdings der Umstand, daß die allgemeinen Lehren des Strafrechts vielfach nicht aus der Zielsetzung staatlichen Strafrechts und den von den strafrechtlichen Sanktionen verfolgten Zwecken, sondern unabhängig davon oder gar in betontem Gegensatz dazu aus anderen Gegebenheiten abgeleitet werden. Ein Beispiel dafür bietet vor allem das von *Welzel* entwickelte *finalistische Verbrechenssystem*, das die einzelnen allgemeinen Voraussetzungen der Strafbarkeit, wie die menschliche Handlung, objektive und subjektive Zurechnung von Unrechtserfolgen bis hin zur Schuld als individueller Zurechnung einer Unrechtstat aus *ontischen Gegebenheiten* ableitet.[1] Aber auch im übrigen erfolgt eine Entfaltung der allgemeinen Verbrechenslehren über die *Tatbestandsmäßigkeit, Rechtswidrigkeit* und *Schuld* vielfach zumindest ohne ausdrückliche Bezugnahme auf die Ziele staatlichen Strafrechts und die Zwecke der strafrechtlichen Sanktionen. Im folgenden soll daher einmal versucht werden, in einer notwendig kursorischen Gedankenskizze die Berechtigung der verschiedenen strafrechtlichen Zurechnungsstufen von den Zielen und Zwecken staatlichen Strafrechts her zu begründen und mit Inhalt zu füllen.

II. Der Zweck des Strafrechts als Grundlage der strafrechtlichen Zurechnung

1. Dem *Strafrecht* obliegt es nach unserer Verfassung, das Zusammenleben der Menschen in unserer gegenwärtigen durch das Grundgesetz geprägten Gesellschaft vor Angriffen zu schützen, d.h. sozialschädliches Verhalten zu verhindern. Seine Aufgabe ist

[1] *Welzel*, Das Deutsche Strafrecht, 11. Aufl., 1969, S. 33ff.; *ders.*, Vom Bleibenden und Vergänglichen in der Strafrechtswissenschaft, 1964.

ähnlich wie die des Polizeirechts auf Gefahrenabwehr beschränkt. Es bezweckt einen *präventiven Rechtsgüterschutz.*[2]

Zur Erreichung dieses Zieles bedient sich das Strafrecht ihm eigentümlicher *Mittel.* Es sind dies zunächst die *Strafdrohung,* die *Strafverhängung* und die *Strafvollstreckung* einschließlich des *Strafvollzuges.* Mit diesen Mitteln bemüht sich das Strafrecht, die Beachtung der strafrechtlichen Verhaltensnormen sicherzustellen. Unmittelbarer *Zweck* der Strafandrohung, der Strafverhängung und der Strafvollstreckung, d.h. der *Sanktionsnorm* und deren *Verwirklichung* durch die Strafverfolgungsorgane, ist es also, die zum Schutz der Rechtsgüter bestehenden Normen, die Handlungsverbote und Handlungsgebote als verbindliche Richtschnur menschlichen Verhaltens zu *stabilisieren* oder erst noch *durchzusetzen.*

Im einzelnen besagt dies folgendes: Mit der Strafandrohung will der Gesetzgeber Übertretungen der strafrechtlichen Verhaltensnormen verhindern, indem er jedem, der einer strafrechtlichen Verhaltensnorm zuwiderhandelt, die Verhängung eines Übels androht. Die *Strafandrohung* verfolgt damit primär einen *generalpräventiven* Zweck.[3] Wer sich nicht bereits durch den Wertgehalt der Verhaltensnorm als solchem von der Vornahme der verbotenen Handlung abhalten läßt, soll (vielleicht) noch durch die Übelsandrohung dazu motiviert werden, die verbotene Handlung zu unterlassen. Die *Strafverhängung* verfolgt demgegenüber bereits eine *vielfältigere Zielsetzung.* Sie will einmal durch die Mißbilligung der vorgenommenen normwidrigen Handlung die verletzte und damit vom Täter in ihrer Geltung in Frage gestellte *Norm bestätigen* und das allgemeine *Vertrauen* in die Einhaltung strafrechtlicher Verhaltensnormen (kontrafaktisch) *stabilisieren,* d.h. generalpräventiv für die Zukunft die faktische und normative Geltung der verletzten Verhaltensnorm sichern. Zugleich erstrebt die Verhängung der Strafe aber auch das *spezialpräventive* Ziel, den konkreten Täter zur Achtung und Beachtung der von ihm übertretenen Verhaltensnorm zu bestimmen. Noch

[2] Vgl. dazu *Rudolphi,* in Systematischer Kommentar zum Strafgesetzbuch (SK), Bd. 1, Allgemeiner Teil, 3. Aufl. 1981 ff., Rn. 1 ff. vor § 1 m.w.N.

[3] Vgl. dazu und zum Folgenden vor allem *Roxin,* JuS 1966, 377 ff.

mehr Gewicht erhält der letztere Zweck im Bereich der *Strafvollstreckung* und des *Strafvollzuges.* Im Vordergrund steht hier die Aufgabe, den Täter im Wege eines allein sinnvollen *Resozialisierungsvollzuges* zur Einhaltung der rechtlichen Verhaltensnormen zu veranlassen, d.h. seine normativen Verhaltensmuster zu stärken.

2. Ist es damit – kurz und vereinfachend zusammengefaßt – *Zweck* der Strafandrohung, der Strafverhängung und der Strafvollstreckung, die strafrechtlichen Verhaltensnormen sowohl generalpräventiv gegenüber jedermann zu bekräftigen als auch spezialpräventiv gegenüber dem konkreten Täter durchzusetzen, d.h. kurzum die *faktische und normative Geltung dieser Verhaltensnormen zu gewährleisten,* so müssen sie sich insoweit auch als *geeignete, notwendige* und *angemessene Mittel* erweisen.[4] Sowohl die Sanktionsnorm (die Strafandrohung) als auch deren Verwirklichung durch die Strafverhängung und Strafvollstreckung müssen den Kriterien der Geeignetheit, der Notwendigkeit und der Angemessenheit genügen. Daraus folgt nun bereits ein Mehrfaches.

Erstens: Die Straf*androhungen* sind nur dann und insoweit ein *geeignetes* Mittel zur Sicherung der faktischen und normativen Geltung der strafrechtlichen Verhaltensnormen, wenn und soweit sie sich gegen solche Normverletzungen richten, die der individuelle Täter hätte *vermeiden* können. Denn eine Chance, den Täter durch die Aussicht, das angedrohte Strafübel zu erleiden, doch noch von der Übertretung der strafrechtlichen Verhaltensnorm abzuhalten, besteht allein dann, wenn der Täter überhaupt zur Normbeachtung *fähig* ist. Für die Straf*verhängung* und Straf*vollstreckung* folgt daraus, daß sie ebenfalls prinzipiell nur dort erforderlich und damit berechtigt sind, wo der Täter durch eine ihm *persönlich vermeidbare Normverletzung* die Norm in ihrer Geltung in Frage gestellt hat. Nur unter dieser Voraussetzung besteht die Möglichkeit, daß die Strafe die ihr eigentümlichen general- und spezialpräventiven Wirkungen, nämlich die Geltung der übertretenen Verhaltensnorm in der Allgemeinheit und gegenüber dem konkreten Täter zu stabilisieren oder erst noch durchzusetzen, entfaltet.

---

[4] Vgl. dazu *Rudolphi,* SK (Fn. 2) Rn. 12ff. vor § 1 m.w.N.

Zweitens erweist sich jedoch der Einsatz der Strafe als Mittel der General- und Spezialprävention allein dann als *angemessen,* wenn sie den Täter und alle Bürger als *vernünftige,* der Selbstbestimmung fähige *Subjekte* und nicht etwa als beliebig dressierbare Objekte voraussetzt. Generalprävention bedeutet daher nicht primitive Abschreckung und Spezialprävention nicht Dressur.

Daraus folgt nun *drittens,* daß Strafe stets *Schuld* i.S. von individueller Zurechenbarkeit der Normverletzung voraussetzt. Strafe ist daher aus general- und spezialpräventiven Gründen nur dann angemessen und sinnvoll, wenn und soweit sie aus Anlaß einer individuell zurechenbaren Normverletzung und zum Zwecke der Vermeidung zukünftiger individuell zurechenbarer Normverletzungen des Täters und anderer Bürger verhängt und vollzogen wird.[5] Im einzelnen besagt dies, daß die Strafverhängung voraussetzt, daß der Täter fähig war, sein normwidriges Verhalten durch eine Ausrichtung seines Willensentschlusses an der von ihm verletzten Norm zu vermeiden. Neben der Verletzung einer strafrechtlichen Verhaltensnorm gehören damit also auch die *individuelle Vorwerfbarkeit,* d.h. i.e. die *Schuldfähigkeit* i.S. der §§ 19–21 und das *potentielle Unrechtsbewußtsein* zu den tatbestandlichen Voraussetzungen der Sanktionsnorm.

Mit der *individuellen Zurechenbarkeit* der Verhaltensnormverletzung ist nun zwar eine *notwendige* Voraussetzung staatlichen Strafens genannt, jedoch noch *keine* unter allen Umständen *zureichende.* Erforderlich ist vielmehr *viertens,* daß die Strafe auf Grund ihrer general- und spezialpräventiven Wirkungen *unerläßlich* ist, um die durch eine individuell zurechenbare Normverletzung in Frage gestellte Norm in ihrer Geltung zu sichern. Daran fehlt es in den Fällen der strafrechtlichen *Entschuldigungsgründe.* Tötet der Täter z.B. im entschuldigenden Notstand einen Menschen, um sich oder einen Angehörigen vor dem Tode zu bewahren, so liegt zwar eine dem Täter individuell zurechenbare Zuwiderhandlung gegen das Tötungsverbot vor, jedoch erweist sich angesichts der irregulären und nicht kalkulierbaren Notsituation und der dadurch bedingten Unrechts- und Schuldmilderung eine strafrechtliche Sanktion weder aus general- noch aus spezialprä-

[5] Dazu näher *Roxin,* JuS 1966, 377ff.

ventiven Erwägungen als notwendig.[6] Eine strafrechtliche Sanktionierung wäre hier im Gegenteil – da sie sich gegen einen sozial voll integrierten Täter, der nur auf Grund der Einmaligkeit der Situation zu einer verzeihlichen Tat veranlaßt worden ist, richten müßte und zudem angesichts der Seltenheit solcher Situationen zur Festigung des allgemeinen Normbewußtseins gerade entbehrlich ist – *eher schädlich als nützlich*. Sieht der Gesetzgeber aus Gründen der *Unzumutbarkeit* von Strafe ab, so findet dies also seine Erklärung darin, daß der Täter durch seine ihm zwar individuell zurechenbare, aber doch verzeihliche Tat die übertretene strafrechtliche Verhaltensnorm gerade nicht in einer Weise in Frage gestellt hat, daß es zu ihrer Festigung aus general- oder aus spezialpräventiven Gründen einer Strafverhängung bedürfte.

3. Hinzuweisen bleibt aber noch darauf, daß auch mit der Feststellung, daß die Verhängung von Strafe aus general- und spezialpräventiven Gründen unerläßlich ist, um die von dem Täter schuldhaft verletzte Verhaltensnorm in ihrer Geltung zu bestätigen, die letzte Entscheidung über das Ob der Strafe noch nicht gefallen ist. Denkbar ist es nämlich durchaus, daß dem Interesse an einem präventiven Rechtsgüterschutz andere überwiegende Interessen entgegenstehen und daher der Gesetzgeber zur Wahrung dieser Interessen auf die an sich im Interesse eines präventiven Rechtsgüterschutzes gerechtfertigte und gebotene Strafe verzichtet. In diesem Gedanken finden ihre Erklärung und Rechtfertigung insbesondere die sog. *objektiven Bedingungen der Strafbarkeit* und *persönlichen Strafausschließungsgründe*.[7]

4. Als Ergebnis unserer bisherigen Überlegungen können wir damit bereits folgendes festhalten: Strafe setzt *individuelle Zurechenbarkeit der Normverletzung* ebenso voraus wie *Zumutbarkeit normgemäßen Verhaltens*. Beide Strafbarkeitsvoraussetzungen leiten sich in ihrer Berechtigung aus der Erkenntnis ab, daß Strafe nur dann berechtigt ist, wenn sie ein *geeignetes, angemessenes und*

[6] S. dazu näher *Roxin*, Kriminalpolitik und Strafrechtssystem, 2. Aufl., 1973, S. 33f.; FS f. Henkel, 1974, S. 183ff.; FS f. Bockelmann, 1979, S. 282ff.; *Rudolphi*, SK (Fn. 2), Rn. 1 a f. vor § 19 m.w.N.

[7] Vgl. dazu *Roxin*, Kriminalpolitik u. Strafrechtssystem, (Anm. 6), S. 36; *Rudolphi*, SK (Fn. 2), Rn. 12 vor § 19 m.w.N.

unerläßliches Mittel ist, um Verletzungen strafrechtlicher Verhaltensnormen general- und spezialpräventiv entgegenzuwirken. Doch bedeutet das nicht, daß die Schuld in ihren beiden Elementen, nämlich der individuellen Zurechenbarkeit und der Zumutbarkeit, allein ein Derivat des Präventionsgedankens ist.[8] Der Gedanke der Schuld behauptet vielmehr – gerade weil er dazu dient, die Erfordernisse des präventiven Rechtsgüterschutzes auf das angemessene, d. h. mit der Autonomie, der Würde des Menschen zu vereinbarende Maß zu begrenzen – seine Eigenständigkeit.[9] Darüber hinaus ist die Verhängung von Strafe schließlich dadurch begrenzt, daß das Interesse an einem präventiven Rechtsgüterschutz nicht durch überwiegende andere berechtigte Interessen aufgewogen wird.

III. Die objektive Verhaltenszurechnung

Wenden wir uns nunmehr den strafrechtlichen *Verhaltensnormen* zu, die zu stabilisieren und durchzusetzen die Aufgabe der Sanktionsnorm, d. h. der Strafandrohung, der Strafverhängung und der Strafvollstreckung ist. Ihr Zweck ist es, sozialschädliches Verhalten zu bekämpfen. Sie verbieten deshalb die Verletzung von Rechtsgütern oder gebieten die Rettung von Rechtsgütern. Näherer Aufschluß über den Inhalt der strafrechtlichen Verbote und Gebote läßt sich nun bereits aus ihrer eigenen Zwecksetzung, aber auch aus der Tatsache gewinnen, daß der Staat sich zu ihrer Stabilisierung und Durchsetzung der general- und spezialpräventiven Wirkungsmöglichkeiten der Strafe bedient.

1. Aus der *Zweckbestimmung* der strafrechtlichen Verhaltensnormen, Rechtsgutsbeeinträchtigungen durch menschliches Verhalten zu verhindern, folgt zunächst, daß sie sich an alle Bürger richten. Daraus läßt sich ableiten, daß Gegenstand der strafrecht-

---

[8] So vor allem *Jakobs*, Schuld und Prävention, 1976.

[9] Vgl. dazu insbes. *Stratenwerth*, Die Zukunft des Schuldprinzips, 1977; *Rudolphi*, SK (Fn. 2), Rn. 1 ff. vor § 19; *dens.*, Das virtuelle Unrechtsbewußtsein als Strafbarkeitsvoraussetzung im Widerstreit zwischen Schuld u. Prävention, Heft 7 der Schriftenreihe des Instituts für Konfliktforschung, 1981.

lichen Verbote und Gebote stets nur das sein kann, was *dem Menschen überhaupt* prinzipiell *möglich* ist, zu tun oder zu unterlassen. Normadressat ist der Mensch daher nicht in seiner jeweiligen Individualität, sondern allein seiner allgemeinen Natur nach als zur Selbstbestimmung und Beherrschung des Kausalgeschehens fähiges, vernünftiges Wesen. In Abwandlung einer von *Larenz*[10] für die objektive Zurechnung geprägten Formulierung läßt sich sagen: „Adressat der strafrechtlichen Verhaltensnormen ist also nicht der besondere konkrete Mensch, sondern der abstrakte Begriff eines Menschen von normaler Fähigkeit oder vielmehr: der konkrete Mensch lediglich seiner allgemeinen Natur nach, sofern er ein vernünftiges Wesen, Person ist". Verbots- bzw. Gebotsmaterie ist mithin nicht die dem Täter in seiner konkreten Individualität zurechenbare, sondern allein die ihm objektiv auf Grund seiner allgemein-menschlichen Fähigkeit zur Steuerung des Kausalgeschehens zurechenbare Handlung. Bestätigt wird diese Erkenntnis, wenn wir die Zwecksetzung der strafrechtlichen Sanktionsnorm in unsere Überlegungen einbeziehen. Denn die Möglichkeit, die strafrechtlichen Verhaltensnormen durch die Mittel der Strafdrohung, der Strafverhängung und der Strafvollstreckung generalpräventiv gegenüber jedermann oder auch nur spezialpräventiv gegenüber dem konkreten Täter zu bestätigen und durchzusetzen, setzt voraus, daß diese Normen einen von der jeweiligen Individualität des betroffenen Menschen unabhängigen, d.h. *allgemeinen und für jedermann gültigen Inhalt* haben.

2. Aus der Zwecksetzung der strafrechtlichen Verhaltensnormen ergibt sich aber ebenso wie aus der der Sanktionsnormen noch ein Weiteres. Gegenstand strafrechtlicher Verbote können stets nur solche Handlungen sein, die – vom ex-ante-Standpunkt aus betrachtet – nach dem Erfahrungswissen unserer Zeit möglicherweise, wahrscheinlich oder mit an Sicherheit grenzender Wahrscheinlichkeit das jeweils geschützte Rechtsgut beeinträchtigen.[11] Strafrechtliche Verbote enthalten daher stets nur *Verbote*

[10] Hegels Zurechnungslehre, 1927, S. 76ff.
[11] Vgl. dazu *Rudolphi*, SK (Fn. 2), Rn. 57ff. vor § 1 m.w.N.

objektiv gefährlicher Handlungen.[12] Sie sind *Gefährdungsverbote.* Umschrieben ist damit aber zunächst lediglich der mögliche Inhalt strafrechtlicher Verbote. Von dem Gesetzgeber wird diese Möglichkeit fast nie ausgeschöpft. Er *beschränkt* seine Verbote vielmehr in aller Regel auf bestimmte gefährliche Handlungen und fordert zudem überwiegend, daß der Täter mit Verletzungs- oder Gefährdungsvorsatz handelt. Das Verbot fahrlässiger Gefährdungen bildet daher die Ausnahme.

Was hier für den Inhalt der strafrechtlichen Handlungsverbote gesagt worden ist, gilt in entsprechender Weise auch für die Handlungsgebote. Sie enthalten stets nur näher bestimmte *Gefahrbekämpfungsgebote* oder – anders formuliert – Gebote zur Wahrnehmung näher beschriebener Rettungschancen, die sich bei einer ex-ante-Betrachtung nach dem Erfahrungswissen unserer Zeit für das bedrohte Rechtsgut ergeben.

3. Für die strafrechtlichen *Erlaubnissätze* besagt dies zunächst, daß sie *Ausnahmen* von den Gefährdungsverboten bzw. den Gefahrbekämpfungsgeboten konstituieren. Der materielle Grund dafür liegt bei Verstößen gegen Handlungsverbote darin, daß die verbotene gefährliche Handlung ausnahmsweise auf Grund der *Einwilligung* des Inhabers des bedrohten Rechtsgutes gar keine Beeinträchtigung des geschützten Rechtsgutes herbeizuführen droht, oder in dem Umstand, daß die für ein bestimmtes Rechtsgut gefährliche Handlung sich zugleich als zur Rettung eines anderen Rechtsgutes erforderlich erweist und deshalb nach dem Prinzip des *überwiegenden Interesses* von der Rechtsordnung gutgeheißen wird. Rechtfertigung nach dem Prinzip des überwiegenden Interesses bedeutet daher stets, daß die Rechtsordnung eine gefährliche Handlung deshalb erlaubt, weil sie die durch sie begründete Rettungschance höher bewertet als dic in ihr liegende Gefährlichkeit.[13] Ebenso wie sich das Verbot einer bestimmten

---

[12] Eine Ausnahme davon macht nur § 22, soweit er auch den untauglichen, d. h. objektiv ungefährlichen Versuch unter Strafe stellt, um den rechtserschütternden Eindruck zu neutralisieren, der von dem auf Vornahme einer tatbestandsmäßigen, d. h. objektiv gefährlichen Handlung gerichteten und betätigten Vorsatz ausgeht.

[13] Vgl. dazu *Rudolphi,* Gedschr. f. Schröder, 1979, S. 81 ff. m.w.N.

Handlung stets nur auf ihre Gefährlichkeit für ein bestimmtes Rechtsgut gründet, so rechtfertigt sich daher umgekehrt die Erlaubnis einer an sich verbotenen Handlung in den erörterten Fällen stets allein aus der durch sie geschaffenen Rettungschance. Aus alledem folgt nun weiter, daß es für die Rechtfertigung einer an sich verbotenen gefährlichen Handlung ohne Bedeutung ist, ob sie sich – *ex post* betrachtet – als rettungstauglich erweist, d. h. sich die mit ihr begründete Rettungschance verwirklicht und sie damit einen letztlich den Erfolgsunwert aufwiegenden Erfolgswert schafft oder nicht. Entscheidend für das Entfallen der Normwidrigkeit einer an sich verbotenen gefährlichen Handlung ist vielmehr allein, daß sie – vom *ex-ante*-Standpunkt aus betrachtet – nach dem Erfahrungswissen unserer Zeit eine *Rettungschance* für andere bedrohte Rechtsgüter schafft und die Rechtsordnung diese durch sie geschaffene Rettungschance höher bewertet als die in ihr liegende Gefährlichkeit. Entsprechendes gilt auch für die Rechtfertigung von Zuwiderhandlungen gegen strafrechtliche Handlungsgebote. Erlaubt ist die Nichtbefolgung eines Gebotes zur Wahrnehmung einer Rettungschance stets dann, wenn die Vornahme der rettungsgeeigneten Handlung für andere Rechtsgüter Gefahren begründet und die Rechtsordnung diese Gefährlichkeit höher bewertet als die Rettungschance.

4. Festhalten können wir damit folgendes: Tauglicher Gegenstand strafrechtlicher Verhaltensnormen können nur solche menschlichen Handlungen sein, die – vom *ex-ante*-Standpunkt aus betrachtet – nach dem Erfahrungswissen unserer Zeit *gefährlich* oder *rettungsgeeignet* sind und damit dem Normadressaten prinzipiell die Möglichkeit eröffnen, sie wegen ihrer Gefährlichkeit zu unterlassen bzw. wegen ihrer Rettungseignung vorzunehmen. In der gleichen Weise sind Gegenstand der strafrechtlichen Erlaubnissätze stets nur solche Handlungen, die – ex-ante betrachtet – entweder höher bewertete Rettungschancen eröffnen oder höher bewertete Gefahren für andere Rechtsgüter begründen. Dies folgt nicht nur zwingend aus der Zwecksetzung der strafrechtlichen Verhaltensnormen, sozialschädliches Handeln zu verhindern und sozialnützliches Handeln auszulösen, sondern auch aus der Zielsetzung der strafrechtlichen Sanktionsnorm, die durch das normwidrige Verhalten in Frage gestellte Norm sowohl

generalpräventiv gegenüber allen Bürgern als auch spezialpräventiv gegenüber dem konkreten Täter zu bestätigen und in ihrer Geltung zu bekräftigen. Denn nur dann, wenn dem Täter sein Verhalten gerade in seiner *objektiven Gefährlichkeit* oder seiner *Rettungseignung* objektiv zurechenbar ist, kann sich überhaupt erst die Notwendigkeit ergeben, das durch die Vornahme der verbotenen oder durch das Unterlassen der gebotenen Handlung erschütterte Normvertrauen wieder herzustellen und general- und spezialpräventiv der verbotenen Gefahrschaffung bzw. dem normwidrigen Unterlassen der Gefahrbekämpfung entgegenzuwirken.

IV. Die personale Zurechnung

Setzen sowohl die Verhaltensnormen als auch die Sanktionsnormen für ihre Wirkungsmöglichkeiten die objektive Zurechenbarkeit der Gefährlichkeit oder der Rettungseignung der konkreten menschlichen Handlung voraus, so ist damit zugleich ein Letztes gefordert, nämlich, daß für den konkreten Täter die Handlung, die die Gefährlichkeit bzw. die Rettungseignung in sich birgt, als solche überhaupt *vermeidbar* bzw. *realisierbar* ist. Angesprochen ist damit der Begriff menschlichen Verhaltens als Grenzelement oder – positiv formuliert – das Erfordernis *personal zurechenbaren Verhaltens.*[14] Als general- und spezialpräventives Mittel ist die Strafe nur zur Bekämpfung oder zur Auslösung solcher körperlicher Aktionen geeignet, die dem individuellen Täter auf Grund seiner Fähigkeit, sein äußeres Verhalten zu steuern, möglich sind. Gegenstand strafrechtlicher Verhaltensnormen können daher von vornherein nur solche menschlichen Reaktionsabläufe sein, die einer *bewußten Steuerung zugänglich* sind.[15] Nur dann bilden sie ein mit dem Mittel der Strafe general- und spezialpräventiv durchsetzbares Verhaltensmuster.

---

[14] Vgl. dazu näher *Roxin,* Gedschr. f. Radbruch, 1968, S. 262ff.; *Rudolphi,* SK (Fn. 2), Rn. 17ff. vor § 1 m.w.N.

[15] So auch schon *Stratenwerth,* FS f. Welzel, 1974, S. 303.

Zu beachten bleibt jedoch, daß mit der Feststellung, daß eine bestimmte Reaktionsweise einer bewußten Steuerung zugänglich, d.h. *beherrschbar* ist, die Frage ihrer personalen Zurechenbarkeit noch nicht zwingend entschieden ist. Denn möglich ist es durchaus, daß die Rechtsordnung von den Rechtsunterworfenen nicht immer verlangt, daß sie alle Möglichkeiten der Beherrschung ihrer körperlichen Reaktionen auch tatsächlich ausschöpfen. Im Gegenteil, aus Gründen der Ökonomie staatlichen Strafens und vor allem auf Grund der Erkenntnis, daß der Einsatz staatlicher Strafen in Extremfällen unnötig oder unverhältnismäßig sein kann, um auch noch nur äußerst schwer steuerbare Reaktionen zu bekämpfen oder auszulösen, wird die Rechtsordnung nicht selten darauf verzichten. Damit stellt sich aber auch im Rahmen der personalen Zurechnung stets die *normative* Frage, welches *Maß an Körperbeherrschung* die Rechtsordnung von dem Bürger verlangt, also z.B. die Frage, wie unwiderstehlich eine Gewaltanwendung denn sein muß, damit dem Betroffenen die ihm dadurch abgenötigte Reaktion schon personal nicht mehr zugerechnet werden kann.

V. Die einzelnen Zurechnungsstufen

Fassen wir das Ergebnis unserer Überlegungen zusammen, so ergeben sich folgende aus der präventiven Zielsetzung staatlichen Strafrechts ableitbare Stufen strafrechtlicher Zurechnung:

1. Die personale Zurechnung des äußeren Verhaltens

Sie setzt voraus, daß der Täter auf Grund seiner *individuellen* körperlichen und intellektuellen *Fähigkeiten* die Möglichkeit hatte, diejenigen körperlichen Aktionen bewußt zu steuern, d.h. zu *vermeiden* bzw. *auszulösen,* die die Gefährdung bzw. die Rettungsmöglichkeit des geschützten Rechtsgutes bewirkt haben bzw. hätten. Darüber hinaus muß dem Täter jedoch der zur bewußten Steuerung des äußeren Verhaltens erforderliche Kräfteeinsatz nach den Maßstäben der Rechtsordnung *zumutbar* sein.

Bei der personalen Zurechnung des äußeren Verhaltens geht es daher nicht nur um eine *empirische*, sondern auch um die *normative* Frage, welches Maß an Kräfteeinsatz den Bürgern zur Beherrschung ihrer äußeren Verhaltensweisen abverlangt wird.

2. Die objektive Zurechnung des normwidrigen Verhaltens

a) Gefordert ist mit ihr zunächst die *Zurechenbarkeit* des äußeren menschlichen Verhaltens in seiner von der Verhaltensnorm mißbilligten *Gefährlichkeit für das geschützte Rechtsgut.* Voraussetzung für dieses Zurechnungsurteil ist ein Zweifaches, nämlich *erstens*, daß bei einer *ex-ante*-Betrachtung nach dem Erfahrungswissen unserer Zeit die vorgenommene Handlung für das geschützte Rechtsgut *gefährlich* bzw. die unterlassene Handlung *geeignet* ist, das geschützte Rechtsgut zu retten; sowie *zweitens*, daß grundsätzlich diese Gefahrbegründung *rechtlich verboten* bzw. das Ergreifen dieser Rettungschance *rechtlich geboten* war.

Für die strafrechtliche *Unrechtslehre* folgt daraus, daß die dem Täter zurechenbare normwidrige Gefährlichkeit seines Verhaltens, d.h. der objektive *Gefährlichkeits*unwert seines Verhaltens, ein wesentliches Element des *Handlungsunwertes* ausmacht.[16] Hinzukommen muß jedoch bei den *vorsätzlichen* Delikten, daß der Täter die Herbeiführung des tatbestandsmäßigen Erfolges durch die Vornahme der gefährlichen Handlung oder durch das Unterlassen der rettungsgeeigneten Handlung *erstrebt*, sowie bei den *fahrlässigen* Delikten, daß die Gefährlichkeit der vorgenommenen bzw. die Rettungseignung der unterlassenen Handlung *vorhersehbar* war und damit der Gefährlichkeitsunwert des Täterverhaltens dem Täter auch subjektiv als vorsätzlich bzw. fahrlässig verwirklicht zugerechnet werden kann. Konstitutive Elemente des normwidrigen Verhaltens, d.h. des *Handlungsunrechts*, sind daher grundsätzlich der *objektive Gefährlichkeitsunwert* des Verhaltens

[16] Vgl. dazu auch bereits *Gallas*, FS f. Bockelmann, 1979, S. 155ff.; *Wolter*, Objektive u. personale Zurechnung von Verhalten, Gefahr u. Verletzung, 1981, S. 24ff., 50, 82ff. u.ö.

und der (vorsätzliche oder fahrlässige) *Intentionsunwert*[17] als *subjektives* Unrechtselement. Eine Ausnahme macht insofern allein der *untaugliche Versuch*, bei dem dem Täterverhalten ein objektiver Gefährlichkeitsunwert nicht zukommt und dessen Normwidrigkeit, d.h. Handlungsunwert daher *allein* durch das subjektive Element des *Intentionsunwertes* begründet wird.

b) *Gerechtfertigt* ist das dem Täter objektiv und subjektiv zurechenbare gefährliche Verhalten dann, wenn der Täter durch seine gefährliche Handlung zugleich in objektiv zurechenbarer Weise *höher zu bewertende Rettungschancen* für *andere* Rechtsgüter begründet oder durch das Nichtergreifen einer Rettungschance in objektiv zurechenbarer Weise *Gefährdungen anderer Rechtsgüter vermieden* hat. In diesen Fällen ist der Gefährlichkeitsunwert des an sich normwidrigen Täterverhaltens durch den Wert der zugleich begründeten und höher zu bewertenden Rettungschance *aufgewogen*. Bereits der Wert der objektiven Rettungseignung einer Handlung schließt daher grundsätzlich sowohl bei vorsätzlichem als auch bei fahrlässigem Verhalten dessen Rechtswidrigkeit aus.[18] Ausnahmsweise gilt jedoch auch hier etwas anderes, wenn der Vorsatz des Täters sich zwar auf die rechtlich mißbilligte Gefährlichkeit, nicht aber zugleich auf ihre höher zu bewertende Rettungseignung erstreckt. In diesen Fällen hat der Täter nämlich das allein aus einem (vorsätzlichen) Intentionsunwert bestehende Handlungsunrecht des *untauglichen Versuchs* verwirklicht.

3. Die objektive Zurechnung von Unrechtserfolgen

Hervorzuheben bleibt jedoch, daß der *Gesetzgeber* sich für die Strafbarkeit in aller Regel mit dem Vorliegen eines Handlungsunrechts nicht begnügt, sondern dafür *zusätzlich fordert*, daß die normwidrige Gefährlichkeit des Täterverhaltens sich zu einem konkreten *Gefahrerfolg* fortentwickelt oder sich gar in einer *Rechtsgutsverletzung* realisiert hat. Vorausgesetzt ist in diesen Fällen für die Strafbarkeit zusätzlich, daß dem Täter auch der einge-

[17] Zum Begriff vgl. näher *Rudolphi*, FS f. Maurach, 1972, S. 55ff., 64f.

[18] Vgl. dazu *Rudolphi*, Gedschr. f. Schröder, 1979, S. 82ff.; *Wolter* (Fn. 16), S. 38f., 138ff.

tretene konkrete Gefahr- oder Verletzungs*erfolg objektiv zugerechnet* werden kann, d. h. daß es *gerade* die normwidrige Gefährlichkeit des Täterverhaltens ist, die sich zu dem konkreten Gefahrerfolg *fortentwickelt* oder in dem Verletzungserfolg *realisiert.*[19] Nicht ausreichend ist, daß der Täter durch sein gefährliches Verhalten rein zufällig den geforderten tatbestandsmäßigen Gefahr- oder Verletzungserfolg verursacht. Erforderlich ist vielmehr, daß sich in dem konkreten Erfolg gerade die Gefährlichkeit des Täterverhaltens realisiert, um deretwillen der Gesetzgeber das Täterverhalten verboten hat.[20] Die Zurechnung eines Gefahr- oder Verletzungserfolges ist daher stets *vermittelt* durch die Zurechnung der Verhaltensgefährlichkeit, die sich in dem Gefahr- oder Verletzungserfolg realisiert. *Handlungsunrecht* und *Erfolgsunrecht* sind folglich streng *aufeinander bezogen.*

4. Die individuelle Zurechnung des normwidrigen Verhaltens

Mit ihr ist zunächst gefordert, daß der Täter auf Grund seiner Fähigkeit zu einer normgemäßen Motivation seiner Entschlüsse *fähig* war, die verbotene gefährliche Handlung zu unterlassen bzw. die gebotene rettungsgeeignete Handlung vorzunehmen. Im Mittelpunkt steht damit zunächst die Frage nach dem *individuellen Anders-Handeln-Können* des konkreten Täters. Ist sie bejaht, so bleibt jedoch die weitere Feststellung zu treffen, daß dem Täter in der konkreten Tatsituation eine normgemäße Motivation auch *zumutbar* war, d. h. seine Schuld ein strafrechtlich relevantes Maß erreicht.[21]

5. Die Strafbedürftigkeit

Erwähnt sei abschließend nur noch das Erfordernis der *Strafbedürftigkeit,* dem u. a. die sog. objektiven Bedingungen der Straf-

---

[19] S. näher *Gallas,* FS f. Bockelmann, 1979, S. 163; *Wolter* (Anm. 16), S. 29ff., 49f. u. ö.

[20] *Rudolphi,* JuS 1969, 549 und SK (Fn. 2), Rn. 57ff. vor § 1 m.w.N.

[21] Vgl. dazu *Rudolphi,* SK (Fn. 2), Rn. 1 a f., 6 vor § 19 m.w.N.

barkeit ihre Existenz verdanken. Es läßt sich nicht aus den Zwekken des staatlichen Strafens ableiten, sondern findet seine Rechtfertigung in übergreifenden Zwecksetzungen und Interessenabwägungen.[22]

VI. Zusammenfassung

Ziel dieser kurzen Skizze war es, die Ableitbarkeit der einzelnen Stufen strafrechtlicher Zurechnung aus dem Zweck des staatlichen Strafrechts darzutun. Die Erkenntnis, daß staatliches Strafen zum Zwecke des Rechtsgüterschutzes verfassungsrechtlich legitimiert ist, soweit es wegen seiner general- und spezialpräventiven Wirkungen ein geeignetes, notwendiges und angemessenes Mittel zur Bekämpfung von Rechtsgutsverletzungen ist, rechtfertigt die verschiedenen, aufeinander aufbauenden Zurechnungsstufen. Zugleich ergeben sich daraus wesentliche Aufschlüsse über die Struktur und den Inhalt sowohl des strafrechtlichen Verhaltensbegriffs als auch des Unrechts- und des Schuldbegriffs. *Strafzweckerwägungen* sind es, die die konkrete Ausgestaltung der einzelnen strafrechtlichen Zurechnungsstufen und damit die strafrechtliche *Handlungs-, Unrechts- und Schuldlehre* in legitimer, wenngleich in jeweils *unterschiedlicher* Weise mitbestimmen.

[22] *Roxin*, Kriminalpolitik u. Strafrechtssystem, (Fn. 6), S. 36.

Knut Amelung

Zur Kritik des kriminalpolitischen Strafrechtssystems von Roxin*

I. Dogmengeschichtliche Stellung und Inhalt des Systems

Mein Thema ist die Konzeption eines kriminalpolitisch ausgerichteten Strafrechtssystems in *Roxins* Schrift „Kriminalpolitik und Strafrechtssystem".[1]

In dieser Schrift greift *Roxin* die alte, bereits von den neukantianischen Strafrechtlern erhobene Forderung auf, ein *teleologisches Strafrechtssystem* auszuarbeiten.[2] Zwischen der Aufstellung dieser Forderung und ihrer Realisierung liegt eine lange Zeitspanne. Den Neukantianern fehlte in den wenigen, von politischen Wirren erschütterten Jahren zwischen den Weltkriegen weithin die Ruhe, die nötig gewesen wäre, um ihr Programm zu erfüllen.[3] Die später von *Welzel* gegen die Neukantianer propagierte Ausrichtung der Dogmatik an „sachlogischen Strukturen"[4] hatte eine eher entpolitisierende Wirkung, die einer strafrechtssystematischen Verarbeitung kriminalpolitischer Zwecke nicht günstig war. Ähnlich wie die damals in den Sozialwissenschaften verbreitete Auffassung, daß politische Entscheidungen zunehmend

---

* Überarbeitete Fassung des Beitrages in: JZ 1982, S. 617 ff.

1 1. Aufl., 1970; 2., um ein Nachwort vermehrte Auflage, 1973.

2 Zusammenfassend *Radbruch*, Zur Systematik der Verbrechenslehre, Festgabe f. Frank I, 1930, S. 158 ff.; weitere Nachweise bei *Mittasch*, Der Einfluß des wertbeziehenden Denkens in der Strafrechtssystematik, 1939, S. 8 ff., 18 ff., 80 ff.

3 Vgl. aber immerhin *Zimmerl*, Aufbau des Strafrechtssystems, 1930.

4 *Welzel*, Naturalismus und Wertphilosophie im Strafrecht, 1935, in: *ders.*, Abhandlungen zum Strafrecht und zur Rechtsphilosophie, 1975, S. 29 ff., 70 ff.

durch „Sachzwänge" ersetzt würden[5], kam *Welzels* Lehre aber der Friedenssehnsucht der Nachkriegsepoche entgegen und beherrschte deshalb zeitweise die Diskussion. Erst als diese Vorstellungen überwunden waren, also etwa seit Mitte der sechziger Jahre, war daher der Weg frei, wieder intensiv an der Realisierung des neukantischen Postulats zu arbeiten. So ist es kein Wunder, daß mit *Schmidhäusers* Lehrbuch des Allgemeinen Teils[6] und *Roxins* Schrift an der Wende jenes Jahrzehnts fast gleichzeitig zwei Arbeiten veröffentlicht wurden, die den Anspruch erheben, dieses Postulat einzulösen.

Roxin greift aber weiter als *Schmidhäuser.* Dieser sieht den Sinn eines teleologischen Strafrechtssystems lediglich darin, die strafrechtlichen Systemkategorien auf die Rechtsfolge, also auf die Strafe, auszurichten.[7] Demgegenüber verbindet *Roxin* – wohl auf Grund seiner Mitarbeit am Alternativ-Entwurf – die von den Neukantianern übernommene Zielsetzung mit der Wiederentdekkung der *Politik* als Gegenstand wissenschaftlichen Interesses[8] und stellt damit den Anschluß der Strafrechtsdogmatik an die allgemeine geistige Entwicklung in den sechziger Jahren her: *Roxins* Absicht ist es, „die kriminalpolitischen Wertentscheidungen in das System des Strafrechts ... eingehen zu lassen".[9]

Dieses Ziel sucht *Roxin* dadurch zu erreichen, daß er den überkommenen Kategorien des dreigliedrigen Deliktsschemas bestimmte *kriminalpolitische Aufgaben* zuordnet, die wie in der „wertbeziehenden Methode" des Neukantianismus die Handhabung und den Anwendungsbereich jener Kategorien bestimmen sollen.[10] Hiernach ist es Aufgabe des Tatbestandes, die Anforderungen des nullum-crimen-Satzes an das Strafrecht zu erfüllen. Auf der Ebene der Rechtswidrigkeit geht es dagegen um die Lö-

---

[5] *Schelsky,* Der Mensch in der wissenschaftlichen Zivilisation, 1961, in: *ders.,* Auf der Suche nach Wirklichkeit, 1965, S. 439ff., insbes. 452f.; dazu *Amelung,* ZStW 92 (1980), 19ff., 20f.

[6] *Schmidhäuser,* Strafrecht, Allgemeiner Teil, 1. Aufl., 1970; 2. Aufl., 1975.

[7] *Schmidhäuser,* 2. Aufl. (Fn. 6), S. 140; *ders.,* Studienbuch, 1982, S. 56.

[8] Zusammenfassend dazu *Riedel* (Hrsg.), Rehabilitierung der praktischen Philosophie, 2 Bde. (1972/74).

[9] *Roxin* (Fn. 1), S. 10.

[10] Dazu und zum Folgenden *Roxin* (Fn. 1), S. 14ff.

sung sozialer Konflikte, die aus dem Widerstreit individueller und/oder gesamtgesellschaftlicher Interessen entstehen. Die Prüfung der Schuld schließlich dient der Beantwortung der Frage, ob ein grundsätzlich mit Strafe bedrohtes Verhalten bei irregulären persönlichkeits- oder situationsbedingten Umständen noch der Strafsanktion bedarf.

Gegenstand der folgenden Ausführungen ist die Kritik dieser Konzeption. Diese Kritik richtet sich nicht auf das Grundsätzliche. Ich halte *Roxins* methodischen Ansatz für richtig und sehe in ihm einen großen Gewinn. Denn er erscheint einem Stand der Rechtsentwicklung angemessen, in dem das Recht i.S. *Luhmanns* „positiv", d.h. zu „geronnener Politik" geworden ist.[11] Es bleibt aber die Frage, ob *Roxin* zutreffend den *Gegenstand und den Inhalt* der politischen Entscheidung beschreibt, die auf den Stufen des dreigliedrigen Verbrechensschemas zu beachten sind. Zu dieser Frage sollen im folgenden einige Überlegungen angestellt werden.

II. Zur Funktion des Straftatbestandes

1. Wie erwähnt, dient der Straftatbestand nach *Roxin* der Verwirklichung des Satzes nulla poena sine lege.[12] Diese Zweckbestimmung ist m.E. *zu formal.* Der nulla-poena-Satz legt nur die Form, nicht aber auch den Inhalt eines Straftatbestandes fest. Bei der kriminalpolitischen Bestimmung des Inhalts weist *Roxins* Tatbestandslehre eine Lücke auf. Diese Lücke muß durch einen Hinweis auf den besonderen Charakter des tatbestandlich umschriebenen Unrechts geschlossen werden. Zweck des Straftatbestandes ist m.E., strafbares (strafwürdiges und strafbedürftiges) Unrecht als gesteigertes Unrecht in der durch Art. 103 Abs. 2 GG festgelegten Form zu beschreiben.

Ansätze zu einer solchen Aufgabenbestimmung gibt es seit der Zeit zwischen den beiden Weltkriegen. Ihren Ursprung haben sie

---

[11] *Luhmann,* Die Positivität des Rechts als Voraussetzung einer modernen Gesellschaft, Jahrbuch für Rechtssoziologie und Rechtstheorie, Bd. 1, 1970, S. 176ff.
[12] *Roxin* (Fn. 1), S. 15.

in der Propagierung des Güterschutzgedankens und der teleologischen Methode durch *v. Liszt.*[13] Die von ihm hergestellte Verbindung zwischen Dogma und Methode führte zur Zeit der Weimarer Republik dazu, daß alle Zwecke des Straftatbestandes auf den Rechtsgüterschutz zurückgeführt wurden.[14] Das provozierte Widerspruch. Bevor die Einwände in die faschistische Totalkritik des Güterschutzgedankens umschlugen, analysierte *Schaffstein* nach dem Vorbild *Philipp Hecks* die auf die Ausformung des Straftatbestandes einwirkenden Interessen.[15] Aus eigener kriminalpolitischer Erfahrung kam *Schaffstein* zu dem Ergebnis, daß mit der Festlegung eines für schutzwürdig befundenen Rechtsguts nur ein Anfang gemacht sei. Nach dieser Festlegung sei der Wert des Rechtsguts gegen den Wert von „Gegeninteressen" abzuwägen, die bestimmte Gefährdungs- oder Verletzungsformen als hinnehmbar erscheinen ließen. Damit erscheint *bereits der Straftatbestand* als Produkt einer *„Konfliktlösung"* zwischen Gesichtspunkten, die für, und solchen, die gegen die Androhung von Strafe sprechen.

Roxin hat das offenbar gesehen, denn er geht in einer Fußnote auf diesen Umstand ein.[16] Er meint, er könne ihn vernachlässigen, weil es sich bei „Konfliktlösungen" auf der Tatbestandsebene nur um „legislatorisch-kriminalpolitische Entscheidungen vorkodifikatorischer Art" handele. Für die dogmatische Arbeit seien die durch solche Entscheidungen erzeugten Tatbestände vorgegeben und nur noch als Voraussetzungen der Anwendung des nullum-crimen-Satzes interessant. Einer solchen *Neutralisierung der Kriminalpolitik* auf der Tatbestandsebene wird man aber widersprechen müssen. Zwar ist es richtig, wenn *Roxin* zur Stützung seiner These darauf hinweist, daß der nullum-crimen-Satz die zweckge-

[13] *v. Liszt,* Rechtsgut und Handlungsbegriff im Bindingschen Handbuche, ZStW 6 (1886), 663ff., insbes. 673.

[14] Vgl. insbesondere *Honig,* Die Einwilligung des Verletzten, 1919, S. 94; *Schwinge,* Teleologische Begriffsbildung im Strafrecht, 1930, S. 21f.; weitere Nachweise bei *Amelung,* Rechtsgüterschutz und Schutz der Gesellschaft, 1972, S. 130ff.

[15] *Schaffstein,* Zur Problematik der teleologischen Begriffsbildung im Strafrecht, in: Leipz. FS f. Rich. Schmidt, 1936, S. 49ff.

[16] *Roxin* (Fn. 1), S. 15 Anm. 41.

mäße Überschreitung des möglichen Wortlauts einer Strafnorm verbietet.[17] Aber auch *innerhalb* des „möglichen" (!) Wortlauts muß sehr oft mit Hilfe eines Rückgriffs auf die vom Gesetzgeber verfolgte Kriminalpolitik entschieden werden, welche Auslegungshypothese die juristisch richtige ist.[18] Zugespitzt kann man sagen: Indem *Roxin* auf der Tatbestandsebene die kriminalpolitische Entscheidung nicht als Gestaltungsfaktor berücksichtigt, sondern ihr nur eine Hintergrundrolle ohne dogmatische Funktion zuweist, reißt er rechtliche Form und politischen Inhalt noch immer in ähnlicher Weise auseinander, wie er dies an *Liszts* Formulierung vom Strafrecht als bloßer „Schranke der Kriminalpolitik" kritisiert.[19]

2. In neuerer Zeit wird die kriminalpolitische Aufgabe des Straftatbestandes zunehmend mit Hilfe verfassungsrechtlicher Überlegungen bestimmt. Maßgebend für seinen Inhalt sind hiernach die Verhältnismäßigkeit, die Erforderlichkeit und die Geeignetheit einer strafrechtlichen Reaktion, in der man die härteste Reaktionsform unserer Rechtsordnung sieht.[20] Gegenstand der kriminalpolitischen Entscheidung ist damit nicht mehr die Frage, ob eine Handlung überhaupt verboten, sondern ob sie bei Strafe verboten werden soll. Auf diese Weise wird die Umschreibung strafbaren Unrechts als *gesteigerten Unrechts* zur Aufgabe des Straftatbestandes.

Diese Aufgabenbestimmung mag zunächst reichlich abstrakt erscheinen. Aber die Abstraktheit ist kein Spezifikum der hier verfochtenen Auffassung zur kriminalpolitischen Funktion des Straftatbestandes. Auch das Ziel der „sozialen Konfliktlösung", das nach *Roxin* die Aufgabe von Rechtfertigungsgründen umschreibt[21], ist z. B. sehr allgemein formuliert. Der von *Roxin* verfochtenen Methode entspricht es, die Abstraktheit derartiger

---

[17] a.a.O.

[18] Vgl. dazu nur *Engisch*, Einführung in das juristische Denken, 7. Aufl., 1977, S. 74 ff.

[19] *Roxin* (Fn. 1), S. 1 ff.

[20] Eingehend *Günther*, JuS 1978, 8 ff. m.w.N.

[21] S. oben bei Fn. 10.

Zielbeschreibungen durch die Bildung konkretisierender *Fallgruppen* zu überwinden.[22]

3. Die *Konstruktionsprinzipien* derartiger Fallgruppen strafbaren Unrechts ergeben sich aus der Frage, *weshalb* der Gesetzgeber die in den Tatbeständen des Besonderen Teils umschriebenen Unrechtshandlungen mit strafrechtlichen Mitteln bekämpft, statt sich mit einer Reaktion des Zivil-, Verwaltungs-, Disziplinar- oder Ordnungswidrigkeitenrechts zu begnügen. Die Beantwortung dieser Frage erfordert es, Strafsanktion und Strafverfahren konkret mit den Reaktionsformen und Verfahrensweisen anderer Rechtsgebiete zu vergleichen. Dazu gibt es bislang erstaunlich wenig Vorarbeiten.[23] Deshalb können auch hier nur ein paar Stichworte genannt werden.

a) Wo es nahe liegt, sich mit einer zivilrechtlichen Reaktion zu begnügen, also bei der Beeinträchtigung von *Individualinteressen*, dürfte strafrechtliches Unrecht vor allem durch folgende Gesichtspunkte konstituiert werden:

1. die Sicherstellung der Generalprävention, die der Gesetzgeber beim Schutz wertvoller Güter nicht dem Kalkül und der prozessualen Risikobereitschaft des Verletzten überlassen will;
2. die Notwendigkeit, als Reaktion auf bestimmte Taten resozialisierende und/oder sichernde Sanktionsformen bereit zu halten, die das Zivilrecht nicht kennt;
3. die Notwendigkeit, den Täter mit Hilfe des staatlichen Strafverfolgungsapparates einer Sanktionierung zuzuführen, weil die inkriminierte Tat typischerweise anonym, heimlich und/oder listig begangen wird.[24]

---

[22] Vgl. dazu etwa *Roxin* (Fn. 1), S. 30.

[23] Zusammenfassende Darstellungen, die den unterentwickelten Stand der Erarbeitung konkreter Strafwürdigkeitsgesichtspunkte deutlich widerspiegeln, etwa bei *Hassemer,* Theorie und Soziologie des Verbrechens, 1973, S. 194ff.; *Günther* (Anm. 20), S. 11ff.; *Zipf,* Kriminalpolitik, 2. Aufl., 1980, S. 89ff. Einzelfragen, wie etwa die Problematik der angemessenen Bekämpfung des Ladendiebstahls, sind allerdings weit intensiver bearbeitet.

[24] Zu diesem in Strafrechtsdogmatik und wiss. Kriminalpolitik weithin vernachlässigten, aber für die Entstehung staatlichen Strafrechts überaus wichtigen Gesichtspunkt vgl. *Eb. Schmidt,* Einführung in die Geschichte der deutschen Strafrechtslehre, 3. Aufl., 1965, S. 82ff.; *Seagle,* Weltgeschichte des Rechts, 3. Aufl., 1967, S. 108ff.; *Luhmann,* Rechtssoziologie, Bd. 1, 1972, S. 162.

b) Wo *Interessen der Allgemeinheit* auf dem Spiel stehen und daher auch verwaltungsrechtliche, ordnungswidrigkeitenrechtliche oder disziplinäre Reaktionsformen in Betracht kommen, dürfte die Wahl einer strafrechtlichen Reaktion insbesondere bestimmt sein durch:

1. die für die Strafe heute typische Kombination spezial- und generalpräventiver Funktionen, eine Kombination, die bei schweren und gefährlichen Rechtsgutsbeeinträchtigungen angezeigt erscheint, aber weder durch Reaktionen des Ordnungswidrigkeitenrechts, noch durch solche des Verwaltungsrechts gewährleistet wird[25];
2. das Fehlen eines Verwaltungszweiges, der sich des beeinträchtigten Allgemeininteresses – etwa am Verkehr mit Urkunden – annimmt und es mit spezial- und generalpräventiven Reaktionen sichert;
3. die schädlichen Außenwirkungen der Handlung eines Amtsträgers, die einer rein disziplinären Reaktion entgegenstehen, weil eine staatsinterne Aufarbeitung der Tat das durch sie erschütterte Vertrauen des Publikums in die staatliche Bürokratie nicht wieder herstellen könnte (Stichwort: „Die mauscheln das ja doch nur hinter verschlossenen Türen aus!")[26].

c) Diese Kataloge sind sicher verbesserungsfähig. Sie dürften aber zeigen, daß und in welcher Weise der abstrakte Begriff des strafbaren Unrechts sich konkretisieren läßt. Einc spezifisch kriminalpolitische Interpretation des Besonderen Teils müßte letztlich die konkrete Gestalt eines jeden Straftatbestands auf Erwägungen der genannten Art bzw. eine Kombination von ihnen zurückführen. Erst dann wären m.E. die systematischen Postulate *Roxins* auf der Tatbestandsebene erfüllt.

---

[25] Eine Ausnahme bildet vielleicht die Ausweisung nach § 10 Abs. 1 AuslG, die nach der Rechtsprechung des Bundesverwaltungsgerichts nicht nur sichernde, sondern auch generalrpäventive Funktionen hat (BVerwGE 35, 291, 294; kritisch *Kanein*, Ausländergesetz, 3. Aufl., 1980, § 10, Rn. 4 m.w.N.). Dies kann aber wegen Art. 3 Abs. 3 GG grundsätzlich nicht auf der Tatbestandsebene, sondern nur auf der Ebene des Verfahrensrechts berücksichtigt werden. Vgl. dazu den Einstellungsgrund in § 154 b StPO.

[26] Vgl. dazu das Prinzip der Nichtöffentlichkeit des Disziplinarverfahrens (*Claussen/Janzen*, Bundesdisziplinaordnung, 3. Aufl., 1976, § 73 BDO, Rn. 1) mit dem Prinzip der Öffentlichkeit in §§ 169 ff. GVG.

III. Zur Funktion der Rechtswidrigkeitsprüfung

1. Aufgabe der Rechtfertigungsgründe ist nach *Roxin* „*soziale Konfliktlösung*".[27] An dieser Aussage fällt zweierlei auf. Einmal paßt diese Funktionsbestimmung nicht recht in das Programm *Roxins*, die spezifisch *kriminal*politische Aufgabe der drei Deliktsstufen zu bestimmen; denn „Konflikte" werden in jedem Bereich des Rechtes und der Rechtspolitik gelöst.[28] Außerdem kann man nach den hier angestellten Überlegungen zur Funktion des Straftatbestandes in der „Konfliktlösung" als solcher nicht mehr ein Spezifikum der Rechtfertigungsgründe sehen; denn wie gezeigt, weiß man spätestens seit *Schaffstein*, daß auch bei der Aufstellung von Straftatbeständen Interessenkonflikte gelöst werden.[29]

2. Wendet man sich dem zuerst genannten Punkt zu, so stellt sich die Frage, ob Rechtfertigungsgründe nicht einer spezifisch kriminalpolitischen, auf das Strafrecht bezogenen Aufgabe dienen. Diese Frage ist eingehend in der Trierer Habilitationsschrift von Hans-Ludwig *Günther* über „Strafrechtswidrigkeit und Strafunrechtsausschluß" untersucht worden.[30] *Günther* vertritt die These, es gebe eine besondere Kategorie von Rechtfertigungsgründen, die „*Strafunrechtsausschließungsgründe*", mit einer spezifisch strafrechtlichen Funktion: Sie senken das gesteigerte, strafbare Unrecht, das im Straftatbestand umschrieben ist, unter die Schwelle der Strafwürdigkeit. Damit schließen sie auf der Unrechtsebene die Strafbarkeit einer Handlung aus, ohne daß sie damit auch zugleich die allgemeine Rechtswidrigkeit der Handlung beseitigen.[31] Ein Beispiel ist für *Günther* § 193 StGB.

a) Die These *Günthers* hat einige praktische bedeutsame Konsequenzen. Einmal funktioniert bei den „Strafunrechtsausschließungsgründen" die *Notwehr*probe nicht[32], denn eine Handlung, die nur durch eine solche Norm gedeckt ist, bleibt „rechtswidrig",

---

[27] *Roxin* (Fn. 1), S. 15, 24 ff.

[28] Ähnlich schon *Stratenwerth*, MschrKrim 55 (1972), 196, 197; dazu *Roxin* (Fn. 1), 2. Aufl., S. 46 ff.

[29] S. oben bei Anm. 15.

[30] *Günther*, Strafrechtswidrigkeit und Strafunrechtsausschluß, 1983.

[31] *Günther* (Fn. 30), S. 249 ff.

[32] *Günther* (Fn. 30), S. 383 ff.

und derjenige, der seine Rechtsgüter gegen sie verteidigt, verteidigt damit zugleich die Rechtsordnung.

b) Auch die strittige Anwendung des *Art. 103 Abs. 2 GG* auf Rechtfertigungsgründe findet für die hier erörterte Gruppe eine klare Antwort. Da „Strafunrechtsausschließungsgründe" spezifisch strafrechtliche Normen sind und es letztlich eine reine Frage der Gesetzgebungstechnik ist, ob sie verselbständigt oder in der Fassung des Straftatbestandes berücksichtigt werden, ist der Grundsatz „nulla poena sine lege" auf diese Normen uneingeschränkt anzuwenden.[33] Zu beachten ist lediglich, daß das Analogieverbot sich in ein Verbot der teleologischen Reduktion verwandelt.

3. Freilich gibt es auch nach *Günther* weiterhin *echte* Rechtfertigungsgründe.[34] Hierzu gehört etwa die Notwehr, die bezeichnenderweise nicht nur im StGB, sondern bekanntlich auch in § 227 BGB geregelt ist. Die zahllosen öffentlich-rechtlichen Ermächtigungen zur Beeinträchtigung von Individualrechtsgütern wird man ebenfalls hierher rechnen müssen. Für diese Rechtfertigungsgründe läßt sich eine spezifisch kriminalpolitische Funktion *nicht* finden.[35] Eine Norm wie § 758 ZPO, die es dem Gerichtsvollzieher erlaubt, eine Wohnung zu betreten, hat eben keine speziell auf das Strafrecht bezogene Aufgabe, sondern dient dem zivilrechtlichen Ziel, den Gläubiger zu befriedigen.

Auf diese Gruppe von Rechtfertigungsgründen trifft sicher die von *Roxin* gegebene Funktionsbestimmung zu: Sie dienen der

---

[33] Zum Standpunkt *Günthers* vgl. *dens.* (Fn. 30), S. 285 ff.

[34] *Günther* (Fn. 30), S. 259, 323.

[35] Abw. für die Notwehr anscheinend *Roxin* (Fn. 1), 2. Aufl., S. 46 f. Seine Argumente sind aber Einwänden ausgesetzt. Zu dem Hinweis, es gehe bei der Bestimmung der Reichweite des Notwehrrechts um den Schutz von Leib und Leben, ist zu sagen, daß dies kein spezifisch kriminalpolitisches, sondern ein allgemeines – etwa auch im Arbeitsschutzrecht – verfolgtes sozialpolitisches Ziel ist, ganz davon abgesehen, daß das Notwehrrecht nicht nur dem Schutz von Leib und Leben dient. Dem Argument, daß es bei der Bestimmung der Grenzen der Notwehr um das „Ob" der Bestrafung gehe, ist entgegenzuhalten, daß mit der Verneinung einer Rechtfertigung aus § 32 StGB noch nicht über eine Entschuldigung entschieden ist, die die Notwehrlage berücksichtigt, wie insbesondere § 33 StGB zeigt. Vgl. dazu *Lenckner*, in: *Schönke/Schröder*, Strafgesetzbuch Kommentar, 21. Aufl., 1982; 33, Rn. 9 m.w.N.

„sozialen Konfliktlösung". Dann stellt sich aber die zweite der eingangs dieses Abschnitts erwähnten Fragen. Wie gezeigt, finden auch auf der Ebene der Ausformung eines Straftatbestandes „Konfliktlösungen" statt.[36] Der Klärung bedarf, wie diese „Konflikte" sich zu denen verhalten, die auf der Ebene der *Rechtfertigung* gelöst werden.

a) Die richtige Antwort lautet wohl: Bei der Schaffung eines Straftatbestandes geht es nur darum, Gesichtspunkte gegeneinander abzuwägen, die für oder gegen eine *strafrechtliche Reaktion* auf bestimmte Verhaltensweisen sprechen; bei der Schaffung eines echten Rechtfertigungsgrundes geht es dagegen um die Frage, ob eine bestimmte Handlungsweise *erlaubt* werden kann. Beide Fragestellungen sind voneinander zu trennen; denn wenn der Gesetzgeber darauf verzichtet, strafrechtliche Mittel gegen eine Verhaltensweise einzusetzen, ist damit noch nicht notwendig ausgesagt, daß er sie gestattet. Deshalb ist der „Konflikt", den echte Rechtfertigungsgründe lösen, nicht speziell kriminalpolitischer Natur. Echte Rechtfertigungsgründe entscheiden vielmehr darüber, daß ein Verbot, das *irgendwo* in der Rechtsordnung aufgestellt ist, anderen rechtspolitischen Zielsetzungen weichen soll.[37] Kriminalpolitische Zielsetzungen werden hierbei nicht notwendig, sondern nur mehr oder weniger „zufällig" berührt, nämlich nur dann, wenn das Rechtsgut, das anderen rechtspolitischen Zielsetzungen untergeordnet wird, durch ein strafrechtliches Verbot geschützt ist. Folglich erlangen echte Rechtfertigungsgründe strafrechtliche Bedeutung nur, wenn und insoweit sie kriminalpolitische Zielsetzungen mit anderen, in ihnen verkörperten rechtspolitischen Zielen verzahnen: Ihre spezifisch strafrechtssystematische Funktion erschöpft sich darin, gegebenenfalls die „Teilrechtsordnung" des materiellen Strafrechts mit der Gesamtrechtsordnung zu integrieren.[38]

---

[36] S. oben bei Fn. 15.

[37] So spielen sie ja z.B. auch im zivilrechtlichen Haftungsrecht eine große Rolle. Vgl. dazu *Deutsch*, Haftungsrecht, Bd. 1, 1976, S. 210ff.

[38] Schon aus diesem Grunde ist die Lehre von den negativen Tatbestandsmerkmalen zumindest bei echten Rechtfertigungsgründen nicht anzuerkennen. Die (negativen) Tatbestandsmerkmale eines echten Rechtfertigungsgrundes lassen sich nicht in die gleiche Ebene wie die Merkmale des Straftatbestandes transponie-

b) Die Tatsache, daß *echte* Rechtfertigungsgründe *nicht* spezifisch strafrechtlichen Zielen dienen, ist m. E. auch für die Frage der Anwendbarkeit des *Art. 103 Abs. 2 GG* in diesem Bereich entscheidend. Für Rechtfertigungsgründe dieser Art gilt das Argument von *Krey*, daß das Strafrecht usurpatorische Ansprüche erheben würde, wenn die verfassungsrechtlichen Gestaltungsprinzipien, die für diesen Teilbereich gelten, auf Normen aus der gesamten Rechtsordnung übertragen würden.[39] Sie fallen deshalb nicht in den Anwendungsbereich des Art. 103 Abs. 2 GG, sondern nur in den des Art. 20 Abs. 3 GG. Dies entspricht auch der Anwendungspraxis des Art. 103 Abs. 2 GG. Die Dogmengeschichte der Einwilligung oder der Lehre vom übergesetzlichen Notstand zeigt, daß man bei der Entwicklung und insbesondere der Einschränkung von Rechtfertigungsgründen nie auch nur halbwegs ernsthaft bereit war, auf den Grundsatz nulla poena sine lege Rücksicht zu nehmen; man denke nur an die Entwicklung der Aufklärungspflichten bei der Einwilligung.[40] Ganz zu schweigen ist von den vielen Regeln in irgendwelchen strafrechtsfernen Gesetzen, die einmal als Rechtfertigungsgrund in Betracht kommen können, bei deren Schaffung der Gesetzgeber aber überhaupt nicht an strafrechtliche Wirkungen denkt.[41] Den Mißbrauchsgefahren, die daraus entstehen, daß der Strafgesetzgeber Tatbestandseinschränkungen als „Rechtfertigungsgründe" formuliert,

---

ren, weil dadurch Unterschiede zwischen unvergleichbaren Unrechtsformen eingeebnet würden. Denn während das Fehlen von Tatbestandsmerkmalen eines Rechtfertigungsgrundes nur besagt, daß die Tat rechtlich nicht erlaubt ist, deutet das Vorliegen der Tatbestandsmerkmale eines Straftatbestandes darauf, daß sie *bei Strafe* verboten wird.

[39] *Krey*, Studien zum Gesetzesvorbehalt im Strafrecht, 1977, S. 232ff., 234, bezüglich des Analogieverbots. Vgl. auch *dens.*, JZ 1979, 702ff., 711f. Verkannt wird dieser Gesichtspunkt dagegen z. B. von *Jung*, Das Züchtigungsrecht des Lehrers, 1977, S. 59ff., 64ff., wenn er das Problem der Anwendbarkeit des Art. 103 Abs. 2 GG auf Rechtfertigungsgründe allein als Problem der Geltung dieser Verfassungsnorm im Allgemeinen Teil des StGB auffaßt.

[40] Dazu *Tempel*, NJW 1980, 609ff. m.w.N.

[41] Vgl. dazu z. B. die Betretensrechte der Beauftragten von Baubehörden gem. § 151 Abs. 1 S. 1 BBauG, die an sich nur auf die Schaffung einer Duldungspflicht von Grundstückseigentümern abzielen, aber in besonderen Konstellationen auch einmal als Rechtfertigungsgründe im Rahmen des § 123 StGB Bedeutung gewinnen können.

um den Anforderungen des nulla-poena-Satzes auszuweichen, kann man durch die uneingeschränkte Anwendung des Art. 103 Abs. 2 GG auf „echte Strafunrechtsausschließungsgründe" entgehen, die spezifisch kriminalpolitischen Ziele dienen.[42]

4. Insoweit gelangt man von den skizzierten Ausgangspunkten zu Ergebnissen, die von denen *Roxins* weit *abweichen*. Nach *Roxin* gilt Art. 103 Abs. 2 GG für alle Rechtfertigungsgründe.[43] Da Rechtfertigungsgründe dem gesamten Rechtsbereich entstammten und – wie das Beispiel des übergesetzlichen Notstands zeige – noch nicht einmal gesetzlich fixiert sein müßten, sei „lex" i.S.d. Art. 103 Abs. 2 GG hier freilich die Gesamtrechtsordnung. Dies bedinge der Natur der Sache nach eine Auflockerung des nullum-crimen-Prinzips. So wirke sich der Bestimmtheitsgrundsatz hier nicht als „Strukturprinzip", sondern nur als „Grenze der Wandelbarkeit" aus. Gem. Art. 103 Abs. 2 GG sei es daher unzulässig, aus rein kriminalpolitischen Erwägungen Regelprinzipien einzuschränken, die einem Rechtfertigungsgrund zugrunde liegen, und dadurch die Strafbarkeit auszudehnen. Hier hat *Roxin* vor allem das Notwehrrecht im Auge, dessen Anwendungsbereich vielfach durch Aussagen zur Teleologie des § 32 StGB gesteuert wird.

Diese Überlegungen erscheinen mir *nicht tragfähig*, ja ich halte sie sogar für gefährlich. Die These von der modifizierten Anwendbarkeit des Art. 103 Abs. 2 GG auf Rechtfertigungsgründe erzeugt nicht mehr als einen rechtsstaatlichen Schein, der darüber hinwegtäuscht, daß die angebrachten Modifikationen unter der Hand zentrale Grundsätze preisgeben, die üblicherweise aus Art. 103 Abs. 2 GG abgeleitet werden. Denn wenn hier eines halbwegs sicher ist, so ist dies der Satz, daß allgemeine Rechtsgrundsätze, auf denen der von *Roxin* erwähnte übergesetzliche Notstand beruhte, keine „Gesetze" i.S.d. nulla-poena-Satzes sind.[44] Wird an dieser Regel gerüttelt, so gibt es bei der Anwendung des Art. 103 Abs. 2 GG kaum noch Haltepunkte, denn auch die Geltung des Bestimmtheitsgebots und des Analogieverbots

[42] S. oben bei Fn. 33.
[43] *Roxin* (Fn. 1), S. 31.
[44] Vgl. nur *Eser*, in: *Schönke/Schröder*, (Fn. 35), § 1, Rn. 11 m.w.N.

hängt hiervon ab. Das von *Roxin* stattdessen aus Art. 103 Abs. 2 GG abgeleitete Verbot, aus rein (kriminal-)politischen Erwägungen den Anwendungsbereich von Rechtfertigungsgründen einzuschränken, bietet für diese bedenkliche Aufweichung keinen Ersatz. Rein politisch motivierte Zweckvertauschungen werden völlig unabhängig von Art. 103 Abs. 2 GG schon durch die allgemeine juristische Methodenlehre verboten.[45] Deshalb wird jeder Jurist, der alten Normen neue und engere Zwecke unterlegt, sich auf Wandlungen eben jener „Gesamtrechtsordnung" berufen, die nach *Roxin* unter Einschluß ungeschriebenen Rechts bereits „Gesetz" i.S.d. Art. 103 Abs. 2 GG sein soll. *Rechtlich* motivierten Wandlungen im Bereich der Rechtfertigungsgründe hat aber *Roxins* „Wandelbarkeitsschranke" nichts entgegenzusetzen.[46] Schließlich ist darauf hinzuweisen, daß Art. 103 Abs. 2 GG eine Verfassungsnorm mit Grundrechtscharakter ist. Bei der Auslegung einer solchen Norm sind die Methoden der Verfassungsinterpretation zu beachten. Sie lassen es nicht zu, einfach die „Natur der Sache" zu bemühen, um die Wirksamkeit einer Grundrechtsnorm abzuschwächen. Dabei bringt diese Abschwächung letztlich gar keinen rechtsstaatlichen Gewinn. Denn wie erwähnt ergeben sich die Sicherungen, die *Roxin* im Rechtfertigungsbereich aus Art. 103 Abs. 2 GG ableiten will, bereits aus allgemeinen methodischen Erwägungen.

IV. Zur Funktion der dritten Deliktsstufe

1. Die Aufgabe der dritten Grundkategorie des herkömmlichen Strafrechtssystems liegt nach *Roxin* darin, zu überprüfen, ob das

[45] *Coing*, Juristische Methodenlehre, 1972, S. 9.

[46] Ein Beispiel hierfür bietet *Roxin* selbst, wenn er heute die Grenzen der Notwehr mit Hilfe der Ausdehnung des Opportunitätsprinzips durch die §§ 153/376/383 Abs. 2 StPO / 47 OWiG bestimmt; vgl. *Roxin*, ZStW 93 (1981), 68ff., 94f. Seine hieraus abgeleitete These, die gesamte Kleinkriminalität falle aus dem Bereich dessen heraus, was durch lebensgefährliche Handlungen abgewehrt werden dürfe, stimmt mit dem Rechtszustand vor 30 Jahren schwerlich überein – vgl. dazu etwa *Schaffstein*, MDR 1952, 132ff., 133f.

rechtswidrige Verhalten des Täters *Strafe verdient.*[47] Während diese dritte Bewertungsstufe in „Kriminalpolitik und Strafrechtssystem" noch als „Schuld" bezeichnet wird, hat *Roxin* sie später in „Verantwortlichkeit" umbenannt.[48] Die „Schuld" bezieht sich nunmehr nur auf die Fähigkeit, sich nach Normen bestimmen zu können. Als solche ist sie zwar eine notwendige, aber keine hinreichende Bedingung für die Verhängung einer Strafe. Maßgeblich für diese Sanktion ist vielmehr die „Verantwortlichkeit". Sie ist nur dann gegeben, wenn neben der „Schuld" auch die Notwendigkeit zur general- und spezialpräventiven Reaktion besteht; sie fehlt daher, wenn ein Verantwortungsauschließungsgrund nach §§ 17/33/35 StGB eingreift. Damit wird die „Verantwortlichkeit" einschließlich der ihr zuzuordnenden Normen zum eigentlichen Träger der kriminalpolitischen Erwägungen auf dieser Deliktsstufe. Doch spielen solche Erwägungen in Grenzfällen auch bei der Bestimmung der „Schuld" eine Rolle – etwa dann, wenn es um die Bestimmung der Grenzen der Zurechnungsfähigkeit i. S. d. § 20 StGB geht.[49]

2. Diese Funktionalisierung der dritten Deliktsstufe ist wohl der Punkt der Strafrechtslehre *Roxins,* der am meisten Widerspruch gefunden hat.[50] Wesentliche Einwände hat aber bereits *Roxin* selbst m. E. überzeugend widerlegt.[51] Deshalb will ich darauf nicht näher eingehen.

Stattdessen soll hier einer anderen Frage nachgegangen werden, die der heutige Stand des positiven Strafrechts nahelegt. *Roxins* Konzept von Schuld und Verantwortung zielt auf die Sanktion „Strafe" ab.[52] Seit der Einführung des zweispurigen Sanktio-

---

[47] *Roxin* (Fn. 1), S. 15, 33.

[48] *Roxin,* „Schuld" und „Verantwortlichkeit" als strafrechtliche Systemkategorien, FS f. Henkel, 1974, S. 171 ff., 181 ff.

[49] *Roxin,* Zur jüngsten Diskussion über Schuld, Prävention und Verantwortlichkeit im Strafrecht, FS f. Bockelmann, 1978, S. 279 ff., 290 ff.

[50] Vgl. etwa *Schöneborn,* ZStW 88 (1976), 369 ff.; *Burkhardt,* GA 1976, 321 ff.; *Stratenwerth,* Die Zukunft des strafrechtlichen Schuldprinzips, 1977, insbes. S. 21 ff., 28 ff.; *Zipf,* ZStW 89 (1977), 707 ff., 710 f.; *Seelmann,* Jura 1980, 505 ff., 509 ff.

[51] *Roxin* (Fn. 49), S. 279 ff.

[52] *Roxin* (Fn. 1), S. 15, 33; *ders.* (Fn. 48), S. 181 f.; *ders.* (Fn. 49), S. 284.

nensystems ist es aber gar nicht mehr allein diese Sanktionsart, über die bei der Anwendung strafrechtlicher Normen entschieden wird. Es fragt sich daher, ob die kriminalpolitische Zielsetzung der dritten Stufe des dreistufigen Deliktssystems nicht so definiert werden muß, daß sie *sowohl Strafen als auch Maßregeln* erfaßt. Genauer wäre es vielleicht, von der „strafrechtlichen Sanktionsbedürftigkeit der Tat" zu sprechen – wobei schönere, womöglich auch treffendere Bezeichnungen sicher denkbar sind.

Eine abstraktere Zielbestimmung dieser Art hätte den Vorzug, im Straftatsystem sichtbar zu machen, daß das geltende Recht eine Entscheidung darüber verlangt, ob die Normen, die auf der dritten Deliktsstufe zugunsten des Täters eingreifen, *nur* die Bestrafung oder *auch* die Verhängung einer Maßregel der Besserung und Sicherung ausschließen. In manchen Fällen gibt das positive Recht hierüber bereits ausdrücklich Auskunft, wie etwa die Anknüpfung der Maßregel nach § 63 StGB an den Schuldausschluß nach § 20 StGB zeigt. In anderen Fällen fehlen aber derartige Regelungen, so daß sich die Frage nur mit Hilfe von Überlegungen zum *Normzweck* beantworten läßt.

Diese Fragestellung zwingt zu einer genaueren Beschreibung der kriminalpolitischen Aufgabe des Haftungsausschlusses durch die Normen der dritten Deliktsstufe. Zweck jener Normen ist es nach *Roxin*, den Zielen der General- und der Spezialprävention in angemessener Weise Rechnung zu tragen.[53] Nun haben diese Zielsetzungen für Strafen und Maßregeln bekanntlich eine *unterschiedliche* Bedeutung. Mit Strafe sollen beide Ziele, mit Maßregeln dagegen nur spezialpräventive Zwecke erreicht werden.[54] Macht man sich klar, daß in der heutigen Strafrechtsanwendung

[53] *Roxin* (Fn. 48), S. 182ff.

[54] Das Schwergewicht liegt dabei auf dem „Sollen". Eine andere Frage ist, ob Maßregeln nicht *de facto* auch generalpräventive Wirkungen haben (vgl. dazu z.B. *Burkhardt* – Fn. 50 –, S. 336f.). Diese Frage ist für die kritische Einschätzung einer Kriminalpolitik, die sich für die Einführung von Maßregeln der Besserung und Sicherung entscheidet, gewiß äußerst wichtig. Bei der Ausarbeitung eines dogmatischen Systems, das aus dieser problematisierbaren Entscheidung die Konsequenzen zieht, muß sie aber außer Betracht bleiben – das ist das „Dogmatische" an einer solchen Dogmatik. Vgl. dazu auch grundsätzlich *Albrecht*, GA 1974, 381ff., 382.

letztlich über beide Sanktionsarten entschieden werden muß, so folgt hieraus, daß bei jeder Norm, die auf der dritten Stufe eine Reaktion ausschließt, geklärt werden muß, ob dieser Ausschluß nur auf general- oder auch auf spezialpräventiven Gründen beruht. Beruht der Ausschluß auch darauf, daß nach Art der Tat eine spezialpräventive Einwirkung auf den Täter unnötig erscheint, so liegt es nahe, nicht nur die Verhängung einer Strafe, sondern auch die Verhängung einer *Maßregel* für unzulässig zu erklären.

a) Ein Beispiel hierfür bietet *§ 35 StGB.* Diese Norm schließt nach *Roxin* die Strafe aus, weil in ihrem Fall weder eine general- noch eine spezialpräventive Einwirkung auf den Täter notwendig erscheint.[55] Ist dies richtig, so dürfte nach dem Zweck des § 35 StGB dem Notstandstäter aber auch nicht gem. § 69 StGB die Fahrerlaubnis entzogen werden. Ebenso erschiene es unzulässig, wenn er wegen einer im Notstand begangenen Tat gem. § 63 StGB in ein psychiatrisches Krankenhaus eingewiesen würde, weil er im Zustand der Unzurechnungsfähigkeit handelte. Denn die durch § 35 StGB „entschuldigte" Tat kann nach der Zweckbestimmung *Roxins* kein hinreichender Anknüpfungspunkt für eine in einem *Tat*strafrecht vorgesehene Sanktion sein. Wird bei der Erforschung der Notstandstat festgestellt, daß der Täter gefährlich ist, bleibt danach nur eine Maßnahme des Gefahrenabwehrrechts, die nicht *wegen* der Tat, sondern lediglich *aus Anlaß* der bei ihrer Erforschung bekannt gewordenen Tatsachen ergriffen wird.[56] Dies kann für die in Betracht kommenden Reaktionsvoraussetzungen wie auch für die Reaktionswirkungen bedeutsam sein.[57]

b) Für *§ 33 StGB* – in der Zweckbestimmung *Roxins* –[58] gilt

---

[55] *Roxin* (Fn. 48), S. 183; *ders.* (Fn. 49), S. 283; eine kritische Übersicht über abweichende Zweckbestimmungen bei *Achenbach,* JR 1975, 492 ff., 494.

[56] Im Ergebnis ebenso *Lenckner,* Strafe, Schuld und Schuldunfähigkeit, in: *Göppinger/Witter* (Hrsg.), Handbuch der forensischen Psychiatrie, 1972, Bd. 1 Teil A, S. 1 ff., 188; *Horn,* Systematischer Kommentar zum Strafgesetzbuch (SK), Bd. 1, Allg. Teil, 3. Aufl., 1981 ff., § 63, Rn. 3; § 64, Rn. 10.

[57] Vgl. dazu zuletzt *Bernd Müller,* Anordnung und Aussetzung freiheitsentziehender Maßregeln der Besserung und Sicherung, 1981, S. 127 ff.

[58] *Roxin,* Über den Notwehrexzeß, FS f. Schaffstein, 1975, S. 105 ff., 116 f.; *ders.* (Fn. 49), S. 283.

Ähnliches.[59] Dagegen läßt – wie erwähnt – § 20 StGB noch eine strafrechtliche Maßregel zu, und auch bei einem Verbotsirrtum i.S.d. § 17 S. 1 StGB ist dies nach herrschender Auffassung der Fall.[60]

3. Ist das alles richtig, so fällt ein neues Licht auf die herkömmlich sog. Unterscheidung zwischen „*Entschuldigungs-*" und „*Schuldausschließungsgründen*".[61] *Roxin* steht dieser Unterscheidung skeptisch gegenüber.[62] Dies liegt daran, daß *Lenckner* versucht hat, aus ihr abzuleiten, *Roxins* kriminalpolitischer Ansatz sei nur bei sog. „Entschuldigungsgründen" wie §§ 33 und 35 StGB sinnvoll, während sog. „Schuldausschließungsgründe" wie §§ 17 und 20 StGB nur begriffslogisch aus dem Wesen der Schuld zu erklären seien.[63] *Roxin* hält dem entgegen, daß kriminalpolitische Überlegungen auch die Gestalt der §§ 17 und 20 StGB bestimmt haben[64], und hat damit sicher recht. Die Unterscheidung als solche wird von diesem Argument aber nicht berührt. Vielmehr legt gerade die von *Roxin* propagierte Methode eine ähnliche Differenzierung nahe, wenn man die Normen der dritten Deliktsstufe konsequent auf *alle* strafrechtlichen Rechtsfolgen, also auch auf die Maßregeln und ihre Zwecke, bezieht: Regelungen wie §§ 33 und 35 StGB unterscheiden sich nach dem Gesagten offenbar dadurch von Normen wie §§ 17 und 20 StGB, daß letztere

---

59 Ebenso *Horn*, SK, (Fn. 56) § 64, Rn. 10; abw. *Jescheck*, Lehrbuch des Strafrechts AT, 3. Aufl., 1978, S. 348.

60 *Lenckner*, in: *Schönke/Schröder* (Fn. 35), § 20, Rn. 4; *Roxin* (Fn. 49), S. 299f. M. E. zu Recht meint *Roxin*, wenn das Fehlen des Unrechtsbewußtseins auf gefährlichem Schwachsinn beruhe, sei eine Maßregel angebracht. Dieser Satz ist freilich nicht integriert mit der von *Roxin* in der FS f. Henkel (FN 48) S. 188 aufgestellten These, der ohne Bewußtsein der Rechtswidrigkeit handelnde Täter, dem auch die Handlungssituation keinen Zweifel nahe lege, brauche keine Resozialisierung. Derartige Spannungen, wenn nicht Widersprüche, deuten darauf, daß *Roxins* Zweckbestimmung des § 17 S. 1 StGB noch weiterer Abklärung bedarf. Kritisch auch *Lenckner*, in: *Schönke/Schröder* (Fn. 35), Rn. 108 vor §§ 32ff.

61 Vgl. dazu *Lenckner in: Schönke/Schröder* (Fn. 35), Rn. 108 vor §§ 32ff.

62 *Roxin* (Fn. 49), S. 287ff. – abschwächend aber S. 290 und 292.

63 Nachweise bei *Roxin* (Fn. 49), S. 288.

64 *Roxin* (Fn. 49), S. 289ff.

nur generalpräventive, erstere aber *auch rein spezialpräventive* Reaktionen des Strafrechts unangebracht erscheinen lassen.[65]

Dieses Ergebnis zeigt freilich, daß herkömmlich sog. „Entschuldigungsgründe“ speziell mit der „Schuld“ auch deshalb nicht allzuviel zu tun haben, weil sie ihrem Zwecke nach nicht nur schuldabhängige Strafen, sondern ebenso schuld*un*abhängige Maßregeln der Besserung und Sicherung ausschließen.[66] Terminologisch wird man dem dadurch Rechnung tragen müssen, daß man hier besser von „*Verantwortungsausschluß*“ oder ähnlichem spricht.

---

[65] Für § 17 StGB abweichend, aber m. E. nicht widerspruchsfrei *Roxin* (Fn. 48), S. 188; s. dazu oben, Anm. 60.

[66] Im Ergebnis ebenso, aber mit anderer Begründung *Maurachs* Lehre von der „Tatverantwortung“; vgl. *Maurach/Zipf*, Strafrecht AT Teilbd. 1, 5. Aufl., 1977, S. 448; krit. *Jescheck* (Fn. 59), S. 348 m.w.N.

Jürgen Wolter

Objektive und personale Zurechnung zum Unrecht
Zugleich ein Beitrag zur aberratio ictus*

I. Die Elemente der strafrechtlichen Zurechnung

Die Lehre von der *objektiven Zurechnung* im Strafrecht ist im Wandel begriffen. In der älteren Diskussion ging es noch um die umfassende Frage, wie die eigene Tat als solche und ganze vom zufälligen Geschehen abzugrenzen sei. In der jüngeren Vergangenheit hat man das Problem auf die eigentliche *Erfolgszurechnung*, d.h. die Zurechenbarkeit der Rechtsgutsverletzung (oder der ihr vorgeschalteten konkreten Rechtsgutsgefährdung) verengt. Und erst neuerdings versucht man, den Blickwinkel wieder etwas zu erweitern und auch die dem Erfolg zugrunde liegenden *gefährlichen Verhaltensweisen* in die Zurechnungslehre einzubeziehen.[1] Die zurechenbare Erfolgsherbeiführung muß auf der Schaf-

* Der Vortrag gibt zu einem wesentlichen Teil Überlegungen wieder, die der Verf. in der Habilitationsschrift „Objektive und personale Zurechnung von Verhalten, Gefahr und Verletzung in einem funktionalen Straftatsystem", 1981 niedergelegt hat. Der vorliegende Beitrag führt diese Ansätze jedoch insbesondere bei den objektiven Bedingungen der Strafbarkeit, der *aberratio ictus* und der strikt objektiven (*nicht*personalen) Zurechnung zum Unrecht weiter. Angesichts des weit gefaßten Themas muß vieles thesenhaft bleiben. Auch wird an die grundlegenden Gedanken von *Rudolphi* (in diesem Band) angeknüpft. Das Manuskript war im wesentlichen im November 1981 abgeschlossen.

1 *Roxin*, FS f. Honig, 1970, S. 146; *Rudolphi*, Systematischer Kommentar zum StGB (SK), Bd. 1, Allg. Teil, 4. Aufl. 1983, Rn. 57ff., 62 vor § 1; *Wolter*, Objektive und personale Zurechnung von Verhalten, Gefahr und Verletzung, 1981, S. 180f. (m.w.N. – auch zum Vorstehenden –).

fung eines zurechenbaren Risikos beruhen.[2] Ein *nach Tatplan* untauglicher Versuch ohne jede erdenkliche objektive Gefährlichkeit läßt sich nicht mit einer – vom Täterplan abweichenden – objektiv zurechenbaren (adäquaten) Erfolgsverursachung zu einer vorsätzlichen Vollendungstat verbinden. Es ist kein vollendeter Totschlag, wenn der Tod des (nur) vom Täter irrig für schwimmunkundig gehaltenen und von einer Brücke gestoßenen Meisterschwimmers subjektiv unvorhergesehen auf dem Brückenpfeiler oder den Planken eines Lastkahns eintritt.[3] Die Vollendungstat mit ihrem Maximum an Strafe erfordert als Grundlegung den maximalen Versuch; und das ist der (beendete) taugliche, d. h. der (auch nach Tatplan und im gewählten Angriffsmittel) erfolgsgefährliche Versuch.[3a]

Die *Risikozurechnung* wiederum gibt den Weg frei zu einer auch *personalen* und *individuellen Zurechenbarkeit.* Denn der (Vorsatz-)Täter muß i.S.v. § 16 jedenfalls um das geschaffene wirkliche (oder um ein gleichwertiges anderes) *Risiko* wissen, soll ihm die Tat insgesamt als Unrecht zugerechnet werden. Und er muß eine Schuldbeziehung i. S. der §§ 17, 20 und damit auch i.S.v. Andershandelnkönnen jedenfalls zu diesem *Risiko* aufweisen, soll auch eine Zurechnung zur Schuld möglich sein.

In diesen wenigen Sätzen steckt ein ganzes Programm. Und sie sind in mannigfacher Weise erläuterungsbedürftig. Dabei soll uns im wesentlichen die *Zurechnung zum Unrecht* beschäftigen. Die *Schuld* spielt nur insoweit eine Rolle, als es um die notwendige (oder entbehrliche) Beziehung i.S.v. Andershandelnkönnen und um Irrtumsfragen geht.

---

[2] *Rudolphi,* Gedschr. f. Schröder, 1978, S. 83; *Stratenwerth,* FS f. Gallas, 1973, S. 238; *Wolter* (Fn. 1), S. 90, 118, 139, 160, 181 u.ö. sowie FS f. Leferenz, 1983, S. 570.

[3] *Schroeder,* GA 1979, 328 u. in: *Jescheck* u. a. (Hrsg.), StGB, Leipziger Kommentar (LK), 10. Aufl. 1978 ff., § 16, Rn. 29; vgl. dazu a. *Stratenwerth,* Strafrecht I, 3. Aufl. 1981, Rn. 278; noch nicht so deutlich *Wolter,* ZStW 89 (1977), 675, 694.

[3a] Näher *Wolter,* FS f. Leferenz, 1983, S. 551, 562 ff., 570.

II. Handlungsunrecht (Verhaltens- sowie Gefährlichkeitsunrecht) und Erfolgsunrecht; Verhaltens- und Bewertungsnorm

1. Man kann – wie es *Rudolphi* in dem oben abgedruckten Beitrag überzeugend getan hat – aus dem präventiven Rechtsgüterschutzzweck des Strafrechts[4] ableiten, daß strafrechtliche Verbote regelmäßig nur Verbote *objektiv gefährlicher* Handlungen enthalten. Ebenso wie sie *„Gefährdungsverbote"* sind, beinhalten die strafrechtlichen Gebote *Gefahrbekämpfungs- bzw. Gefahrminderungsgebote.* Der untaugliche Versuch, der allein die Störung des Rechtsfriedens ohne meßbare Gefährlichkeit für ein konkretes Rechtsgut enthält, bildet von daher eine Ausnahme. Er verwirklicht lediglich einen *„objektiv-subjektiven" Verhaltensunwert:* Der Täter will irrig ein Risiko schaffen („Intentionsunwert"), und er setzt diesen untauglichen Plan objektiv ins Werk. Der untaugliche Versuch ist deshalb auch von vornherein in seinem Anwendungsbereich stark zu beschneiden. Ein untauglicher Unterlassungsversuch ist ebensowenig anzuerkennen wie eine Strafe bei Begehungsversuchen mit untauglichem Subjekt, bei irrealem Vorgehen, bei unbeachtlich geringem realen Risiko (Erbonkel-Gewitter-Fall) sowie bei grobem Unverstand.[5]

Diese Ableitung aus dem präventiven Rechtsgüterschutzzweck des Strafrechts läßt sich *normtheoretisch* konkretisieren und ergänzen. Das Strafrecht wirkt nicht nur mit Hilfe von Verbots- und Gebotsnormen *präventiv,* sondern auf dem Wege der Mißbilligung und der Schaffung von Genugtuung für das *Opfer* auch *repressiv.* Der mögliche Gefährdungs- und Verletzungserfolg sowie bereits die Schaffung eines Risikos für das Opfer aufgrund gefährlichen Verhaltens sind nicht nur Motiv für die Aufstellung von Verhaltensnormen, sondern auch Ansatzpunkte für Mißbilli-

[4] Vom Sinn der Strafverhängung und Strafvollstreckung auch als Schuldsühne bzw. Schuldvergeltung sei hier (zunächst) abgesehen.

[5] Näher *Wolter* (Fn. 1), S. 78 f., 301 ff. m. N.

gung und Restitution.[6] Schon an dieser Stelle tritt erstmals das Opfer in den Blick.

Daß die Aufgaben wirksamen Rechtsgüterschutzes und repressiven Einschreitens allein durch das *Verbot* (oder Gebot) *menschlichen Verhaltens ohne* zwingende Rücksicht auf die in der Verhaltensweise liegende *Gefährlichkeit* und unbeschadet der aus ihr folgenden konkreten Gefährdung bzw. Rechtsgutsverletzung wahrgenommen werden müssen, steht dem nicht entgegen. Selbstverständlich ist der Verstoß gegen die *Verhaltensnorm* bereits mit der Realisierung eines Verhaltensunwerts (d. h. des bloßen objektiv ins Werk gesetzten „Intentionsunwerts" bzw. – anders ausgedrückt – *„Handlungsversuchsunwerts"* beim untauglichen Versuch) gegeben. Und doch ist die Schaffung eines lediglich vermeintlichen Risikos beim untauglichen Versuch (entgegen *Zielinski*) nicht der Prototyp des Unrechts. Unrecht ist nicht Willensunrecht, sondern (primär) *Tatunrecht.* Verboten i. S. eines rechtlichen Unwerturteils ist die deliktische Handlung nicht als Ausdruck von Rechtsungehorsam, sondern wegen der mit ihr verbundenen *realen* Chance einer Rechtsgutsverletzung bzw. einer konkreten Rechtsgutsgefährdung.[7] Verboten ist die Schaffung eines wirklichen Risikos. Dieses *gefährliche Verhalten* ist der *Prototyp des Unrechts.* Zu dem Verhaltensunrecht (einschließlich der Ausführungsmodalitäten) gesellt sich typischerweise das *Risikounrecht („Gefährlichkeitsunrecht").* Das Verhaltensunrecht (Handlungsversuchsunrecht) wird dabei regelmäßig vom Risikounrecht überlagert (vgl. aber V.3.). Erst beides zusammen konstituiert das vollständige sog. *Handlungsunrecht* (bzw. Unterlassungsunrecht) und damit die Verbots- bzw. Gebotsnorm.

2. Wenn sich das vom Täter wissentlich (oder fahrlässig) geschaffene Risiko in einem konkreten Gefährdungserfolg bzw. (im Anschluß daran) in einem Verletzungserfolg realisiert, komplettiert sich das Unrecht mit dem *Erfolgsunrecht.* Erst das Verhaltensunrecht zusammen mit dem Gefährlichkeits- und Erfolgsunrecht macht das *gesamte Unrecht* der Straftat aus. Neben den Verhaltensnormverstoß tritt die Erfüllung der das gesamte Unrecht um-

[6] Näher *Wolter* (Fn. 1), S. 25 ff., 46 ff.

[7] *Gallas,* FS f. Bockelmann, 1979, S. 159.

fassenden *Bewertungsnorm.* Verhaltens- und Bewertungsnorm sind nicht identisch. Der Verhaltensnormverstoß macht nur einen Teil der Erfüllung der Bewertungsnorm aus.

3. Die *Unrechts*relevanz von Risiko und Erfolg sowie dem Zusammenhang zwischen Risikoschaffung und Erfolgseintritt *(„Risikozusammenhang")* kann hier nicht näher begründet werden. Es wird darauf verzichtet darzulegen, daß die unterschiedlichen Rücktrittsanforderungen in § 24 für die Unrechtsbedeutung der Gefährlichkeit (Tauglichkeit) des Versuchs sprechen; es soll auch mit dem Hinweis bewenden, daß der Erfolg als notwendige Konsequenz („handlungsadäquate"[8] Fortentwicklung) des Risikounrechts zwangsläufig ebenfalls Unrechtsrelevanz besitzen muß.[9] Doch gelangt man zu einer zusätzlichen normtheoretischen Absicherung dadurch, daß man angesichts der rechtsgüterschützenden Aufgabe des Strafrechts die konkrete Situation des Verletzten bzw. Gefährdeten – eben das *Opfer* des Täterverhaltens – in den Blick nimmt. Der Unwert des Risikozusammenhanges einschließlich des Erfolgs[10] und m. E. auch schon der Unwert des ihm zugrunde liegenden Risikos[11] lassen sich dann aus einer dem strafrechtlichen Erfolgstatbestand und dem ihm zugrunde liegenden – „tauglichen (gefährlichen)" – Versuchstatbestand immanenten *Schutz- und Gewährleistungsnorm (Bewertungsnorm)* für den Rechtsgutsträger herleiten. Aus dem Gefährdungszusammenhang zwischen Handlung und Erfolg und damit aus der *Gefährdetheit* des Rechtsgutsträgers sowie bereits aus der *Bedrohung* des Opfers durch die *gefährliche* Handlung des Täters erwächst ein Schutzanspruch des Betroffenen.[6]

4. Das *Opfer* rückt so in das Zentrum der Unrechts- und Zurechnungslehre.[12] Die Verbotsnorm ist vom handelnden Täter wie vom bedrohten Opfer her zu konzipieren. Sie hat als Inbegriff

---

[8] *Gallas* (Fn. 7), S. 163.

[9] *Wolter* (Fn. 1), S. 27, 123 f. Außer Betracht bleiben auch die notwendigen sozialwissenschaftlichen Betrachtungen (dazu *Lüderssen,* FS f. Bockelmann, 1979, S. 199; *Schöneborn,* GA 1981, 70 ff.; *Wolter* (Fn. 1), S. 57 f., 127 ff.).

[10] *Gallas* (Fn. 7), S. 162; *Krümpelmann,* FS f. Bockelmann, 1979, S. 445 f., *Küper,* GA 1980, 215 ff.; *Ebert,* Jura 1981, 235.

[11] *Wolter,* (Fn. 1), S. 28.

[12] Vgl. *Küper,* GA 1980, 217.

des Handlungsunrechts eine motivierende und eine Wertmaßstäbe setzende Kraft. Sie ist gleichermaßen vom Verhaltensunwert (Handlungsversuchsunwert) wie vom Gefährlichkeitsunwert (Risikounwert) her zu erschließen.

III. Der Handlungswert und Rettungserfolgswert bei den Rechtfertigungsgründen

All' diese Zusammenhänge bei der Unrechtsbegründung kehren – wie hier ebenfalls nur thesenartig vorgetragen werden kann – auf der Ebene der *Erlaubnisnormen* bei den Rechtfertigungsgründen und damit dem Unrechtsausschluß spiegelbildlich wieder.[12a] Die Rechtfertigungsgründe lassen sich mit Ausnahme der Einwilligung als Anwendungsfälle des *erlaubten Risikos* begreifen. Sie untergliedern sich sachentsprechend in *Verhaltenswerte* („Handlungsversuchswerte" bzw. objektiv ins Werk gesetzte Intentionswerte), *Rettungschancenwerte* und *Erfolgswerte*, die die (vorsätzlichen) Verhaltensunwerte sowie die Risiko- und Erfolgsunwerte im Einzelfall zu kompensieren vermögen.

Inhalt und Grenzen der strafrechtlichen *Verhaltens*normen ergeben sich letztlich aus dem Zusammenspiel der verbotenen bzw. gebotenen Verhaltensweisen einerseits und der erlaubten Handlungen andererseits.[13] Aber das Inswerksetzen eines erlaubten Risikos ohne Rücksicht auf eine wirkliche Rettungschance macht nicht allein den Gegenstand einer Erlaubnisnorm aus. Prototyp des Unrechtsausschlusses ist (entgegen *Zielinski*) nicht etwa die Putativrechtfertigung. Die Rechtfertigungsgründe bezwecken den ausnahmsweisen Schutz höher eingeschätzter Interessen. Erlaubt i. S. eines rechtlichen Werturteils ist demnach nicht die

---

12a Zu einer besonderen Kategorie von (unechten) Rechtfertigungsgründen, den sog. „Strafunrechtsausschließungsgründen", vgl. *Amelung* in diesem Band u. JZ 1982, 619; *Küper*, JZ 1983, 95; *Günther*, Strafrechtswidrigkeit und Strafunrechtsausschluß, 1983, S. 253 ff.; krit. *Hassemer*, NJW 1984, 351 f.; *Weber*, JZ 1984, 276 ff.

13 *Rudolphi*, Gedschr. f. Schröder, 1978, S. 80 ff.; *Wolter* (Fn. 1), S. 38 ff., 136 ff., 165 ff.; vgl. a. *Küper*, Der „verschuldete" rechtfertigende Notstand, 1983, S. 45, 116.

rechtfertigende Handlung (allein) als Ausdruck einer Art von Rechtsgehorsam, d.h. der ins Werk gesetzten Rettungsintention. Erlaubt ist die Rettungshandlung vielmehr wegen der mit ihr verbundenen *realen* Chance der Bewahrung des höher eingeschätzten Rechtsguts *(„Handlungswert")*.

Die Erlaubnissätze sind als Rettungschancen eröffnende Ausnahmen von Gefährdungs- bzw. Gefahrsteigerungsverboten zu begreifen. Die Schaffung einer *Rettungschance* ist der Prototyp der Rechtfertigung. Zu dem Verhaltenswert (Handlungsversuchswert) gesellt sich typischerweise der Rettungschancenwert. Erst beides zusammen („Handlungswert") ergibt die Erlaubnisnorm. Auch der Erlaubnissatz hat eine motivierende wie eine Wertmaßstäbe setzende Kraft.[13] Er ist gleichermaßen vom Verhaltenswert wie vom Rettungschancenwert her zu erschließen. Das wirkliche höherwertige Interesse rückt so in das Zentrum der Lehre vom Unrechtsausschluß.

Und wenn sich die vom Täter z.B. wissentlich herbeigeführte Rettungschance in einer Rettung verwirklicht, vervollständigen sich Rechtfertigung und Unrechtsausschluß mit dem *Rettungserfolgswert.*

IV. Personale und individuelle Risikozurechnung sowie objektive Erfolgszurechnung

1. Unrecht ist objektives Unrecht eines Subjekts. Bei vorsätzlichen Delikten ist erforderlich, daß der Täter die Herbeiführung des tatbestandsmäßigen Gefährdungs- oder Verletzungserfolges durch die Vornahme einer gefährlichen Handlung erstrebt. Bei fahrlässigen Straftatbeständen muß die Gefährlichkeit des Verhaltens für den Täter subjektiv vorhersehbar sein. *Vorsatz und Fahrlässigkeit* machen (bereits) das *subjektive* (personale) *Unrecht* aus[14] (und besitzen darüber hinaus auch Bedeutung für den Um-

---

[14] Zur subjektiven Fahrlässigkeit als subjektivem Schuld- *und Unrechts*merkmal *Wolter* (Fn. 1), S. 42f., 152ff.; s.a. *Rudolphi* in dem oben abgedruckten Beitrag; zur Doppelrelevanz des Vorsatzes *Roxin*, Gedschr. f. Radbruch, 1968, S. 266.

fang der Schuld). – Entsprechend muß sich der Vorsatz des Täters bei der Rechtfertigung auf die Schaffung einer Rettungschance beziehen. – Nur (aber auch immerhin) bezüglich der Schaffung eines rechtlich relevanten *Risikos* bei der Unrechtsbegründung bzw. einer geeigneten *Rettungschance* beim Unrechtsausschluß ist auch Schuld i.e.S. von Andershandelnkönnen erforderlich. Aus alledem lassen sich weitreichende Folgerungen ableiten.

2. a) Zunächst sind der Vorsatz-/Fahrlässigkeitsbezug, das (potentielle) Unrechtsbewußtsein (§ 17) sowie die Schuld i.e.S. von Andershandelnkönnen (§ 20) nicht auch auf die Deliktsspanne zwischen Handlung und Erfolg, also den Risikozusammenhang einschließlich des Erfolgseintritts, zu beziehen. Das ergibt sich für die Vorsatzdelikte bereits aus § 24, der dem Täter auch bei Vorsatzaufgabe und Nichtverhinderung des Erfolgseintritts das Vollendungsrisiko aufbürdet.[15] Die genannten subjektiven Beziehungen beschränken sich vielmehr auf die Schaffung von adäquaten Risiken bzw. geeigneten Rettungschancen. Dabei bleibt für die Rechtfertigungsgründe zu beachten, daß die §§ 16 I, 17 lediglich analog angewendet werden können, weil diese Vorschriften allein auf den „negativen Irrtum" über unrechts*begründende* Umstände zugeschnitten sind.[16]

b) Dann aber ergibt sich zwangsläufig der erste Anwendungsbereich einer strikt *objektiven Zurechnung* zum Unrecht. Der *Risikozusammenhang* zwischen Handlung und Erfolg einschließlich des *Erfolgseintritts* ist die Domäne objektiven Unrechts. Es finden sich Unrechtsmerkmale ohne subjektiven (Vorsatz- oder Fahrlässigkeits-)Bezug. Es gibt – wiederum entgegen *Zielinski*[17] – Unrecht ohne Schuld i.S.v. Andershandelnkönnen. Insofern und insoweit sind auch die modernen Zurechnungsinstitute der Risikoerhöhung (die hier als zutreffend ohne Begründung in die Diskussion eingeführt wird) und des Schutzzwecks der Norm –

[15] *Roxin*, FS f. Würtenberger, 1977, S. 115; *Wolter*, ZStW 89 (1977), 654.

[16] Näher *Lenckner*, in: *Schönke/Schröder*, StGB Kommentar, 21. Aufl. 1982, Rn. 18 vor § 13; *Wolter* (Fn. 1), S. 134 ff.

[17] Handlungs- und Erfolgsunwert im Unrechtsbegriff, 1973, S. 146.

ganz entsprechend dem fast einhelligen Sprachgebrauch – Kriterien der objektiven Erfolgszurechnung.

c) Nur: Es wird bei alledem nicht genügend in Rechnung gestellt, daß die Zurechnung eines Erfolgs auf der Schaffung eines zurechenbaren Risikos beruhen muß (oben I.). Und die Herbeiführung dieser gefährlichen Handlung bedarf eines personalen (§ 16) und individuellen (§§ 17, 20) Bezuges. Die objektive Erfolgszurechnung basiert auf einer personalen und individuellen Risikozurechnung. Das wird bei der Risikoerhöhung und beim Schutzzweck der Norm nur deshalb nicht hinreichend berücksichtigt, weil man diese Zurechnungsinstitute weitgehend auf das fahrlässige Erfolgsdelikt beschränkt. Mit der objektiven Nichtzurechnung des Erfolgs entfällt die Strafbarkeit. Wendet man diese Zurechnungsformen jedoch auch – wofür vieles spricht – auf die vorsätzlichen Straftaten an[18], so hat das beachtliche Konsequenzen. Dabei wird hier von der h. L. ausgegangen, die das gefährliche zurechenbare Verhalten (einschließlich der geeigneten Rettungschancen bei Rechtfertigungsgründen) strikt *ex ante,* den Risikozusammenhang und Verletzungserfolg (bzw. Rettungserfolg) hingegen *ex post* beurteilt.[19]

Läßt sich z. B. ex ante eine mit Rücksicht auf das hypothetische rechtmäßige Alternativverhalten risikoerhöhende Handlung und ex post ein zurechenbarer Risikoerhöhungserfolg ausmachen, fehlt es aber bezüglich des „Risikoerhöhenden" der Handlung z. B. am Vorsatz- bzw. Fahrlässigkeitsbezug, so ist die Tat mangels *„personalen Unrechtszusammenhanges"* straflos. – Ein anderes Beispiel: Liegt ex post ein Risikoerhöhungserfolg vor, den der Täter vom ex-ante-Standpunkt nur irrtümlich erstrebt (weil das „Risikoerhöhende" der Handlung objektiv nicht erkennbar ist), so kommt allenfalls ein untauglicher Versuch in Betracht. Denn die Schaffung eines ex ante vermeintlichen Risikos läßt sich nicht

[18] *Roxin,* FS f. Honig, 1970, S. 144; *Rudolphi,* SK (Fn. 1), Rn. 57 ff. vor § 1; *Wessels,* Strafrecht AT, 13. Aufl., 1983, S. 48 ff.; *Wolter* (Fn. 1), S. 34.

[19] Vgl. *Rudolphi,* Gedschr. f. Schröder, 1978, S. 80 ff. u. in dem oben abgedruckten Beitrag; *Schünemann,* JA 1975, 438; *Wolter* (Fn. 1), S. 31 ff., 68 ff., 75 ff., 137 ff. (vgl. bei Rechtfertigungsgründen a. *Armin Kaufmann,* FS f. Welzel, 1974, S. 401). Der Gefährdungserfolg ist weitreichend, jedoch nicht vollumfänglich ex post zu beurteilen (näher *Wolter* – Fn. 1 –, S. 197 ff., 232 ff.).

– wie bereits festgestellt worden ist (oben I.) – mit der Herbeiführung eines objektiv zurechenbaren Erfolgs zu einer vorsätzlichen Vollendungstat verschmelzen. Das liefe auf ein versari in re illicita hinaus und widerspräche der Generalprävention i.S.v. Einübung von Rechtstreue des Bürgers.[20] Der zurechenbare Risikoerhöhungserfolg wird hier nicht durch ein zurechenbares risikoschaffendes und risikoerhöhendes (gefährliches) Verhalten vermittelt.

Ganz entsprechend liegt es schließlich, wenn der Täter B ex ante in Notwehr handelt, sich jedoch ex post herausstellt, daß der Angreifer A den B mit dem „gegenläufigen" Schuß aus einer Pistole mit Sicherheit verfehlt hätte. Hier liegt wiederum ein zurechenbarer objektiver Erfolgsunwert (Tod des A) vor, der auch nicht durch den Erfolgswert der Notwehr (Rettung des Lebens von B) aufgewogen wird. Aber die zugrunde liegende Schaffung des Todesrisikos für A wird kompensiert durch die ex ante i.S.v. § 32 bestehende Lebensrettungschance für B. Auch hier wird der zurechenbare objektive Erfolgsunwert im Ergebnis nicht durch ein (objektiv und personal) zurechenbares Risiko vermittelt.[21] Es fehlt am *„objektiv-personalen Unrechtszusammenhang"*.

V. Objektive Risikozurechnung (und Erfolgszurechnung) bei Kausalabweichungen

1. Sind nach allem personale und individuelle Risikozurechnung einerseits und objektive Erfolgszurechnung andererseits strikt auseinanderzuhalten, so bedarf das letztlich einer doppelten Konkretisierung und im Einzelfall auch Einschränkung. Zu wiederholen ist dennoch der Ausgangspunkt: Die objektive Zurechnungslehre ist – was die notwendige der Erfolgszurechnung zugrunde liegende Risikozurechnung angeht – zu *„personalisieren"*. Der Täter einer Vorsatztat muß nicht nur wissentlich ein *adäquates* Risiko schaffen. Dieses gefährliche Verhalten muß vielmehr im Vergleich zum rechtmäßigen Alternativverhalten auch *risikoerhöhend*

---

[20] *Wolter* (Fn. 1), S. 35, 69 ff.

[21] Näher *Rudolphi*, Gedschr. f. Schröder, 1978, S. 82 f.; *Wolter* (Fn. 1), S. 138 ff.

sowie vom *Schutzzweck der Norm* erfaßt sein. Auch darauf ist der Vorsatz des Täters (i. S. der Parallelwertung in der Laiensphäre) zu beziehen. Die herkömmlichen objektiven Erfolgszurechnungselemente „Risikoerhöhung" und „Normschutzzweck" erhalten auf der vorgeschalteten Ebene der Risikozurechnung ein „personales und individuelles Gesicht". Noch einmal schlagwortartig: Die objektive Erfolgszurechnung beruht auf einer personalen (§ 16) und individuellen (§§ 17, 20) Risikozurechnung.

2. Was nun die Konkretisierung und Einschränkung dieses Satzes anlangt, so schließt die strikt objektive Erfolgszurechnung zunächst einmal nicht aus, daß insoweit zumindest ein *Schuldbezug im* weiteren – *generalpräventiven und strafzumessungsrechtlichen – Sinne* herzustellen ist. Mit strafzumessungsrechtlicher Schuld ist gemeint, daß die Schwere der Schuld auch von dem Ausmaß des Leidens und der Einbuße von Gütern abhängt.[22] Dieser erweiterte Schuldbegriff findet in besonderem Maße Geltung, wenn der Erfolgseintritt die konsequente „handlungsadäquate" Fortentwicklung des personal und individuell zurechenbar geschaffenen Risikos ist. – Und mit generalpräventiver Schuld ist die These angesprochen, die Schuld auf Generalprävention und letztlich objektive Zurechenbarkeit sowie prospektive Elemente verkürzt und auf den retrospektiven Aspekt des Andershandelnkönnens verzichtet. Dieser anders geartete Schuldbegriff mag jedenfalls dann gelten, wenn man es hinsichtlich der Risikozurechnung bei dem engen Schuldvotum der Vorwerfbarkeit beläßt.[23]

3. Andererseits ist es im Einzelfall durchaus denkbar, daß die Risikozurechnung selbst strikt objektive und gerade nicht personale und individuelle Zuschreibung beinhaltet. Das mag nach dem bisher Gesagten zunächst überraschen. Doch sind damit die Fälle der sog. *unwesentlichen Kausalabweichungen* betroffen. Nach fast einhelliger Auffassung braucht der Täter nicht etwa um den wirklichen Geschehensablauf in seinen wesentlichen Zügen

[22] *Stratenwerth,* SchwZStrR 79 (1963), 255 ff.

[23] Näher *Roxin,* FS f. Henkel, 1974, S. 181 ff.; *ders.,* Kriminalpolitik u. Strafrechtssystem, 2. Aufl., 1973, S. 33 ff.; SchwZStrR 94 (1978), 467; FS f. Bockelmann, 1979, S. 307; *Rudolphi,* SK (Fn. 1), Rn. 1b vor § 19; *Lenckner,* in: *Schönke/Schröder* (Fn. 16), Rn. 103 vor § 13; *Schünemann,* FS f. Schaffstein, 1975, S. 162 m. Fn. 20; *Wolter* (Fn. 1), S. 124 ff.; jew. m.w.N.

zu wissen (etwa, daß das nunmehr – entgegen dem Beispiel zu I. – wirklich schwimmunkundige und vom Täter für den Ertrinkenstod ausersehene Opfer auf dem Brückenpfeiler zu Tode kommt). Vielmehr reicht es für die Bestrafung wegen vollendeter Vorsatztat hin, daß der Täter (subjektiv) irrig von der Schaffung eines bestimmten adäquaten Todesrisikos (Gefahr des Ertrinkens) ausgeht und dieses letztlich nicht durchschlagende Risiko *objektiv* ins Werk setzt und daß sich darüber hinaus ein *objektiv* zurechenbares adäquates anderes (vergleichbares) Risiko (Gefahr des tödlichen Aufpralls) schließlich realisiert.[24] Insofern gibt es keinen Irrtum über den Kausalverlauf, sondern nur „objektive Zurechnung zur Vorsatztat". Präziser: Das vorsätzlich-taugliche Planrisiko wird mit dem im Erfolg realisierten strikt objektiv zurechenbaren Realrisiko zu einer vorsätzlichen vollendeten Tat verschmolzen.

Der Tatplan ist hier nur deshalb „ausnahmsweise" ungeeignet, weil an die Stelle des an sich adäquaten Planrisikos von vornherein eine andere Gefährlichkeit tritt. Erforderlich ist freilich, daß Planverlauf und wirklicher Geschehensablauf und damit auch *Planrisiko und Realrisiko gleichwertig* („qualitativ gleich"; ähnlich rechtlich-sittlich zu bewerten; „*vorsatzadäquat*") sind.[25] Doch das ist ebenfalls eine *objektiv* vom Richter zu entscheidende Frage, so daß das wirkliche Risiko im Ergebnis strikt objektiv zugerechnet wird (vgl. noch unten X.). Die personale (§ 16) und individuelle (§§ 17, 20) Zurechnung ist auf das gleichwertige, von der Realität abweichende, konkret ungeeignete und ungefährliche (allerdings für sich gesehen nicht untaugliche) Risiko des Ertrinkens beschränkt. Die subjektive Beziehung ist damit gleichsam „verbraucht".[25]

---

[24] Etwa *Schroeder,* LK (Fn. 3), § 16, Rn. 29; *Wolter,* ZStW 89 (1977), 649 ff. m. N. Die h. M. (vgl. z. B. BGHSt. 7, 329; *Lackner,* StGB, 15. Aufl., 1983, § 15, Anm. II 2a aa; *Dreher/Tröndle,* StGB, 41. Aufl., 1983, § 16, Rn. 7) kleidet die sachentsprechende Problematik lediglich in ein Vorsatzgewand, kommt jedoch zum gleichen Ergebnis; anders aber *Otto,* Grundkurs Strafrecht AT, 2. Aufl., 1982, S. 85; vgl. noch *Hruschka,* JuS 1982, 318 ff.

[25] *Roxin,* FS f. Würtenberger, 1977, S. 119, 125 f.; *Wolter* (Fn. 1), S. 120 f. m. Beisp. einer Ungleichwertigkeit; vgl. a. BGHSt 7, 329; *Rudolphi,* SK (Fn. 1), § 16, Rn. 31; jew. m. N. – Entgegen dem Vorwurf von *Jakobs* (Strafrecht, AT,

Die strikt objektive Zurechnung des eigentlichen Risikos (Brückenpfeileraufprall) schließt andererseits nicht aus, hier ebenso wie bei der stets objektiven Erfolgszurechnung wenigstens von einer erweiterten Schuldbeziehung im generalpräventiven und strafzumessungsrechtlichen Sinne zu sprechen. Denn die Schwere der Schuld hängt auch – und nunmehr auf einer Vorstufe – von dem *drohenden* Ausmaß des Leidens und der *ernsthaft bevorstehenden* Einbuße von Gütern ab. Auch insoweit gerät also wieder das Opfer in seiner *Bedrohung* (oben II.) in den Blick.

4. Versuchen wir eine *erste Zwischenbilanz:* Es gibt eine strikt objektive Zurechnung zum Unrecht und damit Unrecht ohne Schuld i.S.v. Vorwerfbarkeit und dann auch Unrecht ohne Vorsatz-/Fahrlässigkeitsbezug. Sie findet sich beim Risikozusammenhang zwischen Handlung und Erfolg einschließlich des Erfolgseintritts (arg. § 24). Sie ergibt sich ausnahmsweise auch bei der Risikozurechnung dann, wenn das Geschehen von Anfang an einen vom an sich geeigneten Tatplan abweichenden adäquaten, objektiv zurechenbaren und gleichwertigen Verlauf nimmt. – Grundsätzlich setzt die objektive Erfolgszurechnung eine personale (§ 16) und individuelle (§§ 17, 20) Risikozurechnung voraus.

1983, S. 241 Fn. 139) wird hier also gerade nicht der vorsätzlich beendete (erfolgsgeeignete) Versuch plus (objektiv zurechenbarer) Erfolg mit der vorsätzlichen Vollendung gleichgesetzt. Hinzu kommen muß stets die – freilich präzisierungsbedürftige (vgl. auch unten X. 3.–5.) – objektive Gleichwertigkeit zwischen vorsätzlich geschaffenem und objektiv eingetretenem Risiko (sog. „Vorsatzadäquanz"). Und diese These scheint von dem neuerlichen Vorschlag von *Jakobs* (S. 241 ff., 184 ff.) weniger weit entfernt zu sein als es auf den ersten Blick anmutet: nach *Jakobs* „liegt eine vorsätzliche Erfolgsherbeiführung dann vor, wenn das vom Täter vorsätzlich geschaffene Risiko (allein oder zusammen mit einem anderen Risiko) den Schadensverlauf erklärt", der Erfolg m.a.W. „nicht nur *gelegentlich* dieses Risikos eintritt". Eben das ist mit dem Erfordernis der „objektiven Vorsatzadäquanz" oder auch mit dem *Roxin*'schen Kriterium der „Planverwirklichung" (FS f. Würtenberger, 1977, S. 119, 123), insgesamt also der „objektiven Zurechnung zur Vorsatztat" (*Rudolphi*, SK (Fn. 1), § 16, Rn. 31; a. dagegen Jakobs, a.a.O., S. 241 Fn. 139) gemeint. Sollte *Jakobs* freilich mit seinem sehr diskutablen und durchaus schon präzisierten normativen Ausgangspunkt häufiger zum Vollendungsausschluß gelangen, müßte man die Frage nach der kriminalpolitischen Überzeugungskraft seiner These stellen. Vgl. noch Fn. 58.

Der Täter muß wissentlich, mit Unrechtsbewußtsein und vorwerfbar ein rechtlich relevantes (adäquates, risikoerhöhendes, vom Normschutzzweck umfaßtes) Risiko schaffen, das sich „handlungsadäquat" im Erfolg realisiert. Im Falle des unwesentlich abweichenden Kausalverlaufs wird diese personale und individuelle Zurechnung des wirklichen Risikos dadurch ersetzt, daß der Täter nach seiner Vorstellung sowie mit Unrechtsbewußtsein und vorwerfbar ein gleichwertiges Planrisiko ins Werk setzt; die Gefährlichkeit seines an sich tauglichen Verhaltens wird dann freilich durch das wirkliche Risiko überlagert und „überholt". Nicht etwa wird also ein untaugliches Vorhaben mit objektiv zurechenbarer Risiko- und Erfolgsverursachung zu einer vollendeten Vorsatztat verschmolzen (dagegen oben I.). Vielmehr wird ein an sich tauglicher und vorwerfbarer Versuch ohne durchschlagendes Risiko und ohne durchschlagenden Erfolg mit einer „schlagkräftigeren" objektiv zurechenbaren Gefahr- und Verletzungsverursachung zu einer solchen Tat verbunden.

VI. Personale und individuelle Risikozurechnung bei „Risikoerhöhung" und „Normschutzzweck"; „Risikobereich des Strafbaren" und Unrechtstypisierung

1. Was nun die *personale und individuelle Risikozurechnung* im einzelnen angeht, so ist zunächst – etwa bei Vorsatzdelikten – ausgemacht, daß sich Vorsatz und Schuld auf Adäquanz, Risikoerhöhung und Normschutzzweck gleichermaßen zu beziehen haben; d.h. auch, daß hinsichtlich eines etwaigen Irrtums die Grundregeln der §§ 16 I, 17 eingreifen. Weder ist es so, daß insoweit Sonderregelungen – etwa §§ 113 IV, 136 IV analog[26] – Geltung beanspruchen, noch genügt z.B. hinsichtlich der Risikoerhöhung oder des Normschutzzwecks ein Fahrlässigkeitsbezug als Mindesterfordernis (ein Gedanke, der etwa bei der teleologischen

[26] *Sax*, JZ 1976, 430f.

Reduktion der §§ 186[27], 306 Nr. 2[28] in die Diskussion eingeführt worden ist). Das bedarf in mehrfacher Hinsicht der Erläuterung.

2. a) Die haftungseinschränkenden und zugleich unrechtsbegründenden Rechtsinstitute der *Risikoerhöhung* und des *Normschutzzwecks* verdanken ihre Entstehung der Erkenntnis, daß die Verbotsnormen den gefährlichen Eingriff in Rechtsgüter allgemein nicht ohne Rücksicht darauf untersagen können, ob die Einhaltung der Norm das Rechtsgut überhaupt (sicher) via Rettungsmöglichkeit geschützt hätte bzw. ob es nicht z. B. von seinem Träger oder Dritten vorsätzlich oder leichtfertig aufs Spiel gesetzt wird.[29] Sie umgrenzen damit das *„typische Unrecht"* bzw. – enger – den *„Risikobereich des Strafbaren"*. Sie sind ungeschriebene gesetzliche Unrechtsmerkmale i. S. der §§ 16 I, 17.[30] Ein Irrtum über ihre Voraussetzungen (i. R. der Parallelwertung in der Laiensphäre bzw. auch des Mitbewußtseins) schließt den Vorsatz aus.

b) Sie sind damit nicht auf eine Stufe zu stellen mit der teleologischen Reduktion von *Einzel*tatbeständen wie z. B. §§ 306 Nr. 2, 186. Bei § 306 Nr. 2 mit seiner hohen Strafdrohung und seinem mitbezweckten Lebensschutz mag es sinnvoll sein, ergänzend die zumindest fahrlässige Schaffung eines Todesrisikos zu fordern. Denn das objektive Todesrisiko und die subjektive Fahrlässigkeit bilden hier sozusagen den *Mindeststandard von Unrecht und Schuld*. Aber diese Überlegungen greifen nicht ein für die *allgemeinen*, sämtliche Straftatbestände (und dann auch § 306 Nr. 2 selbst) betreffenden Zurechnungsprinzipien der Risikoerhöhung und des Normschutzzwecks.

c) Für diese Zurechnungsinstitute gilt andererseits aber auch *nicht* die verschärfte „verbotsirrtumsähnliche" Regelung der §§ 113 IV, 136 IV, die den „Voraussetzungsirrtum" (Tatbestandsirrtum) ebenso erfaßt wie den Verbotsirrtum selbst. Denn eine solche Irrtumsregelung widerspricht grundsätzlich dem Prinzip der *Kongruenz* von Unrecht und Vorsatz sowie *von Unrecht und*

---

[27] *Hirsch*, Ehre u. Beleidigung, 1967, S. 168 ff., 198 ff., 203; *Rudolphi*, Systematischer Kommentar zum StGB (SK), Bd. 2, BT, 3. Aufl. 1984, § 186 Rn. 15.

[28] *Rudolphi*, FS f. Maurach, 1972, S. 60; *Schünemann*, JA 1975, 798; *Wolter* (Fn. 1), S. 276 ff., 296 ff.

[29] *Stratenwerth* (Fn. 3), Rn. 227; *Wolter* (Fn. 1), S. 31, 330 ff.

[30] Näher *Wolter* (Fn. 1), S. 350 ff.

Schuld und damit auch dem Grundsatz einer verhältnismäßigen gerechten Strafe ebenso wie dem general- und spezialpräventiven Ausgangspunkt des Strafrechts.

3. Dieses Verdikt bedeutet nun nicht ohne weiteres, daß eine Regelung wie in § 113 IV strafrechts- und verfassungswidrig sein muß. Es sind durchaus Straftatmerkmale denkbar, die keine objektiven Bedingungen der Strafbarkeit sind, sondern unrechtsbegründende Funktion haben, die aber schon außerhalb des „Risikobereichs des Strafbaren" liegen. Auch sie typisieren noch das Unrecht (wäre die „Rechtmäßigkeit der Diensthandlung" in §§ 113, 136 nicht ein solches unrechtstypisierendes Merkmal, so wäre noch nicht einmal das konkrete Schutzobjekt der staatlichen Verstrickungsgewalt in § 136 begründet und würde § 113 zu einer obrigkeitsstaatlichen Bestimmung entwertet).[31] Dazu zählen im Anschluß an *Armin Kaufmann* die *„Verfassungsmäßigkeit der Norm"* und die *Amtsbefehle.*[32] Das Unrecht der Straftat ist bereits „vor" diesen Merkmalen *hinreichend* – wenn auch noch nicht vollständig – typisiert. Es vermag eine *Warnfunktion* auszuüben. Der Täter begibt sich in den Risikobereich des Strafbaren. Zu seinen Lasten spricht (faktisch) die „Vermutung des Rechtswidrigen". Sein Irrtum kann nur noch das Unrecht der ganz konkreten Tat, die Gültigkeit der übertretenen Norm, betreffen. Er wäre in jedem Fall – auch bei Verkennung der Merkmals*voraussetzungen* – ein Verbotsirrtum. Und er wäre – ganz entsprechend § 113 IV und entgegen § 17 – ein *positiver* Irrtum.[32a]

4. All' diese Erwägungen gelten nun aber für Risikoerhöhung und Normschutzzweck nicht. Der Täter hat bei dem eingangs (VI.2.) skizzierten verbotsnormtheoretischen Ausgangspunkt durchaus noch nicht den „Risikobereich des Strafbaren" erreicht, wenn unter dem Aspekt voller personaler und individueller Risikozurechnung neben der Adäquanz nicht z. B. auch noch nach hypothetischen Rettungsmöglichkeiten bzw. mutwilliger Rechts-

---

[31] *Rudolphi*, SK (Fn. 27), § 136, Rn. 30; *Sax*, JZ 1976, 15 f. m. Fn. 42; *Wolter* (Fn. 1), S. 162.

[32] Lebendiges und Totes in Bindings Normentheorie, 1954, S. 96 ff., 158 f.

[32a] Da entsprechende unrechtsausschließende Umstände nicht aufzufinden sind, ergeben sich auch insoweit Bedenken gegen die Lehre vom „Gesamtunrechtstatbestand" (dazu *Wolter* [Fn. 1], S. 133 ff., 143 ff., 360).

gutsgefährdung z. B. durch den Rechtsgutsträger oder Dritte gefragt worden ist.

VII. Die Zurechnung bei objektiven Strafbarkeitsbedingungen

Die Überlegungen zur „Rechtmäßigkeit der Diensthandlung" und ähnliche Merkmale (VI.3.) lassen sich nun nicht so verstehen, daß für sog. *„objektive Bedingungen der Strafbarkeit"*, soweit sie richtigerweise bereits Unrechtsrelevanz besitzen, eine den §§ 113, 136 entsprechende Regelung eingreifen soll.[33] Vielmehr ist bei den objektiven Strafbarkeitsbedingungen in *dreifacher* Weise zu unterscheiden, wobei die Dinge nach wie vor weitgehend unabgeklärt sind.

1. Es gibt zunächst eine Reihe von objektiven Strafbarkeitsbedingungen, die jenseits von Unrecht und Schuld anzusiedeln sind und deshalb allein die *Strafbedürftigkeit* betreffen. Dazu gehören etwa das „Bestehen diplomatischer Beziehungen und die Verbürgung der Gegenseitigkeit" in § 104a und die Rauschtat in § 323a, soweit man den Vollrauschtatbestand als abstraktes Gefährdungsdelikt begreift und schon das generell gefährliche schuldhafte Sichberauschen für strafwürdig erkennt[34]; das Erfordernis der Rauschtat führt hier zur Strafbarkeitseinschränkung.

2. Sofern man hingegen – und das ist die zweite Unterscheidung – etwa bei § 323a wegen der hohen Strafdrohung und vor allem angesichts des § 323a II die Rauschtat als *vollwertiges unrechtsbegründendes Merkmal* ansieht, empfiehlt sich auch eine volle Schuldbeziehung – z. B. auch i.S.v. § 17.[35] Denn der Täter hat mit dem bloßen schuldhaften Sichberauschen und dem schuldlosen Verwirklichen der Rauschtat durchaus noch nicht den „Risikobereich einer bis zu fünfjährigen Freiheitsstrafe" überschritten.

3. Schwierigkeiten bildet die dritte Gruppe von Strafbarkeitsbedingungen, etwa der „Tod eines Menschen" in § 227. Ausge-

[33] Vgl. aber *Sax*, JZ 1976, 430.
[34] Näher *Wolter*, NStZ 1982, 55 ff.
[35] *Wolter* (Fn. 34). Ein voller „natürlicher" Vorsatzbezug ist ohnehin gegeben.

macht scheint angesichts der beträchtlichen Strafdrohung zunächst, daß die Verursachung einer Tötung zur Unrechtstypisierung zählt.[36] Man wird sogar noch weitergehen und annehmen müssen, daß die Schaffung eines Todesrisikos (und seine Realisierung) zur Umgrenzung des „Risikobereichs des Strafbaren" gehören und erst von der Herbeiführung dieser Tötungsgefährlichkeit eine Warnfunktion ausgeht. Insofern entfällt auch hier der Rechtsgedanke des § 113 IV. – Andererseits widerspricht eine volle Bindung an die §§ 16 I, 17 dem Willen des Gesetzgebers und dem Wortlaut des § 227. Bei der Rauschtat ist diese Bindung vor allem (und ausnahmsweise) wegen § 323a II anzustreben. – Vorzuschlagen ist deshalb – ähnlich wie bei §§ 186, 306 Nr. 2 (oben VI.2.b), sich auf das Mindesterfordernis und den „kleinsten gemeinsamen Nenner" der *subjektiven Fahrlässigkeit* zu beschränken. Der Täter des § 227 muß also zumindest fahrlässig ein Todesrisiko schaffen, das sich dann objektiv zurechenbar im Tod eines Menschen realisiert.

VIII. „Personalisierung" der objektiven Zurechnung und Objektivierung der personalen Zurechnung

1. Es besteht Anlaß zu einer *zweiten* kurzen *Zwischenbilanz.* Die *objektive Zurechnung* zum Unrecht ist in mehrfacher Hinsicht zu *„personalisieren"* (und zu individualisieren). Einmal basiert sie auf einer personalen (und individuellen) Risikozurechnung (IV., V.1.). Deshalb sind auch *allgemeine* Zurechnungsinstitute wie Risikoerhöhung und Normschutzzweck im Bereich der Risikozurechnung den Regeln der §§ 16 I, 17 zu unterwerfen. Sie typisieren auf einer ersten Stufe das Unrecht und umgrenzen den „Risikobereich des Strafbaren" (VI.2.).

Davon zu unterscheiden sind solche objektiven Unrechtsmerkmale, die zwar ebenfalls zur „Warnfunktion" des Unrechts beitragen, die aber wegen ihrer Besonderheit für einen *einzelnen* Straftatbestand mit dem personalen Bezug der subjektiven Fahrlässig-

[36] Vgl. insoweit a. *Sax,* JZ 1976, 430; anders etwa *Eser,* Strafrecht III, 2. Aufl., 1981, Fall 9 A 48.

keit als Mindeststandard auskommen (Tod bzw. präziser: Todesrisiko in § 227) (VII.3.).

Unrechtsmerkmale hingegen, die zwar noch das Unrecht typisieren, jedoch bereits jenseits des „Risikobereichs des Strafbaren" anzusiedeln sind (z. B. „Verfassungsmäßigkeit der Norm"), können mit einer verschärften verbotsirrtumsähnlichen Regelung und (wiederum) ohne das Erfordernis des Vorsatzbezuges ausgestattet werden. Davon hat der Gesetzgeber in §§ 113, 136 bezüglich der „Rechtmäßigkeit der Diensthandlung" Gebrauch gemacht (VI.3.).

2. Auf der anderen Seite ist nun aber die Zurechnungslehre zum Teil auch zu *„entpersonalisieren"* (und zu „entindividualisieren"). Auch das mag überraschen, ist aber in zweifacher Hinsicht erforderlich. Einmal kleidet man zahlreiche objektive Zurechnungsprobleme in ein Vorsatz- oder Schuldgewand, obwohl die darin steckende objektive Fragestellung die primäre ist.[37]

Im Erbonkel-Gewitter-Fall etwa scheitert die Zurechnung nicht erst am Vorsatz, sondern bereits an dem unbeachtlich geringen objektiven Todesrisiko. Ebenso enthalten die verschiedenen „schuldadäquaten" Lösungen bei § 323a (z. B. Nichtvoraussicht „irgendeiner" rechtswidrigen Rauschtat) bereits eine vorgeschaltete objektive Einschränkung.[38] Allerdings sind Vorsatz- bzw. Schuldausschluß hier immerhin in zweiter Linie ebenfalls zu befürworten.[39]

Anders liegt es bei den unwesentlichen Abweichungen im Kausalverlauf (oben V.). Hier bedeutet die Ansiedlung des Problems im Vorsatzbereich[24] eine unrichtige Einordnung. Das von Anfang an abweichende Risiko (etwa im Brückenpfeiler-Fall; V.3.) wird strikt objektiv (zur Vorsatztat) – und nicht etwa auch in zweiter Linie subjektiv – zugerechnet. Die personale Zurechnung ist hier zu *„objektivieren"*.

---

[37] Dazu grundlegend *W. Frisch*, Vorsatz und Risiko, 1983.

[38] *Lackner*, JuS 1968, 218.

[39] *Roxin*, FS f. Honig, 1970, S. 137; *Wolter* (Fn. 1), S. 79 m. Fn. 56, S. 182.

IX. Strikt objektive Zurechnung zum Unrecht

Nach allem läßt sich auch Abschließendes zur strikt objektiven Zurechnung zum Unrecht sagen. Sie kommt stets dann in Betracht, wenn die personale (und individuelle) Zurechnung nicht *„erforderlich"*, an anderer Stelle *„verbraucht"* oder der Natur der Sache nach *„unmöglich"* ist. Die bisherigen Erörterungen haben für jede dieser Fallgruppen auch schon Beispiele hervorgebracht. So ist die personale und individuelle Zurechnung *nicht erforderlich* bei der Deliktsspanne zwischen Handlung und Erfolg (Risikozusammenhang) einschließlich des Erfolgseintritts (arg. § 24). – Sie ist gleichsam *„verbraucht"* bei den zuvor genannten unwesentlichen Abweichungen im Kausalverlauf. Während das eigentliche Risiko strikt objektiv zugerechnet wird, beziehen sich Vorsatz und Schuld auf eine andere, an sich geeignete, im konkreten Fall jedoch von dem wirklichen Risiko überlagerte bzw. „überholte" Gefährlichkeit (oben V.).

Der Fall der unwesentlichen Kausalabweichungen birgt jedoch gleichzeitig auch die dritte Fallgruppe – die *„Unmöglichkeit"* der personalen Zurechnung – in sich. Wie schon ausgeführt (oben V.), reicht es für die Zurechnung einer vollendeten Vorsatztat nicht hin, daß der Täter das *eine* adäquate und objektiv zurechenbare Risiko schafft und (nur) eine *andere* Gefährlichkeit des Verhaltens vorwerfbar will und ins Werk setzt. Vielmehr müssen Realrisiko und Planrisiko *„qualitativ gleichwertig" (objektiv „vorsatzadäquat")* sein.[25] Das wirkliche objektive Risiko muß spezifisch in dem bewußt und vorwerfbar ins Werk gesetzten Planrisiko mitangelegt sein. Erst dann tritt die Verletzung „in Ausführung" und nicht nur „gelegentlich" der Tat ein.[25] In dem Brückenpfeiler-Beispiel etwa ist der tödliche Aufprall des Opfers auf dem Pfeiler in dem vorsätzlichen und vorwerfbaren Stoß eines Schwimmunkundigen vom Brückengeländer nicht nur objektiv vorhersehbar, sondern typisch und spezifisch mitenthalten. Diese Frage der qualitativen Gleichheit und Vorsatzadäquanz ist ein strikt objektives, vom Richter zu entscheidendes Problem. Mit Vorsatz und Vorwerfbarkeit – jeweils allein auf das *Plan*risiko bezogen und dort „verbraucht" – hat sie nichts zu tun. Der Richter betreibt insoweit strikt objektive Risikozurechnung. Der

Täter braucht weder um das Realrisiko noch vermag er dann um dessen Gleichwertigkeit mit dem Planrisiko zu wissen.[39a]

X. Objektive Risiko- und Erfolgszurechnung bei der aberratio ictus

Eine ganz ähnliche Fragestellung begegnet uns bei der neuerdings wieder heftig umstrittenen *aberratio ictus,* obwohl sie – um das gleich vorwegzunehmen – *kein* eigentlicher Fall der Abweichung vom Kausalverlauf ist.[40] Auch bei ihr stellt sich das Problem der „qualitativen Gleichwertigkeit" und „*objektiven* Vorsatzadäquanz". Freilich wird der objektive Betrachter hier jedenfalls im Regelfall – anders als bei den Fällen der herkömmlichen Kausalabweichung – *gegen* die Gleichwertigkeit entscheiden. Dies alles mag unvertraut klingen, läßt sich aber begründen.

1. Was zunächst die *Unvereinbarkeit* der *aberratio ictus* mit den Fallkonstellationen der herkömmlichen *Abweichung im Kausalverlauf* (unter Einschluß des *dolus generalis*) angeht, so liegt ein Unterschied offen zutage. Während bei der Kausalabweichung lediglich die *Art und Weise* der Erfolgsherbeiführung bei einem vom Täter konkretisierten und *identischen* Tatopfer anders ausfällt als geplant, wird bei der aberratio ictus (zusätzlich) ein *anderes* als das vom Täter konkretisierte Opfer verletzt.[41] Der auf X adäquat „angelegte" Schuß auf weite Entfernung tötet unbeabsichtigt, aber durchaus ebenfalls noch objektiv voraussehbar Y. Man könnte insoweit von einer „erheblich gesteigerten Kausalabweichung" sprechen. Nicht nur der *Weg* zum identischen Erfolg ist ein abweichender; vielmehr wird auf diesem „Irrweg" auch ein

---

[39a] Straftatsystematisch schließt sich an die Fragen der objektiven und subjektiven Tatbestandsmäßigkeit das objektive Annexproblem der Gleichwertigkeit von objektiv tatbestandsmäßigem Realrisiko (und Erfolg) und vorsätzlich verwirklichtem Planrisiko an; vgl. a. *Samson,* Strafrecht I, 5. Aufl., 1983, Fall 17, S. 94f.

[40] Anders etwa *Welzel,* Das Deutsche Strafrecht, 11. Aufl., 1969, S. 73.

[41] Vgl. a. *Eser,* Strafrecht I, 3. Aufl., 1980, Fall 18 A 15.

anderes Opfer getroffen. Die aberratio ictus ist ein *Sonder- und Extremfall der Kausalabweichung.*

Sieht man die Dinge so, dann lassen sich auf Anhieb ganz verschiedene Lösungsansätze bei der aberratio ictus problematisieren. Wer sich etwa in teilweiser und ausdrücklicher Anlehnung an die Kausalabweichungslehre mit der bloßen objektiven Vorhersehbarkeit des abweichenden Geschehens begnügt[42], verlangt für die vollendete vorsätzliche Tötung des Y entschieden weniger als bei der weniger gravierenden herkömmlichen Kausalabweichung. Er verzichtet auf die zusätzliche *Gleichwertigkeitsprüfung,* die darüber hinaus bei der aberratio wegen der fehlenden Opferidentität zwangsläufig engeren Voraussetzungen unterliegen muß. – Andererseits ist es entgegen der h. L. (Versuch gegenüber X; fahrlässige Tötung des Y) durchaus nicht ausgemacht, daß diese Gleichwertigkeitsprüfung stets zugunsten des Täters ausgehen muß[43] und damit im Ergebnis ebenfalls für überflüssig erklärt wird. Wenn dem Täter die Identität des konkretisierten Opfers von vornherein[44] letztlich gleichgültig ist[45] bzw. diese Konkretisierung vollkommen unmotiviert erscheint[46], kann bei einer Abirrung des Tatmittels (wie noch zu zeigen sein wird) durchaus eine vollendete Straftat in Betracht kommen.

Weiterhin kann die – regelmäßige – Versuchslösung nicht darauf gestützt werden, daß der Täter den wirklichen Kausalverlauf nicht in seinen wesentlichen Zügen vorausgesehen habe.[47] Denn auf eine solche subjektive Beziehung kann es ebensowenig wie bei der herkömmlichen Kausalabweichung ankommen. Auch erfaßt § 16 einen solchen Irrtum nicht. Die Konkretisierung des Tatop-

---

[42] Z. B. *Welzel* (Fn. 40), S. 73 (im Widerspruch zum Erfordernis der finalen Überdetermination; vgl. a. *Samson* (Fn. 39a), Fall 18, S. 97; dagegen *Puppe,* GA 1981, 18).

[43] Vgl. a. *Herzberg,* JA 1981, 471; *Prittwitz,* GA 1983, 111.

[44] Zur Vermeidung des Einwands „dolus subsequens“ (vgl. *Schroeder,* LK – Fn. 3 –, § 16, Rn. 10).

[45] In dieser Richtung *Herzberg,* JA 1981, 473; *Roxin,* FS f. Würtenberger, 1977, S. 123; *Rudolphi,* ZStW 86 (1974), 96 f.; *Schroeder* (Fn. 44); *Dreher/Tröndle* (Fn. 24), § 16, Rn. 6; *Wolter,* FS f. Leferenz, 1983, S. 551; anders – nicht überzeugend – *Prittwitz,* GA 1983, 132 f.

[46] *Schroeder,* a.a.O. (Fn. 44).

[47] So aber *Backmann,* JuS 1971, 118.

fers gehört nicht zu den irrtumsrelevanten Merkmalen.[48] – Insofern ist es – umgekehrt – im Ergebnis auch unerheblich, ob der Täter hinsichtlich des Opfers Y einen Gattungsvorsatz hat.[49] Diese Frage (und Parallele zum error in persona) interessiert erst gar nicht, und ihre Bejahung ist Fiktion.[50]

Vielmehr haben wir es mit einem *Sonderproblem* zu tun, das *mitten* zwischen den Fronten von error in persona bzw. Tatbestandsirrtum und herkömmlicher Kausalabweichung anzusiedeln ist. Es geht allein um die *normative* Frage, wie man außerhalb der subjektiven Zurechnung nach § 16 einerseits und außerhalb der objektiven Risiko- und Erfolgszurechnung bei der herkömmlichen Kausalabweichung andererseits dem Fehlschlag[51] der Tat Herr wird. Es geht um eine Lösung, die das Schuldprinzip sowie spezial- und generalpräventive Erfordernisse ebenso im Auge behält wie die Rechtsüberzeugung des Bürgers.

2. Dabei wird freilich fast durchweg übersehen, daß sich einige Parade-Beispiele der aberratio ictus schon mit den allgemeinen Zurechnungsregeln (oben V.) ohne irgendeine zusätzliche „Gleichwertigkeitsprüfung“ – d.h. hier letztlich schon mit Adäquanzüberlegungen i.S. „objektiver Vorhersehbarkeit“ – sinnvoll lösen lassen und der genannten zusätzlichen normativen Betrachtung von vornherein nicht bedürfen. Sie können als *„unechte“ Fälle der aberratio ictus* aus der Betrachtung ausscheiden.

a) So liegt es etwa in dem Fall, daß T ex ante objektiv erkennbar falsch (untauglich) gegenüber X zielt und objektiv vorhersehbar den danebenstehenden Y trifft. Schon die allgemeine Zurechnungslehre (ohne zusätzliche „Gleichwertigkeitsprüfung“) schließt in diesem Beispiel die vollendete Vorsatztat gegenüber Y aus. Denn ein *untauglicher* Versuch läßt sich nicht mit einer objektiv zurechenbaren Risiko- und Erfolgsverursachung zu einem vollendeten Vorsatzdelikt verschmelzen (oben I.). Das von T ins Auge gefaßte und realisierte Angriffsmittel ist X gegenüber ob-

---

[48] Insoweit zutreffend *Herzberg*, JA 1981, 371; *Puppe*, GA 1981, 3.

[49] Damit befürwortet etwa *Loewenheim*, JuS 1966, 310, die Vollendungstat.

[50] *Rudolphi*, SK (Fn. 1) § 16, Rn. 33; *ders.*, ZStW 86 (1974), 96; vgl. aber a. (klarstellend) *Schroeder*, LK (Fn. 3), § 16, Rn. 8, Fn. 8.

[51] Vgl. a. *Eser* (Fn. 41), Fall 18 A 17; *Schroeder*, LK (Fn. 3), § 16, Rn. 9; *Stratenwerth* (Fn. 3), Rn. 284.

jektiv ungeeignet. Der objektiv zurechenbare Erfolg beruht nicht auf der Schaffung eines zugleich *objektiv und personal* zurechenbaren wirklichen Risikos. Es fehlt am *„objektiv-personalen Unrechtszusammenhang"*. Es liegt anders als im Brückenpfeiler-Beispiel (oben V.3.) – dem Parade-Fall der Kausalabweichung. Denn hier wird das *an sich taugliche* und personal zurechenbare Planrisiko lediglich überlagert und „überholt" durch das dann tödliche Realrisiko.

b) Der zweite unechte Fall der aberratio ictus ist aus dem Bündel von Beispielen genommen, die die unabgrenzbare Nähe zum error in persona belegen sollen.[52] In dem hier herausgegriffenen Fall bringt T als Kellner verkleidet vergifteten Cognac in das Hotelzimmer seines Todfeindes X; er hört im Bad Geräusche des Hotelgastes, bei dem es sich jedoch um Y handelt, mit dem X vorsichtshalber das Zimmer getauscht hat. Der Zimmertausch und dann auch der Tod des Y – so mag man das Beispiel zunächst einmal konkretisieren – ist für den objektiven Betrachter erst nachträglich erkennbar, ex ante also objektiv unvorhersehbar. In diesem Fall muß m. E. eine vollendete Vorsatztat schon deshalb ausscheiden, weil T ex ante betrachtet zwar einen vorsätzlich-tauglichen, adäquaten und objektiv zurechenbaren Tötungsversuch (gegenüber X) begeht, der sich jedoch nicht auf adäquate und objektiv zurechenbare Weise realisiert. Denn X wird nicht getötet, und die schließliche Tötung des Y ist vom Standpunkt der Beendigung des Versuchs (Hinstellen und Anbieten des Cognacs) objektiv unvorhersehbar. Dann aber – so könnte man einen zweiten allgemeinen Zurechnungssatz formulieren – fehlt es am adäquaten *„objektiven Unrechtszusammenhang"* („Risikozusammenhang") zwischen Handlung und Erfolg. Der Erfolg ist nicht die konsequente, objektiv vorhersehbare Fortentwicklung des zurechenbar geschaffenen Risikos. Er ist – vom (objektiven)

---

[52] *Herzberg*, JA 1981, 473; vgl. a. *Jakobs* (Fn. 25), S. 248 mit dem hier (d. h. bei *objektiver* Unvorhersehbarkeit des konkreten Tatopfers) nicht überzeugenden arg. der „tatbestandlich irrelevanten Zusatzindividualisierung" (vgl. aber Fn. 57); ähnlich *Blei*, Strafrecht I, AT, 18. Aufl., 1983, S. 121 f.; *Schroeder*, LK (Anm. 3), § 16, Rn. 13; *Backmann*, JuS 1971, 119; *Prittwitz*, GA 1983, 119, 127 ff., 130 m. dem anfechtbaren Kriterium der „sinnlichen Wahrnehmung des Angriffsobjekts" (vgl. a. den Schneeball-Fall im Text unter 4.).

Standpunkt des gefährlichen Verhaltens aus gesehen – *nicht „handlungsadäquat"*, sondern *Zufall*. Mangels objektiver Vorhersehbarkeit des Gesamtgeschehens kommt bezüglich Y weder Zurechnung zur vorsätzlichen Vollendungstat – nicht einmal zum Versuch – noch zum Fahrlässigkeitsdelikt in Betracht.

Daß wir es nicht mit der eigentlichen Konstellation der aberratio ictus zu tun haben, zeigt sich weniger daran, daß hier – neben der Versuchsstrafbarkeit bezüglich X – gerade nicht der zusätzliche Fahrlässigkeitsvorwurf in Bezug auf Y erhoben werden kann. Es wird deutlicher, wenn man den Fall in eine herkömmliche Kausalabweichungskonstellation ummünzt. Kommt etwa das in Tötungsabsicht lebensgefährlich verletzte Opfer durch einen Unfall des Krankenwagens oder bei einem Krankenhausbrand zu Tode, so ist durchaus für einen bloßen (tauglichen) Versuch des Totschlags zu plädieren.[53] Der konkrete Erfolgseintritt ist wiederum – vom (objektiven) Standpunkt des lebensgefährlichen Verhaltens aus betrachtet – nicht „handlungsadäquat", sondern Zufall. – Doch bleibt einzuräumen, daß man die Dinge nicht zwangsläufig so sehen muß. Man mag sich jeweils mit der Tauglichkeit des Angriffsmittels begnügen.[54]

c) Wollte man die hier verfochtene Auffassung auf eine Formel bringen, so ließe sich sagen, daß jedenfalls für die *objektive* Voraussicht (Voraussehbarkeit) – wenn auch nicht zwingend für den Tätervorsatz i.S.v. § 16 – die *Opferindividualität* von grundsätzlich entscheidender Bedeutung ist. Der objektive Betrachter kann weder über die Tauglichkeit oder Untauglichkeit eines Versuchs (im unter a) genannten Fall des falschen Zielens) noch über die Tauglichkeit des Gesamtgeschehens und damit auch des Risikozusammenhanges zwischen Handlung und Erfolg (im Cognac-Beispiel) ohne Rücksicht auf das ganz konkrete Tatopfer entscheiden – jedenfalls dann, wenn nach dem Tatplan das Opfer konkretisiert ist. Insofern ist das Cognac-Beispiel weniger ein Fall für eine „echte" aberratio ictus (oder gar – wie z. B. *Herzberg*[52] meint – für einen zur Vollendung führenden error in persona) als

[53] *Puppe*, GA 1981, 16; *Wolter*, ZStW 89 (1977), 684.

[54] So *Schroeder*, LK (Fn. 3), § 16, Rn. 29; *ders.*, GA 1979, 321, 328; dagegen *Wolter*, FS f. Leferenz, 1983, S. 551.

ein solcher der allgemeinen objektiven (Risiko- und Erfolgs-) Zurechnungslehre.

3. Das ändert sich freilich unversehens, wenn man solche Grenzfälle dahin abwandelt bzw. so sieht, daß z.B. im Cognac-Fall der Zimmertausch und die Gefährdung des Y zumindest *objektiv* erkennbar sind. Dann stehen wir bei dem zweiten und *echten* Parade-*Beispiel der aberratio ictus,* das insbesondere bei einer vergleichbaren Konstellation erhebliche praktische Bedeutung besitzt: T zielt auf X und trifft – (nur) objektiv vorhersehbar – den sich schützend und rettend dazwischenwerfenden Y. Allerdings ist hier auch gleich eine Besonderheit zu vermerken. Die Kugel oder der Schlag braucht nicht mehr abzuirren, sondern nimmt „gradlinig" den Weg zum falschen, nicht konkretisierten Opfer.[55] Aber man mag sich den Fall – um alle Möglichkeiten abzudecken – auch so denken, daß darüber hinaus auch das Tatmittel – wegen der Weite der Entfernung ebenfalls objektiv nicht unvorhersehbar – einen abweichenden Verlauf nimmt. In jedem Fall entscheidend ist, daß das Planwidrige in *jeder* Phase des Geschehens objektiv erkennbar ist und realisiert wird. Und diese Parade-Fälle der aberratio ictus lassen sich auch – um einen letzten Einwand abzuschneiden – klar von Grenzfällen des error in persona abschichten.[56] Verwählt sich etwa der Telefonbeleidiger T und beschimpft Y statt X, so ergibt sich der unbeachtliche error in persona daraus, daß die Abirrung noch in der strafrechtlich irrelevanten Vorbereitungsphase eintritt[57] und ihren Abschluß findet. Die Tatmittel im Ausführungsstadium (Schimpfworte) nehmen gerade nicht einen planwidrigen Verlauf auf ein falsches, nicht konkretisiertes Opfer.

Bleiben wir nach allem bei dem Ausgangsfall des sich objektiv erkennbar dazwischenwerfenden Retters Y. Es handelt sich um eine aberratio ictus. Doch sowohl die allgemeine objektive Zu-

---

[55] S.a. *Herzberg,* JA 1981, 472 Fn. 37; *Schroeder,* LK (Fn. 3), § 16, Rn. 9.

[56] Vgl. aber a. *Herzberg,* JA 1981, 474; *Puppe,* GA 1981, 4; *Prittwitz,* GA 1983, 134.

[57] S.a. *Backmann,* JuS 1971, 119; *Jakobs* (Fn. 25), S. 248 mit dem arg. der tatbestandlich irrelevanten Zusatzindividualisierung; *Roxin,* FS f. Würtenberger, 1977, S. 123 Fn. 53; dagegen *Puppe,* GA 1981, 17.

rechnungslehre (d.h. die Regeln vom Adäquanzzusammenhang i.S. objektiver Vorhersehbarkeit, vom Schutzzweckzusammenhang sowie von der Risikoerhöhung) wie die subjektive Zurechnung nach §·16 gebieten eine vollendete vorsätzliche Tat. Denn § 16 nimmt auf die Konkretisierung des Opfers keine Rücksicht. Und die Verletzung des Y beruht auf einem objektiv und personal zurechenbaren Risiko (das für X in Gang gesetzt und durch Y gleichsam überlagert und „überholt" wurde).

Dennoch sind an der Vollendungsstrafe erhebliche Zweifel angebracht. Denn außer Betracht geblieben ist insoweit der *zweite* – objektive – Zurechnungsschritt der Kausalabweichungslehre. Dort wird nach der *Gleichwertigkeit* (objektiven „Vorsatzadäquanz") von geplantem und realem Geschehensablauf gefragt. Wenn diese Gleichwertigkeitsprüfung aber schon bei der Abirrung im *Weg* zum identischen konkretisierten Erfolg erforderlich ist, dann ist sie bei der aberratio ictus ***unabdingbar.*** Denn hier liegt entweder eine schwerer wiegende Abweichung im *Opfer selbst* oder sogar ***beides zugleich*** vor: sowohl der Weg zum Erfolg als auch das Opfer entsprechen nicht dem Tatplan. In beiden Fällen – auch dann, wenn das Tatmittel nicht abirrt – wird man zugeben müssen, daß die „Vorsatzferne" des objektiven Geschehens erheblicher ist als bei der herkömmlichen Kausalabweichung im Weg zum Erfolg. Der Täter ist von dem Fehlgehen seiner Handlung stärker betroffen, wenn nicht das allein ausersehene Tatopfer – dessen Konkretisierung (schon objektiv) motiviert erscheint – getroffen wird. Das eigentliche Opfer wird hier nicht *„in Ausführung"*, sondern nur *„gelegentlich"* der Tat verletzt.[58] Insofern wird die objektive Gleichwertigkeitsprüfung in aller Regel gegen die Vorsatzadäquanz und damit zugunsten eines *Versuchs* i.V.m. *fahrlässiger Tat* ausfallen müssen. Dies steht auch im Einklang mit dem Schuldprinzip sowie spezial- und generalpräventiven Erfordernissen, wobei einzuräumen ist, daß die Maßstäbe bei der

[58] Zu dieser Unterscheidung von „in Ausführung" und „gelegentlich" der Tat vgl. *Burgstaller*, Das Fahrlässigkeitsdelikt im Strafrecht, 1974, S. 110 u. *Wolter* (Fn. 1), S. 343 (zum Schutzzweck der Norm); *Wolter*, JuS 1981, 175 m.N. (zum erfolgsqualifizierten Delikt); *Jakobs* (Fn. 25), S. 241 ff. (zur Kausalabweichung; dazu a. oben IX.).

Gleichwertigkeitsprüfung der Klärung im einzelnen harren (vgl. aber 4.).

4. Freilich gibt es – wie schon angedeutet – konsensfähige Ausnahmen von der Versuchsstrafe. Sie betreffen diejenigen Fälle, in denen dem Täter (und dann auch dem objektiven Betrachter) die *Identität* des *konkretisierten* Tatopfers *von vornherein* letztlich *gleichgültig* ist bzw. die Konkretisierung des Rechtsgutsträgers (auch objektiv) *unmotiviert* erscheint und damit der Tatentschluß bezüglich des einen Opfers auch a limine den Vorsatz bezüglich eines anderen Opfers mitgetragen hätte.[45] Die Verletzung des eigentlichen Opfers geschieht hier durchaus „in Ausführung der Tat". So liegt es etwa in dem Beispiel, daß T den erst(best)en Passanten A mit einem Schneeball treffen will, jedoch – mit bzw. ohne Abirrung des Balls – den dahintergehenden bzw. eilig vorgehenden Passanten B trifft. Hier läßt sich das vorsätzliche und ex ante objektiv geeignete Handeln (gegenüber A) ausnahmsweise mit dem tatbestandlich entsprechenden (Körperverletzung „eines anderen" i. S. von § 223) und zudem „gleichwertigen" objektiv zurechenbaren Risiko und Erfolg (gegenüber B) zu einem vollendeten Vorsatzdelikt gegenüber B verschmelzen.

Diese Verschmelzung ist möglich, weil § 16 den Irrtum des Täters über das konkrete Handlungsobjekt und den konkreten Kausalverlauf nicht erfaßt. Und sie ist normativ begründbar und kriminalpolitisch sinnvoll, weil die Verletzung des B anstelle des A den Täter nicht als Fehlschlag betroffen machen und die Allgemeinheit insofern nicht als Zielverfehlung „erschüttern" kann.[58a] Die objektive Gefährdung und Verletzung des eigentlichen Opfers B ist angesichts der (auch objektiv) unmotivierten, gleichgültigen und fast wahllosen Opferbestimmung durch T noch spezifisch mit dem Inswerksetzen („Ausführen") des Planrisikos gegenüber A verbunden und keine bloße Beeinträchtigung „gelegentlich" dieser Vorsatztat.[25]

5. Versuchen wir nach allem an den Ausgangspunkt der Überlegungen zurückzukehren. Es ging um die Frage, ob es sich bei der („echten") aberratio ictus um ein subjektives oder ein objekti-

---

[58a] Vgl. zur Begründung dieses individual- und generalpräventiven Aspekts i. R. der erfolgsqualifizierten Delikte *Wolter*, GA 1984, Heft 7.

ves Zurechnungsproblem handelt, ob also mit der h. L. der *Vorsatz*[59] oder ob die *objektive* (Nicht-)*Zurechnung* von Risiko und Erfolg betroffen ist (wobei der *Erfolg* stets lediglich *objektiv* zugerechnet wird; oben IV.). Für beide Einordnungen läßt sich etwas vorbringen, obwohl sedes materiae weder § 16 noch die Gleichschaltung mit dem error in persona noch die Gleichstellung mit der herkömmlichen Kausalabweichung ist. Die aberratio ictus behauptet ihre *Eigenständigkeit* zwischen Tatbestandsirrtum und error in persona einerseits und herkömmlicher Kausalabweichung andererseits.[60] Für die subjektive Zurechnung spricht immerhin, daß das Hauptaugenmerk auf der Vorsatzkonkretisierung liegt. Eben weil der Täter das nicht vom Vorsatz konkretisierte andere Opfer trifft, soll die vorsätzliche Vollendungstat regelmäßig ausgeschlossen werden. *Herzberg*[61] spricht von einem „vollendungsausschließenden Tatverlaufsirrtum".

Doch spricht mehr für Einordnung als strikt *objektives*, vom Richter zu entscheidendes *Zurechnungsproblem*. Das zeigt schon der Schneeball-Fall, also das Beispiel, bei dem trotz einer aberratio ictus eine vollendete Vorsatztat in Betracht kommt. Wenn hier der (vorsätzliche) Körperverletzungsversuch gegenüber A mit dem objektiv zurechenbaren Körperverletzungsrisiko und -erfolg gegenüber B zu einer vorsätzlichen Vollendungstat verschmolzen wird, so braucht sich der (Vorsatz-)Täter über das Realrisiko und dessen Gleichwertigkeit mit dem Planrisiko keine Gedanken zu machen. Der Vorsatz des Täters ist mit dem Inswerksetzen des Körperverletzungsplans gegenüber A „verbraucht". Die Vorsatzfrage ist bereits gelöst. Insofern scheint es systemgerecht, auch

---

[59] Etwa *Jescheck*, Lehrbuch des Strafrechts AT, 3. Aufl., 1978, S. 251; *Otto* (Fn. 24), S. 87; *Lackner* (Fn. 24), § 15, Anm. II 2a bb; *Rudolphi*, SK (Fn. 1), § 16, Rn. 33; *Schmidhäuser*, AT, 2. Aufl., 1975, 10/45 u. Studienbuch, 2. Aufl. 1984, 7/55f.; s.a. *Schroeder*, LK (Fn. 3), § 16, Rn. 9; *Wolter*, ZStW 89 (1977), 650 Fn. 5; *Jakobs* (Fn. 25), S. 247.

[60] Vgl. jetzt a. *Kienapfel*, Strafrecht, AT, 3. Aufl., 1983, S. 259. – Zu weiteren Argumenten *Cramer*, in: *Schönke/Schröder* (Fn. 16), § 15, Rn. 56 (Doppelverletzung; dagegen *Herzberg*, JA 1981, 372 Fn. 17); *Jescheck* (Fn. 59), S. 251 (Notwehr-Fall; dagegen *Puppe*, GA 1981, 19 – dort a. zur Abwandlung des Rose/Rosahl-Falles).

[61] JA 1981, 374; dagegen *Wolter*, FS f. Leferenz, 1983, S. 552.

die aberratio ictus zu „entpersonalisieren“ und „objektivieren“. Denn es geht (auch) in ihrem „echten“ Anwendungsbereich (zu den „unechten“ Fällen s. oben 2.) um die *objektive Zurechnung des* vom Vorsatz nicht umfaßten, aber des Vorsatzbezuges auch gar nicht bedürftigen *Risikos* (und Erfolgs) bezüglich B. Es ist also nicht ein strafrechtlich relevanter Irrtum betroffen, sondern wir haben es mit der objektiven Gleichwertigkeit des bewußt ins Werk gesetzten Planverlaufs mit dem objektiven Realgeschehensablauf zu tun, mit *„objektiver Zurechnung zur Vorsatztat“.* Diese objektive Gleichwertigkeitsfrage ist zwar mit Blick auf das vom Täter Gewollte zu lösen.[39a] Aber dieser Vergleich des Gewollten mit der Wirklichkeit macht das Problem nicht zu einer subjektiven Frage.[62]

Entsprechendes gilt in dem regelmäßigen Fall der aberratio ictus, der mangels Gleichwertigkeit von Plan und Wirklichkeit eine vollendete vorsätzliche Tat nicht zuläßt (etwa in dem oben bei 3. gebildeten Beispiel des rettenden Dazwischentretens von Y). Statt Vorsatzausschlusses wegen Irrtums also Ausschluß von Risiko- und Erfolgszurechnung (zur Vorsatztat) wegen objektiver Ungleichwertigkeit von Plan und Realität (wegen objektiver Vorsatzinadäquanz)! Ohnehin wird der Vorsatz einer (versuchten) Tötung gegenüber *X* nicht in Frage gestellt.[63] Diese Vorsatztat läßt sich nur nicht mehr objektiv mit dem objektiv erkennbaren Rettungsvorhaben und damit der objektiv vorhersehbaren Tötung des Y zu einem vollendeten vorsätzlichen Totschlag des Y verbinden. Und diese objektive Nichtzurechnung scheint auch gemeint zu sein, wenn *Roxin*[64] von mangelnder „Planverwirklichung“ wegen qualitativer Ungleichheit von erstrebtem und eingetretenem Erfolg spricht. Sie ist hier nur mit der Verletzung des Opfers „gelegentlich der Tat“ und seiner durchaus „objektiv motiviert erscheinenden Konkretisierung“ in andere, das Objektive der Wertung betonende Worte gefaßt (näher oben 4.).

---

62 Anders *Herzberg* (Fn. 59), S. 370, vgl. aber a. S. 374 Fn. 31; *Cramer,* in: *Schönke/Schröder* (Fn. 16), § 15, Rn. 55; *Samson* (Fn. 39a).

63 *Herzberg* (Fn. 60), S. 371; *Samson* (Fn. 39a).

64 FS. f. Würtenberger, 1977, S. 119, 123 (ungeachtet der ansonsten zutreffenden Kritik an diesem Kriterium: *Rudolphi,* SK (Fn. 1), § 16, Rn. 35f.; *Prittwitz,* GA 1983, 115ff.).

XI. Objektive Zurechnung beim untauglichen Versuch und bei der Wahlfeststellung

Die Vielfalt der strikt objektiven Zurechnung (vgl. IX., X.) läßt sich noch erweitern. Zu verweisen ist hier nur auf zwei Beispiele. Das eine betrifft die Strafzumessung. Die Frage des *„groben Unverstands"* beim untauglichen Versuch ist strikt objektiv vom Richter zu beantworten, weil der Vorsatz des Täters schon mit seinem Irrtum über die Tauglichkeit verbraucht ist. – Das andere meint die Unrechts- und Schuldzuschreibung bei der *wahldeutigen Verurteilung.* Der Täter wird im Einzelfall nach dem milderen Delikt schuldig gesprochen und bestraft, obwohl er allein das schwerere vorsätzlich und vorwerfbar begangen hat. Auch die Gleichwertigkeitsprüfung bei der Wahlfeststellung betrifft so eine strikt objektive Zurechnung zum Unrecht (und zur Schuld).

XII. Ausblick

Die Ergebnisse und Konsequenzen dieser Studie lassen sich am ehesten dadurch verdeutlichen, daß man sich einmal die Vorteile der Überlegungen vergegenwärtigt. Dabei ist zu hoffen, daß die vorgeschlagene Entflechtung der objektiven und personalen Zurechnungslehre zur *unrechtssystematischen* Klarheit beiträgt. Auch deswegen wurde versucht, die objektive Zurechnung zum Teil zu personalisieren (IV.–VIII. 1.) und die herkömmliche personale Zurechnung umgekehrt teilweise zu objektivieren (VIII. 2.–XI.).

Mit den normtheoretischen Überlegungen – die auch von der Bedrohung und Gefährdetheit des Rechtsgutsträgers ausgehen – erreicht man einen geschärften Blick für die Belange des *Opfers im Unrecht* (II.). – Mit der Anbindung gewisser objektiver Bedingungen der Strafbarkeit (Tod in § 227) an das Mindesterfordernis einer fahrlässigen Herbeiführung (des Todes*risikos*) versöhnt man die Strafdrohung mit dem *Schuldprinzip* (VII.3). – Mit der Unterscheidung von Verhaltens-, Gefährlichkeits- und Erfolgsunwerten bei der Unrechtsbegründung sowie Verhaltens-, Rettungschancen- und Erfolgswerten bei den Rechtfertigungsgründen rückt man einer *rationalen Strafzumessung* einige Schritte näher (II., III.). Auch werden zahlreiche Entscheidungen des *Gesetzgebers* erklärbar (unterschiedliche Rücktrittsvoraussetzungen in § 24; – fakultative – Strafmilderung beim Versuch; Straflosigkeit der folgenlosen Fahrlässigkeit).

Der normtheoretische Ansatz, der die Verbotsnormen als Gefährdungsverbote begreift (II.), bestätigt nicht nur die Tendenzwende in der neueren Strafgesetzgebung in Richtung auf unechte vorsätzliche und fahrlässige Unternehmensdelikte (z. B. §§ 130, 311d). Er bereitet auch den Boden für wichtige Entscheidungen des *künftigen Strafgesetzgebers.* Er wird sich mit der weiteren Einschränkung des systemfremden untauglichen Versuchs (z. B. der Straflosigkeit bei grobem Unverstand) ebenso befassen müssen wie mit der Teilabschaffung von Erfolgsdelikten, insbesondere den schwerlich faßbaren konkreten Gefährdungsdelikten. Er wird m.a.W. dem Prototyp des Unrechts mehr Raum geben müssen: der vorsätzlichen oder fahrlässigen Schaffung eines Risikos und damit dem gefährlichen Verhalten. Zu denken ist dabei auch an die Einführung *fahrlässiger* (tauglich-beendeter) *Versuche.* Auch mag es sich empfehlen, im Einzelfall auf die Nachweisbarkeit von genereller Kausalität zu verzichten und statt dessen „*Risikodelikte* mit potentieller genereller Kausalität" (vgl. auch §§ 151, 157 AE) einzuführen.[65] Strafrecht ist in erster Linie *personal und individuell zurechenbares Risikostrafrecht.*

Nicht zuletzt hat auch diese Studie ein weiteres erwiesen: daß es lohnt, den Pfaden zu folgen, die *Roxin* in seinen „wegweisenden" Beiträgen aufgezeigt hat.

---

[65] Zum Ganzen *Wolter* (Fn. 1), S. 77ff., 180ff., 184ff., 247ff., 299f., 236f.

Hans Achenbach

Individuelle Zurechnung, Verantwortlichkeit, Schuld*

Die Dogmatik des Teilbereichs der Strafrechtstheorie, den als Lehre von der Schuld zu benennen wir uns gewöhnt haben, ist in der jüngsten Zeit wieder verstärkt in Bewegung geraten. Die Intensität und die Richtung dieser Bewegung sind wesentlich mitbestimmt worden durch die Beiträge von *Roxin* zu dieser jüngsten Debatte.[1] Deshalb mag es mir gestattet sein, einige Gedanken zu einem zentralen Punkt in *Roxins* Konzeption zu äußern. Das kann hier freilich nur ganz vorläufig, unter Verzicht auf einen umfassend abgesicherten wissenschaftlichen Apparat, also mehr im Wege eines ungeschützt thesenhaften Bekenntnisses geschehen.

I. Terminologische Vorbemerkungen

1. Ein Wort vorweg zum *Gegenstand dieser jüngsten Debatte.* Es ist hier gegenüber den früheren Auseinandersetzungen um das Schuldprinzip[2] eine grundsätzliche *Veränderung der Fragestellung*

---

* Der Text ist auf dem Stand von Herbst 1981. Spätere Entwicklungen sind so weit als möglich in den Fußnoten berücksichtigt.

[1] Kriminalpolitik und Strafrechtssystem, 1./2. Aufl., 1970/1973, S. 15f., 33ff., 47f.; FS f. Heinitz, 1972, S. 251ff., 273f.; MSchrKrim 56 (1973), 316ff.; FS f. Henkel, 1974, S. 171ff.; FS f. Schaffstein, 1975, S. 105ff., 125f.; FS f. Bockelmann, 1979, S. 279ff. Zur Strafzumessungsschuld ferner: Festgabe für H. Schultz = SchwZStR 94, 1977, S. 463ff.; FS f. Bruns, 1978, S. 183ff.

[2] Zusammenfassend *Arthur Kaufmann*, Das Schuldprinzip, 1./2. Aufl., 1961/1976; neuestens *Otto*, GA 1981, 481ff. sowie *Schild*, Der Strafrichter in der Hauptverhandlung, 1983 und SchwZStR 99 (1982), 364ff.

zu beobachten. Es geht nicht mehr um die Herleitung der Schuldlehre aus höchsten Prinzipien oder aus sachlogischen Strukturen, aus Annahmen also prinzipiell vorrechtlicher, metajuristischer Art; es geht vielmehr um den *„materiellen Schuldbegriff"* im Sinne einer Suche nach dem *teleologischen Grundprinzip,* welches die Merkmale, die unser konkretes positives Recht unter der Systemstelle „Schuld" zusammenfaßt, miteinander verbindet. Versucht man diesen Begriff in das von mir seinerzeit vorgeschlagene Ordnungsschema zu bringen, in dem die vorpositiv-allgemein verstandene „Schuldidee" den Rechtsanwendungsbegriffen der „Strafbegründungsschuld" und der „Strafzumessungsschuld" gegenübertritt[3], so zeigt sich, daß er eine Position mittlerer Höhe, unterhalb der Schuldidee im Bereich der Rechtsanwendungsbegriffe von Schuld, hier aber wieder oberhalb der diese Begriffe inhaltlich ausmachenden Momente, einnimmt.

Roxin hat dies unlängst[4] mit den Worten konstatiert, es werde „auch beim Rechtsanwendungsbegriff der Schuld . . . in verstärktem Maß danach gefragt, was die materielle Substanz dieses Begriffs ausmacht, was sich inhaltlich hinter der ‚Vorwerfbarkeit' und dem ‚Maß der Tatschuld' verbirgt", und ich kann nur mit Bedauern hinzufügen, daß der Strukturunterschied zwischen der „Schuld" im Bereich der Strafbegründung und der Strafzumessung leider nicht überall in seiner grundlegenden Bedeutung anerkannt wird.[5]

---

[3] *Achenbach,* Historische und dogmatische Grundlagen der strafrechtssystematischen Schuldlehre, 1974, S. 3ff. Ausdrücklich zustimmend *Lackner,* StGB, 15. Aufl., 1983, vor § 13, Anm. 4; *Lenckner.* in: *Schönke/Schröder* StGB, 21. Aufl., 1982, vor §§ 13ff., Rn. 107; *Roxin,* FS f. Bockelmann (Fn. 1), S. 279f., 282; Maurach/*Zipf,* StrafR AT, Teilbd. 1, 6. Aufl., 1983, § 30, Rn. 2, S. 390. Aber auch sonst wird die Unterscheidung in der Literatur zunehmend aufgegriffen.

[4] In der FS f. Bockelmann (Fn. 1), S. 280.

[5] In diesem Punkte liegt einer der wesentlichen Unterschiede zu der Schrift von *G. Jakobs,* Schuld und Prävention, 1976, mit der ich sonst in vieler Hinsicht übereinzustimmen glaube. Wenn *Jakobs* neuerdings in seinem Lehrbuch (StrafR AT, 1983, S. 385, Fn. 1 zu 17/1) die Ablehnung dieser Differenzierung mit der Befürchtung begründet, durch Abkoppelung von der Strafbegründungsschuld werde die Strafbemessungsschuld „für alle möglichen Zumessungsmerkmale" geöffnet, „die durch diesen Einbau in einen ‚Schuldbegriff'

2. Eine zweite Vorbemerkung gilt der terminologischen Differenz von *Schuld und Zurechnung.* Ich habe mich schon früher nachdrücklich gegen die Eignung des Wortes „Schuld“ für eine wissenschaftlich reflektierte systematisch-begriffliche Verwendung ausgesprochen[6], und ich halte daran fest. Das Reden von „Schuld“, als wüßten wir, oder genauer: als wären wir uns einig, was das sei, ist eine wesentliche Quelle für die hundertfachen Mißverständnisse, welche die Diskussion über dieses Thema so nachhaltig belasten. Deshalb kann ich auch *Roxin* nicht zustimmen, wenn er meint, es sei, gerade wenn man in der Sache einen Schritt weitergehen möchte, dem Verständnis förderlich, daß eine vertraute Terminologie nicht ohne Not aufgegeben werde.[7] Das wäre nur dann beifallswürdig, wenn nicht diese gewohnte Redeweise ihrerseits einem differenzierten und von tiefenpsychologischen Implikationen und störenden Assoziationen freien, nüchtern-juristischen Erfassen der Dinge in Wahrheit höchst hinderlich wäre. Nein: Gerade wenn man einen sachlichen Fortschritt im Verständnis der hier gemeinten Zusammenhänge erreichen will, muß man auf das ungenaue und diffuse *Wort „Schuld“* ganz *verzichten.* Natürlich kann man ihm in seinem Denkmodell eine bestimmte, präzise umgrenzte Bedeutung verleihen. Aber es wird nicht gelingen, den Leser oder Zuhörer dazu zu bewegen, sich von seinem Vorverständnis, und das heißt hier zugleich auch stets: von seinem vorjuristischen, ja vorbegrifflichen Verständnis von „Schuld“ zu lösen. Das zeigt m.E. die Dogmengeschichte deutlich.

---

scheinbar legitimiert werden“, so scheint mir darin derselbe methodologische Anachronismus zu liegen, gegen den sich auch der Text wendet: Der Rekurs auf einen wie auch immer konstruierten Schuldbegriff kann überhaupt nichts legitimieren, entscheiden können stets nur Sachgesichtspunkte; zu diesen aber gehört m.E. die vorgegebene, bis weit in das Strafverfahren hineinwirkende Funktionsdifferenz von Tatzurechnung und Sanktionsbemessung und der Strukturunterschied der Anknüpfungstatbestände für diese kategorial verschiedenen Vorgänge.

[6] Schuldlehre (Fn. 3), S. 218f., 220; dort ist auf S. 219f. auch dargelegt, daß angesichts des Bedeutungs- und Strukturunterschiedes von „Schuld“ in §§ 17, 19, 20, 29 und 35 StGB einerseits und § 46 StGB andererseits die Terminologie des StGB für die Wissenschaft nicht bindend sein kann.

[7] FS f. Bockelmann (Fn. 1), S. 303.

Nun will allerdings *Roxin* der Schuld nur noch einen Platz im Rahmen der als eigentlich tragende Systemkategorie gedachten, von ihm wieder machtvoll eingeführten *„Verantwortlichkeit“* zuweisen. Darüber wird in der Sache sogleich zu sprechen sein. Terminologisch bedeutet dieser Vorschlag, der an den Sprachgebrauch *v. Liszts* und *Hellmuth Mayers* anknüpft[8], gewiß einen erheblichen Gewinn an Rationalität. Wenn ich mich ihm weiterhin[9] versagen möchte, so deshalb, weil auch diese Terminologie nicht mit der nötigen Deutlichkeit aussagt, was wir hier tun: daß wir nicht eine vorgegebene Verantwortlichkeit lediglich feststellen, sondern daß wir sie *zuschreiben*, daß wir den Täter *verantwortlich machen.*[10] Dieser heute wieder neu begründeten Erkenntnis wird am ehesten der altüberlieferte Begriff der *Zurechnung* gerecht. Auf der Ebene der „Strafbegründungsschuld“ fragen wir nach den Momenten, die uns berechtigen, ein sozialschädliches Geschehen nicht nur einem Menschen überhaupt, d.h. generell, sondern diesem konkreten Täter, d.h. also individuell, zuzurechnen. Es geht also um die *„individuelle Zurechnung“*, und damit um die *„individuelle Zurechenbarkeit“* der unrechten Tat.

Dieser Begriff ist lediglich insofern *mißverständlich*, als er die Fehlinterpretation nahelegt, als müßte diese individuelle Zurechnung nun auch stets an individuelle Momente anknüpfen, als werde hier also eine Individualisierung der zurechnungsbegründenden Momente notwendig verlangt. Dies wäre eine völlige Verkennung der Funktion, welche der Zurechnung einer unrechten Tat zum Individuum im Prozeß der Rechtsverwirklichung, unter

---

[8] Zu *v. Liszt* s. meine Grundlagen der Schuldlehre (Fn. 3), S. 41f.; zu *Hellmuth Mayer* dessen Darstellung in: Das Strafrecht des deutschen Volkes, 1936, S. 228ff., 262ff.; anders dann *ders.*, StrafR AT, 1953, S. 210ff. („subjektive Zurechenbarkeit“).

[9] Vgl. schon Schuldlehre (Fn. 3), S. 220.

[10] Diese Einsicht ist wesentlich gefördert worden durch die Attributionstheorie (s. dazu *Bierbrauer/Haffke*, in: *Hassemer/Lüderssen* [Hrsg.], Sozialwissenschaften im Studium des Rechts, Bd. III, 1978, S. 130ff., 155ff.), findet sich aber in der neueren strafrechtlichen Literatur auch sonst. Vgl. auch die sehr anregende Darstellung bei *W. Hassemer*, Einführung in die Grundlagen des Strafrechts, 1981, S. 197ff.; auf Berührungspunkte und Abweichungen zu dieser erst nach Abschluß des Manuskripts publizierten Konzeption kann hier leider nicht eingegangen werden.

den realen Bedingungen der staatlichen Rechtspflege zukommen kann. Wenn man diese Realisierungsbedingungen in die Formulierung der Straftatlehre einblendet[11], so ist die Erkenntnis unabweisbar, daß die Rechtsordnung im Interesse feststellbarer und beweisbarer Kriterien auch im Bereich der individuellen Zurechnung auf das Verfahren der *Generalisierung* gar *nicht verzichten* kann.

Mit diesem allgemeinen Vorbehalt scheinen mir die Begriffe der individuellen Zurechnung und Zurechenbarkeit von den in Betracht kommenden Möglichkeiten[12] doch die treffendste Benennung der Sache, um die es hier geht.

II. Die Fragestellung

Nun aber zu jenem anfangs apostrophierten zentralen Punkt in *Roxins* Konzeption der Strafbegründungsschuld, d.h. der individuellen Zurechnung. Es geht um das *Verhältnis* von *„Schuld"* und *„Verantwortlichkeit"* als strafrechtlichen Systemkategorien.

Bekanntlich lehrt *Roxin* seit „Kriminalpolitik und Strafrechtssystem"[13], die herkömmlich „Schuld" genannte Verbrechenskategorie werde „kriminalpolitisch von der Strafzwecklehre her geprägt", und verwendet zur Kennzeichnung dieses Zusammenhanges den Begriff der *„Verantwortlichkeit"*.[14] Er hat sich aber nicht dazu verstehen können, die so verstandene Kategorie der Verantwortlichkeit ganz an die Stelle des entthronten Schuldbegriffs zu setzen. Vielmehr behauptet sich, im Laufe der Entwicklung sogar zunehmend, im Rahmen der Verantwortlichkeit eine traditionell verstandene *„Schuld"*, die bedeuten soll, „daß der Täter unrechtmäßig gehandelt hat, obwohl er sich rechtmäßig hätte verhalten

[11] Wie dies jüngst *Naucke*, Grundlinien einer rechtsstaatlich-praktischen allgemeinen Straftatlehre, 1979, S. 23ff., freilich für einen dem positiven Recht an Vernünftigkeit überlegenen, vorpositiven Straftatbegriff, gefordert hat.

[12] Vgl. hierzu meine Grundlagen der Schuldlehre (Fn. 3), S. 221.

[13] Wie o. Fn. 1, S. 15/16, 33f., Zitat von S. 33.

[14] Ebenso FS f. Heinitz, S. 274, Fn. 68; FS f. Henkel, S. 182 u.ö.; FS f. Schaffstein, S. 126; FS f. Bockelmann, S. 284f. u.ö. (alle wie o. Fn. 1).

können".[15] In diesem Sinne heißt es zuletzt pointiert: „(D)ie Schuld wird nicht angetastet oder umdefiniert, sondern bleibt als Voraussetzung der Strafbarkeit in vollem Umfange erhalten".[16] Beide, die Strafzweckorientierung und das Dafür- oder Andershandelnkönnen sind dabei *gegeneinander verschränkt* in dem Sinne, daß „Schuld" zwar notwendige, aber nicht hinreichende Bedingung der Strafbarkeit ist, die erst durch die hinzutretende „Verantwortlichkeit" begründet wird.

Mir scheint, darin liegt eine *unnötige Komplizierung* einer Konzeption, die so vielleicht gegen Kritik aus dem Lager der Anhänger tradierter Formeln über strafrechtliche Schuld abgeschirmt werden soll, die aber in Wahrheit fest genug steht, als daß ihr solche Kritik in der Sache etwas anhaben könnte. Ich meine vielmehr: Die individuelle Zurechnung eines Verhaltens als Voraussetzung einer gegen diesen konkreten Täter zu verhängenden Strafe läßt sich sehr wohl *allein* aus einer *präventiven* Deutung der zurechnungsbegründenden Merkmale herleiten und begrenzen; auf die empirischer Feststellung unzugängliche Frage, ob dieser Täter hätte *anders handeln können,* kommt es dafür *nicht* an.

III. Die Integrationsgeneralprävention als Grundlage der individuellen Zurechnung

1. Zunächst scheint es mir unbestreitbar, daß die *individuelle Zurechnung* als der für die *Begründung der* spezifischen Rechtsfolge der *Strafe konstitutive Vorgang* auch nur aus der Beziehung auf eben diese Strafe inhaltlich bestimmt werden kann. Daraus folgt aber ganz zwanglos, daß eben hier der *systematische Ort* ist, an dem die Überlegungen zum *Strafzweck* für die konkrete Straftat fruchtbar zu machen sind. Der Gedanke, daß die Straftheorien nicht nur ein mit allerlei historischem Beiwerk befrachtetes Grundlagenthema darstellen, sondern von unmittelbarer prakti-

[15] FS f. Henkel (Fn. 1), S. 181.
[16] FS f. Bockelmann (Fn. 1), S. 285.

scher Bedeutung sind für die Begründung der Strafe im Einzelfall, scheint mir eine wesentliche Erkenntnis von hoher Faszinationskraft.

2. Es kann hier nun allerdings nicht der Ort sein, der Frage nach der Legitimation und Funktion von Strafe insgesamt nachzugehen.[17] Im Ergebnis bin ich jedenfalls der Auffassung, daß die Strafe als massive staatliche Machtentfaltung, zumal unter den realen Erkenntnis- und Wirkungsbedingungen der Strafrechtspflege, *nicht* ihre Legitimation in einem *idealen Sinn* finden kann, sei er nun die Wiederherstellung der verletzten Gerechtigkeit oder die Versöhnung des Straftäters mit sich selbst und mit der Gesellschaft, sondern allein in ihrer *„präventiven" Notwendigkeit*, d.h. in ihrem *gesellschaftlichen Zweck*. Wer dies als verdammenswerten „Utilitarismus" verwerfen zu müssen glaubt, verkennt, daß eine so tiefgreifend in das gesellschaftliche Leben einwirkende und zugleich aufwendige und teure staatliche Institution wie die Strafrechtspflege notwendig einer Legitimation durch ihre soziale Erforderlichkeit und Nützlichkeit bedarf.

Dementsprechend will *Roxin* im Rahmen der Verantwortlichkeit ja auch stets nur danach fragen, „ob eine Bestrafung kriminalpolitisch (d.h. spezial- oder generalpräventiv) geboten ist".[18] Dabei scheint mir heute ein Konsens darüber erreichbar, daß die *negative Generalprävention* im Sinne der bloßen *Abschreckung anderer* durch das am Täter statuierte Exempel einen ganz und gar *illegitimen* Strafzweck bildet. Stellte man allein hierauf ab, so entstünde allerdings ein scharfer Gegensatz zwischen Schuld und Prävention; wir brauchten dann nicht nur das Schuldmaßprinzip

---

[17] Insbesondere ist es nicht möglich, den Ansätzen einer Differenzierung nach den verschiedenen Verwirklichungsstufen der Straftat (*Roxin*, JuS 1966, 381 ff. = Strafrechtliche Grundlagenprobleme, 1973, S. 12 ff.; *Müller-Dietz*, Strafbegriff und Strafrechtspflege, 1968, S. 111 ff. m.w.N.), nach unterschiedlichen Deliktsgruppen (*Naucke*, Strafrecht. Eine Einführung, 4. Aufl., 1982, S. 68 ff.) oder nach unterschiedlichen Sinnerlebnissen am Vorgang des Strafens (*Schmidhäuser*, Vom Sinn der Strafe, 2. Aufl., 1971, S. 87 ff.; *ders.*, StrafR AT, 2. Aufl., 1975, S. 52 ff., Kap. 3/15 ff.) hier nachzugehen; da es im vorliegenden Zusammenhang allein um die Verbindung von Strafzweck und Strafbegründung geht, mag dies hinnehmbar sein.

[18] FS f. Henkel (Fn 1), S. 183.

(Strafe nach dem Maß der Schuld) zur Begrenzung der Strafhöhe, sondern ebenso nötig auch das Schuldbegründungsprinzip (keine Strafe ohne Schuld) als Schild vor unangemessener staatlicher Machtentfaltung anläßlich eines konkreten Rechtsbruchs. Das zeigen die in der jüngsten Zeit mehrfach vorgetragenen Hinweise auf die Versuche – und die Versuchung –, tatbestandsimmanenten Beweisschwierigkeiten durch eine schuldunabhängige, d.h. auch bei fehlender Vermeidbarkeit bzw. Voraussehbarkeit eintretende Sanktion zu entgehen[19], mit der erforderlichen Deutlichkeit. Nur scheint mir dieser Einwand, auch bei lerntheoretischer Verkleidung, Bedeutung allein für die Abschreckungsgeneralprävention zu besitzen, deren illegitimer Charakter dadurch gerade bestätigt wird. Insofern ist das Wort von einer der Generalprävention eigenen „Tendenz zum staatlichen Terror"[20] sicher zutreffend.

Doch hat die jüngste Diskussion erwiesen, daß ein Verständnis von Generalprävention als bloßer Abschreckung nicht den notwendig-einzigen Inhalt dieser Denkfigur ausmacht, daß vielmehr hier eine *Äquivokation* zweier höchst *heterogener Denkansätze* obwaltet, die einer differenzierten Erfassung der Phänomene hinderlich im Wege steht.[21] Wenn heute eine Renaissance der Generalprävention konstatiert wird, so geht es zumeist um die *positive Generalprävention* im Sinne einer *Rechtsbewährung* durch öffentliche Sanktion der Verletzung elementarer Verhaltensnormen. *Roxin* hat vorgeschlagen[22], diesen Gegensatz terminologisch dadurch zu benennen, daß von der „Abschreckungsprävention" die „*Integrationsprävention*" geschieden wird. In dieser liegt – und hier ist der Ort für eines der eingangs angekündigten Bekenntnisse – nach meiner Überzeugung die *primäre Funktion* der Strafandrohung, -verfolgung und -verhängung. Sie fängt das indivi-

---

[19] *Burkhardt*, GA 1976, 337f.; *Schöneborn*, ZStW 92 (1980), 689; *B. Schünemann*, Unternehmenskriminalität und Strafrecht, 1979, S. 173f., 202f., 209f.

[20] *Roxin*, JuS 1966, 380 = Strafr. Grundlagenprobleme (Fn. 17), S. 9.

[21] Vgl. aus der ausgedehnten Literatur nur *Haffke*, Tiefenpsychologie und Generalprävention, 1976, S. 58ff., sowie *W. Hassemer* und *Lüderssen* in: *Naucke/W. Hassemer/Lüderssen*, Hauptprobleme der Generalprävention, 1979, S. 38ff., 57ff., je m.w.N.

[22] FS f. Bockelmann (Fn. 1), S. 306.

duelle oder kollektive Bedürfnis nach Vergeltung und Rache in einem rechtlich geordneten Verfahren auf und erweist die Geltung der verletzten Verhaltensnorm durch sichtbare Sanktion, um so die *normative Orientierung* der Rechtsgenossen an diesen und über diese elementaren Regeln zu gewährleisten. Es geht also um *„Einübung in Rechtstreue"*[23], d. h. um einen sozialpsychologisch verstandenen Zusammenhang von Normverletzung und Sanktion.

3. An dieser Stelle aber – und hier liegt m. E. eine wesentliche Differenz zu der heute vorwiegend diskutierten systemtheoretischen Ableitung – kommt nun die *positive* Seite der Theorie von der *Vergeltung,* die man mit *Schmidhäuser*[24] treffender als Gerechtigkeitstheorie bezeichnen sollte, wieder ins Spiel. Das ist seit *Hellmuth Mayer* und *Noll* schon öfters aufgewiesen worden[25], wird aber gleichwohl vielfach noch immer übersehen oder geleugnet. Wenn die Strafrechtspflege auf normative Orientierung und Erhaltung der motivierenden Kraft wichtiger sozialer Normen anstelle bloßer Dressur durch blanke Furcht abzielt, so muß sie auf die *Akzeptanz der Sanktionen* bedacht sein. Nur die als *gerecht* empfundene Strafe wird von den Rechtsgenossen als angemessene Reaktion angenommen werden und den angestrebten *Motivationsprozeß* auslösen. Um die präzisere Bestimmung der Gerechtigkeit geht es aber auch den tradierten Lehren von Schuld und Vergeltung, und zwar, wie ausdrücklich zu betonen ist, nicht nur im Bereich der Strafzumessung, sondern eben auch der Strafbegründung. Der Gedanke, daß es generalpräventiv sinnvoll sein könnte, schuldunfähige und im tradierten Verständnis entschul-

---

[23] *Jakobs,* Schuld und Prävention (Fn. 5), S. 10; ebenso, wenngleich auf anderer methodologischer Basis, *Dornseifer,* Rechtstheorie und Strafrechtsdogmatik Adolf Merkels, 1979, S. (105 ff.), 113 ff.

[24] Vom Sinn der Strafe (Fn. 17), S. 44; Strafrecht AT, Studienbuch, 1982, S. 15, Kap. 2/6.

[25] *Hellm. Mayer,* Das Strafrecht des dt. Volkes (Fn. 8), S. 3 f., 26 ff., 195 ff. (trotz unüberhörbarer Anklänge an „völkische" Ideologie heute noch sehr bedenkenswert); *ders.,* AT 1953 (Fn. 8), S. 23 f., 32 f.; *Noll,* FS f. Hellm. Mayer, 1966, S. 219 ff., 221 ff.; *Bockelmann,* Strafrecht AT, 3. Aufl., 1979, S. 8; *Jescheck,* Lehrbuch des Strafrechts AT, 3. Aufl., 1978, S. 53 f.; *Roxin,* FS f. Bockelmann (Fn. 1), S. 305 – eindrucksvoll noch jüngst in diesem Sinne *Armin Kaufmann,* Die Aufgabe des Strafrechts, 1983, insb. S. 7 f., 15 ff.

digte Täter zu bestrafen, ist von *Roxin*[26] zu Recht als kriminalpolitisch unvertretbar zurückgewiesen worden. Nur soweit unsere Gesellschaft die Zurechnung eines sozialschädlichen Verhaltens als von dem Täter resp. Verdächtigen *verantwortet* zu *akzeptieren bereit* ist, kommt der Strafverfolgung und -verhängung auch eine *normativ-orientierende Funktion* zu. Diesen Zusammenhang sucht aber auch das recht verstandene Schuldprinzip zu formulieren, das als Teil unserer Rechtskultur auf die hier als entscheidend erkannte sozialpsychologische Akzeptanz der Strafe einwirkt. Es geht, anders gesagt, bei der Integrationsprävention um die *Verarbeitung von Erwartungsenttäuschungen*, aber dabei ist stets auch die Frage nach der *Legitimität oder Illegitimität* solcher strafrechtlich sanktionierter Verhaltenserwartungen zu stellen.[27]

Damit wird also ein Satz als richtig behauptet, den kein geringerer als *Stratenwerth*[28] für „evidentermaßen falsch" erklärt hat: daß nämlich *Generalprävention*, im positiven Verständnis als Rechtsbewährung durch normative Orientierung, den Sachgehalt des *Schuldprinzips in sich aufnimmt*. Wenn aber *Stratenwerth* meint, generalpräventiv erforderlich könne allein die Zuschreibung von Schuld als sozialpsychologisches Faktum und nicht „wirkliche Schuld" sein, und wenn er daraus folgert, maßgebend sei dann nicht die Sachdiskussion über die heiklen Sachfragen der strafrechtlichen Schuldlehre, sondern der jeweilige Stand der öffentlichen Meinung, so scheint mir der hier gemeinte Zusammenhang nicht ernstlich getroffen: Daß es „wirkliche Schuld" außerhalb der gesellschaftlichen Zuschreibung von Verantwortlichkeit überhaupt geben könne, ist eine Vorstellung, deren Evidenz man sehr wohl bestreiten kann. Andererseits steht auch bei *Stratenwerth* hinter der Entgegensetzung von Schuld und Generalprä-

[26] FS f. Bockelmann (Fn. 1), S. 300, 301; vgl. ferner *Lüderssen*, Generalprävention (Fn. 21), S. 57f. m.w.N.

[27] S. bereits *Achenbach*, JR 1975, 495; wohl ähnlich, aber unter Verabsolutierung einzelner Kriterien, *Muñoz Conde*, GA 1978, 72ff.

[28] *Stratenwerth*, Die Zukunft des strafrechtlichen Schuldprinzips, 1977, S. 30 – die Kritik an dieser Position ist aber, wie angedeutet, auch sonst weit verbreitet; vgl. etwa die Darstellung und Auseinandersetzung mit ihr bei *Müller-Dietz*, Grundfragen des strafrechtlichen Sanktionssystems, 1979, S. 16ff., die hier leider unter den eingangs gemachten Vorbehalt fallen muß.

vention letztlich das Zerrbild der bloßen, von faktischen Vergeltungsbedürfnissen der (u. U. auch noch von den Medien manipulierten) Allgemeinheit geleiteten Abschreckungsgeneralprävention[29]; aber nicht die Erregung in der Öffentlichkeit ist der Maßstab des Rechtsbewährungsgedankens, sondern eben die „auf Sachzusammenhänge abgestützte"[30], von der Schutzfunktion des staatlichen Justizmonopols bestimmte *Suche* nach einer *gerechten*, geläutertes Rechtsempfinden nachhaltig befriedigenden *Bestimmung* der *Grenzen strafrechtlicher Zurechnung*.

4. Gegen diese Sichtweise kann man allerdings mit Fug und Recht den Einwand *mangelnder empirischer Fundierung* erheben.[31] Doch muß dieser Einwand mit gleichem, wenn nicht stärkerem Recht auch für die „Schuld" im hergebrachten Sinne gelten. Daß die gesamte allgemeine Strafrechtstheorie weithin spekulativ, ohne zureichende empirische Grundlegung verfährt, scheint mir unbestreitbar; daraus kann aber, eben weil es sich um ein allgemeines Defizit handelt, kein Argument gewonnen werden, das es erlaubte, die eine, gewiß theoretische Annahme gegen eine andere nicht minder theoretische Konstruktion auszuspielen. Im Rahmen einer solchen Dogmatik mit schlechtem Gewissen halte ich aber die hier im Anschluß an größere Geister verfochtene Wechselbeziehung zwischen Rechtsbewährung und gerechter Reaktion für eine plausible, manche Aporien vermeidende Annahme. Es ist doch nicht so, daß eine fest gegründete, in ihren Konkretisierungen völlig gesicherte tradierte Institution zugunsten der Fahrt in das Ungewisse einer bloßen Vermutungen ausgesetzten, zudem von plebiszitärer Willkür bestimmten, völlig andersartigen Zweckkategorie aufgegeben werden soll. Vielmehr besteht, verdeckt durch die Abstraktheit der schematisierenden Entgegensetzung von Schuld und Prävention, in der Sache nach meinem Eindruck durchaus *Einigkeit* darüber, daß erst der *konkrete Disput*

---

[29] Das belegt auch Stratenwerths, freilich nicht vorbehaltloser, Hinweis auf die Untersuchung von *Schöneborn*, ZStW 88 (1976), S. 349ff., die ganz von diesem Zerrbild ausgeht (wie Fn. 28, S. 30, Fn. 71) – ganz ähnlich wie hier *Dornseifer* (Fn. 23), S. 117.

[30] Vgl. *Stratenwerth* (Fn. 28), S. 31.

[31] S. etwa *Stratenwerth*, Strafrecht AT I, 3. Aufl., 1981, Rn. 29, 30, S. 24f.; vgl. dazu die Nachw. bei *H.-J. Albrecht/Dünkel/Spieß*, MschrKrim 64 (1981), 311ff.

über die „heiklen Sachfragen" der strafrechtlichen Zurechnung zu weiterführenden Einsichten führt, gleich ob wir sie dann einem reflektierten Verständnis des Schuldprinzips oder aber einer differenzierten Sicht von Generalprävention zugute halten.

In welchem Maße die Eingrenzung der exkulpierenden Wirkung von *Schuldunfähigkeit* und *unvermeidbarem Verbotsirrtum* durch die Rücksicht auf wirkliche oder vermeintliche Notwendigkeiten der Rechtsbewährung bestimmt ist, hat die neuere Diskussion m. E. hinlänglich gezeigt[32]; die entscheidende Frage kann heute nicht mehr sein, ob solche Rücksichten überhaupt, sondern nur noch, *inwieweit* sie legitim, inwieweit illegitim sind. Und für den Bereich der *Entschuldigungsgründe* in einem engeren Sinne hat *Roxin* für mich überzeugend aufgewiesen, daß eine präventive Deutung über den erreichten, z. T. festgefahrenen Diskussionsstand hinauszuführen geeignet ist.[33]

5. *Zweifel* hege ich hier allerdings gegenüber der *spezialpräventiven Ableitung* der Einzelfragen individueller Zurechnung. Individual- oder *Spezialprävention* im Sinne der Besserung des Täters wie der Sicherung der Allgemeinheit vor ihm halte ich im Erwachsenenstrafrecht überhaupt *nicht* für eine *primäre Funktion* der Strafe. Wenn wir wirklich um der (Re)Sozialisierung willen strafften, müßten wir dieses Tun wegen offensichtlich fehlender Eignung der Instrumente sofort abbrechen. Und daß die konkreten Regelungen unseres Gesetzes über individuelle Zurechnung – und vollends über die Zumessung der Strafe – nicht mit dem Gedanken der Sicherung erklärt werden können, ja ihm vielfach konträr sind, bedarf keines weiteren Nachweises. Ich bitte, mich hier *nicht*

[32] Vgl. etwa *Krümpelmann*, ZStW 88 (1976), S. 6 ff. passim; *Stratenwerth*, Zukunft (Fn. 28), S. 12 ff., 17 ff.; *Roxin*, FS f. Bockelmann (Anm. 1), S. 289 ff.; *H.-L. Schreiber*, NStZ 1981, 46 ff. – Diese Aussage schält sich in den letzten Jahren immer mehr als der zentrale Punkt heraus, an dem eine Fortentwicklung des im Text eingenommenen Standpunkts anzusetzen hätte. Sie kann freilich hier nicht geleistet werden. Hinzuweisen ist vor allem auf *P.-A. Albrecht*, GA 1983, 193 ff.; *G. Jakobs*, in: *Göppinger/Bresser* (Hrsg.), Sozialtherapie – Grenzfragen bei der Beurteilung psychischer Auffälligkeiten im Strafrecht (Kriminologische Gegenwartsfragen, Heft 15), 1982, S. 127 ff.; *dens.*, AT (Fn. 5), 18. Abschnitt; *Krümpelmann*, GA 1983, 337 ff.; *Timpe*, GA 1984, 51 ff.

[33] S.i.e. Kriminalpolitik etc., S. 33 f.; FS f. Heinitz, a.a.O.; FS f. Henkel, S. 187 ff.; FS f. Schaffstein, a.a.O. (alle Fn. 1).

mißzuverstehen: Nichts liegt mir ferner als ein Plädoyer für eine rückwärtsgerichtete, auf Vergeltung und Abschreckung als einzige Strafzwecke abzielende Straftheorie. Ich bin ganz und gar nicht der Auffassung, daß Individualprävention keine legitime Aufgabe von Strafe sein könne; im Gegenteil: die Besserung des Täters, im Sinne der Hilfe einer ihrer Mitverantwortung für kriminogene Faktoren bewußten Gesellschaft zur Bewältigung eines Lebens in sozialer Orientierung, ist eine wesentliche Zielbestimmung, die den in seinen Grundlagen atavistischen Vorgang des Strafens für einen Sozialstaat überhaupt erst verantwortbar erscheinen läßt.[34] Aber für die Straf*begründung* handelt es sich doch insoweit nur um eine *Sekundärfunktion.* Nur im Rahmen der aus anderen Gründen, nämlich um der Rechtsbewährung willen notwendigen Strafe hat Individualprävention hier ihren festen, aber eben doch nachrangigen Platz.[35] Das gilt vollends für die Sicherung der Allgemeinheit (§ 2 S. 2 StVollzG).

Die gleiche *nachrangige* Bedeutung muß m. E. der spezialpräventiven Ableitung auch *im Rahmen* der *individuellen Zurechnung* zugemessen werden. Sie kann dort lediglich dazu dienen, die primär im Sinne der Integrationsprävention generalpräventive Interpretation zusätzlich abzusichern, muß aber im Konfliktsfalle zurücktreten.[36] Entscheidend für die individuelle Zurechnung einer rechtswidrigen Tat kann nach meiner Überzeugung jedenfalls nur der Gedanke der *Rechtsbewährung durch gerechte Sanktion* sein.[37]

---

[34] S. hierzu besonders *Stratenwerth,* FS f. Bockelmann (Fn. 1), S. 901 ff., 916 ff.; *dens.,* AT I (Fn. 31), S. 29, Rn. 47; *Haffke,* in: *Lüderssen/Sack* (Hrsg.), Seminar: Abweichendes Verhalten III, Bd. 2, 1977, S. 291 ff.; *Schreiber,* ZStW 94 (1982), 292 ff. – Hierin liegt der maßgebliche Unterschied zu dem Konzept eines den straffälligen Mitbürger aus dem Blickfeld verdrängenden starren Abschreckungstaxensystems, wie es unter der Flagge eines sog. „Neo Klassizismus" nach einem Bericht von Nils *Christie* (KrimJ 1983, 14 ff.) in Skandinavien und den USA derzeit en vogue ist; in der Tendenz wie hier *Lüderssen,* JuS 1983, 910, 913.

[35] Übereinstimmend *Haffke,* in: *Hassemer/Lüderssen,* Sozialwissenschaften III (Fn. 10), S. 172.

[36] Ansätze zu einem solchen Verständnis finden sich auch bei *Roxin;* vgl. für den entschuldigenden Notstand: FS f. Henkel (Fn, 1), S. 183 f.; für den Notwehrexzeß: FS f. Schaffstein (Fn. 1), S. 116 f., 120.

[37] Vgl. neuestens *Amelung* (o. S. 97 ff.), der im Bereich der „dritten Deliktsstufe" eine Differenzierung in Anlehnung an die Unterscheidung von Entschuldi-

IV. Verantwortlichkeit und Andershandelnkönnen

Erweist sich somit eine kriminalpolitisch-strafzweckorientierte Interpretation der Elemente individueller Zurechnung als berechtigt, so bleibt die Frage, welche Bedeutung eine „*Schuld*" im Sinne des Andershandeln- und des Dafür-Könnens neben ihr noch behaupten kann. *Roxin* hat, wie bereits dargelegt, dieses Nebeneinander von „Verantwortlichkeit" und „Schuld" zuletzt sehr nachdrücklich betont. Doch zeigt die Einzelanalyse recht bald, daß es hier *nicht* um einen irgendwie forensischer Feststellung fähigen Sachverhalt geht, sondern um Schuld „im Sinne eines theoretischen", eines „bei strengsten Anforderungen zu bejahenden", eines „nicht empirisch ermittelten, sondern normativ ‚gesetzten' Andershandelnkönnens", um ein „Andershandelnkönnen im Sinne der an einen gesunden Menschen zu stellenden normativen Erwartungen".[38]

Hieran ist zunächst hervorhebenswert, daß *Roxins* Festhalten an der Kategorie der Schuld als notwendiger Voraussetzung von Strafe *nicht* zugleich ein *Bekenntnis zur* Annahme grundsätzlicher menschlicher *Willensfreiheit* bedeutet. Es bleibt dabei, daß die Zurechnung eines sozialwidrig-deliktstypischen Geschehens im

---

gungs- und Schuldausschließungsgründen (vgl. etwa *Lenckner* in: *Schönke/Schröder* [Fn. 3] vor §§ 32ff., Rn. 108 m.w.N.) befürwortet und die Verschiedenheit gerade darin begründet sieht, daß letztere (also §§ 17 S. 1, 20 im Gegensatz etwa zu §§ 33, 35 StGB) „nur generalpräventive, erstere aber auch rein spezialpräventive Reaktionen des Strafrechts unangebracht erscheinen lassen". Gewiß ist es richtig, daß die „Entschuldigungsgründe" Bedeutung auch für den Bereich der Maßregeln erheischen – was freilich vom StGB etwa mit der Kennzeichnung des § 35 als „entschuldigender" Notstand eher verschleiert wird. Zu warnen wäre aber vor einer schlichten Übertragung dieser Erkenntnis auf unsere Fragestellung: Ob man daraus folgern muß, daß insoweit auch im Substrat eine spezialpräventive an die Stelle der (integrations) generalpräventiven Begründung tritt, scheint mir ohne weitergehende Untersuchung dieses trotz der über dreißig Jahre alten Anstöße durch *Maurachs* Tatverantwortungslehre noch immer unzureichend erforschten Feldes der Dogmatik eher zweifelhaft (zu Maurach vgl. meine Grundlagen der Schuldlehre [Fn. 3], S. 210f.; heute *Maurach/Zipf*, AT I [Fn. 3], § 31, S. 405ff.).

[38] FS f. Bockelmann, (Fn. 1), S. 289 und 290 (zur Vermeidbarkeit des Verbotsirrtums), S. 290 und 291 (zur Schuldunfähigkeit).

staatlichen Strafverfahren nicht von einer allgemein und vollends im konkreten Einzelfall unerweislichen Hypothese abhängig gemacht werden kann.[39] Wichtiger noch erscheint mir aber die Aussage, daß auch „Schuld" im Sinne des „Andershandelnkönnens" nichts anderes ist als eine *normative Setzung. Roxin* steht hier in der Nähe des „pragmatischen" Schuldbegriffs von *Schreiber,* der Schuld definiert hat als „Fehlgebrauch eines Könnens, das wir uns wechselseitig praktisch zuschreiben".[40] Ob man dabei von einem „generellen" oder „sozialen Schuldbegriff" sprechen mag oder nicht[41] – die Erkenntnis scheint mir unausweichlich, daß bei der individuellen Zurechnung zur Strafe ein *(Andershandeln- oder Dafür-)Können nicht* individuell *festgestellt,* sondern anhand von Verhaltenserwartungen, die von der Gesellschaft als legitim empfunden werden, *zugeschrieben* wird.

Wenn das aber zutrifft, kann man doch eigentlich nicht mehr davon sprechen, daß die traditionellen Grundlagen des Schuldprinzips nicht berührt, die Schuld nicht angetastet oder umdefiniert werde. Wenn das *Können* nur noch als das *Erwartendürfen der anderen* verstanden wird, dann ist ein *ganz entscheidender Schritt* von der Tradition des Schuldprinzips weg getan, das nun einmal von seiner indeterministischen Wurzel üblicherweise nicht scharf getrennt wird. Dieser Schritt ist richtig und notwendig, und gerade deshalb verdiente er es, deutlich getan zu werden.

Es mag ja sein, daß – wie *Roxin* ausführt – die Kategorie der präventiv gedeuteten „Verantwortlichkeit" für Deterministen wie Indeterministen, Agnostiker wie Bekenner gleichermaßen akzeptabel ist.[42] Indem aber „Schuld" hier jeweils mit wechselnden Inhalten gefüllt und im Ergebnis für unerheblich erklärt wird, ist sie in der Sache bereits aufgegeben.[43]

---

[39] So ganz entschieden *Roxin,* FS f. Henkel (Fn. 1), S. 185–187; vgl. auch MschrKrim 56 (1973), 323; FS f. Bockelmann (Fn. 1), S. 297.

[40] *Schreiber* in: Der Nervenarzt 48 (1977), 245; vgl. *dens.,* in: *Immenga* (Hrsg.), Rechtswissenschaft und Rechtsentwicklung, 1980, S. 289 f.

[41] Vgl. nur *Krümpelmann,* ZStW 88 (1976), 31–33 m.w.N.; *dens.,* GA 1983, 337 ff.; *Schreiber,* wie Fn. 40; s. schon *Maihofer,* FS f. Hellm. Mayer (Fn. 25), S. 185 ff.: „sozialtypische Schuld".

[42] FS f. Bockelmann (Fn. 1), S. 297 f.

[43] Ebenso *Muñoz Conde,* GA 1978, 70; vgl. auch *Dornseifer* (Fn. 23), S. 106.

Die Anerkennung dieser Konsequenz ist es, wofür ich werben möchte. Ich meine, es heißt, den entscheidenden Rationalitätsgewinn einer kriminalpolitischen Konzeption von Verantwortlichkeit verschenken, wenn *Roxin* das eben erst domestizierte Chamäleon Schuld wieder aus der strafrechtsdogmatischen Pandorabüchse entläßt. Nein: Dies ist ein *agnostischer* Entwurf von individueller Zurechnung, der das unlösbare Freiheitsproblem ungelöst läßt. Dann sollte man aber auch das zumindest mißverständliche Sprechen von Andershandeln- und Dafür-Können aufgeben und anerkennen, daß es um eine *gesellschaftliche Zuschreibung von Können* geht, die genausogut ihren Platz innerhalb der „Verantwortlichkeit" haben kann. Einer *Trennung von Schuld und Verantwortlichkeit* im Rahmen der individuellen Zurechnung *bedarf es nicht.*

V. Ergebnis

In der Sache stehen wir hier vor demselben Zusammenhang von Rechtsbewährung und Gerechtigkeit, den wir schon oben aufgewiesen hatten. Daß der Täter anders handeln konnte, nimmt die Rechtsordnung nur dort an, wo eine entsprechende *Verhaltenserwartung* der Gesellschaft *legitim* erscheint, oder genauer gesagt: Das Dafür-Können des Täters schließt die Rechtsordnung anhand typisierender Kriterien dort aus, wo eine entsprechende Verhaltenserwartung illegitim erscheint. Es bestätigt sich also von der Seite der „Schuld" als eines „Andershandelnkönnens" her, was schon die Analyse der Integrations(general)prävention erwiesen hatte: Zwischen *Schuld und Prävention,* d. h. hier: zwischen individueller Zurechnung und Rechtsbewährung, besteht *kein Gegensatz.* Es bedarf nicht der Schuld zur Begrenzung illegitimer präventiver Bedürfnisse, weil die Gerechtigkeit der Reaktion auf Rechtsverletzungen, die Legitimität strafrechtlich sanktionierter Verhaltenserwartungen eine immanente Grenze der recht verstandenen Generalprävention im Sinne der normativen Orientierung enthält.

Es ist in Wahrheit ein eher trivialer Gedanke, der hier zutage tritt: Die Schuldidee verweist als Konkretisierung der Rechtsidee auf das Leitprinzip der *Gerechtigkeit*, diese wiederum ist aber wesentliche Bedingung der für die Rechtsbewährung grundlegenden *sozialen Akzeptanz* der konkreten staatlichen Reaktion. Daß dieses Modell mit der Aufnahme des Legitimitätskriteriums in einen gesellschaftlich-sozialpsychologischen Wirkungszusammenhang zwei in ihren Ausgangspunkten entgegengesetzte Ansätze miteinander verbindet, ist unbestreitbar. Aber darin liegt kein Taschenspielertrick, der die Kompatibilität von Schuld und Prävention sachwidrig herstellen soll, sondern eine Konsequenz der Fragestellung bei der Strafzweckdiskussion, der es ebenfalls nicht um bloße faktische Wirkungszusammenhänge, sondern eben um die Legitimität der Strafe geht. Erkennt man dies an, so ist es keine gekünstelte Folgerung, daß *individuelle Zurechenbarkeit* und *Integrationsprävention* in einer gegenseitigen *Wechselbeziehung* stehen. Auf den Begriff der *(Strafbegründungs)Schuld* können wir dann getrost *verzichten.*

Bernd Schünemann
Die Funktion des Schuldprinzips im Präventionsstrafrecht*

I. Problemstellung

1. Wenn man die Bedeutung und den Stellenwert des *Schuldprinzips* im Laufe der Strafrechtsgeschichte verfolgt, so sticht eine sich im Scheitelpunkt der Entwicklung einstellende *Kurve* besonders ins Auge, die etwa im skandinavischen Rechtskreis bereits vollständig ausgeprägt ist[1] und sich auch in der *deutschen* Strafrechtsentwicklung bei freilich insgesamt höherer Amplitude *abzuzeichnen* beginnt. Ich meine damit jenen überraschenden Vorgang, daß das Schuldprinzip, nachdem es Jahrhunderte bis zu seiner restlosen Durchsetzung und Anerkennung als des strafrechtlichen *Grundprinzips katexochen* gebraucht hat, innerhalb ganz kurzer Zeit wieder *preisgegeben* und für überflüssig oder so-

---

* Überarbeitete und wesentlich erweiterte Fassung des Vortrags, den der Verfasser auf Einladung der Seikei-Universität am 8. 9. 1982 in Tokio und auf Einladung der Juristischen Fakultät der Justus-Liebig-Universität am 20. 12. 1982 in Gießen gehalten hat.

[1] Vgl. zu der seit Jahrzehnten in Schweden etablierten Preisgabe des Schuldvergeltungsstrafrechts zugunsten eines Präventionsstrafrechts *Simson*, ZStW 64 (1952), 347ff.; *Agge*, ZStW 71 (1959), 100ff.; *ders.*, ZStW 76 (1964), 109ff.; *Simson*, MschrKrim 1969, 49ff.; *ders.*, in: Das schwedische Kriminalgesetzbuch vom 21. Dezember 1962 (Sammlung außerdeutscher Strafgesetzbücher 96), S. 17ff., 28ff.; *Agge/Thornstedt*, in: *Mezger/Schönke/Jescheck* (Hrsg.), Das ausländische Strafrecht der Gegenwart Bd. 5, 1976, S. 259ff., 306ff.; *Thornstedt*, in: *Lüttger* (Hrsg.), Strafrechtsreform und Rechtsvergleichung, 1979, S. 68ff. Vgl. allerdings auch zu der jüngsten Krise des Behandlungsgedankens in Schweden *Simson*, FS f. Dreher, 1977, S. 755ff. m.w.N.; *Anttila*, ZStW 95 (1983), 739ff.

gar schädlich erachtet wird. Ob die Auseinandersetzungen um den Schuldbegriff und das Schuldprinzip, die sich bei uns in letzter Zeit auf der dogmatischen Ebene ebenso wie im Bereich der Kriminalpolitik abgespielt haben, einen echten und endgültigen Umschwung bedeuten und auf eine vollständige Preisgabe des Schuldprinzips hinauslaufen werden, ist zwar sehr schwer zu beurteilen. Außer Frage steht aber jedenfalls die ungewöhnliche Dramatik der gegenwärtigen Entwicklung, die durch die Gleichzeitigkeit des endgültigen Ausbaues des Schuldgrundsatzes in seinen feinsten Verästelungen mit der Unterminierung, Erschütterung und Untergrabung seiner wichtigsten Fundamente gekennzeichnet ist. Erst im Jahre *1952* hat der Bundesgerichtshof den unvermeidbaren Verbotsirrtum als Schuldausschließungsgrund anerkannt[2] und damit dem Schuldprinzip in der Dogmatik des Allgemeinen Teils des Strafrechts zum Siege verholfen, und erst *Ende der Fünfziger Jahre* hat das Bundesverfassungsgericht in einer seitdem ständigen Rechtsprechung die Verankerung des Schuldprinzips in den Gewährleistungen des Grundgesetzes für die Bundesrepublik Deutschland, insbesondere in der Würde des Menschen und dem Rechtsstaatsprinzip, bindend anerkannt.[3] Bereits in der Strafrechtsreformdiskussion der *Sechziger Jahre* trafen die an der Idee der *Schuldvergeltung* orientierten Straftheorien[4]

---

[2] Vgl. BGHSt 2, 194 ff.

[3] Vgl. BVerfGE 20, 331 ff. In früheren Entscheidungen ist eine Ableitbarkeit des Schuldgrundsatzes aus dem Grundgesetz entweder nur beiläufig erwähnt (vgl. BVerfGE 6, 389, 439; 7, 305, 319) oder sogar stark eingeschränkt worden (vgl. BVerfGE 9, 167, 173 f.).

[4] Die um 1960 absolut herrschende Ausrichtung der Strafe an der Idee der Schuldvergeltung wurde in drei verschiedenen Spielarten vertreten: Die deutlichste Ausprägung bildete das Konzept der „Vergeltungsstrafe" i.e.S. (etwa vertreten von *Maurach*, Deutsches Strafrecht Allgemeiner Teil, 2. Aufl. 1958, S. 59 f.; *Jagusch* im LK zum StGB, 8. Aufl. 1957, Bd. 1, S. 89; *Preiser*, FS f. Mezger, 1954, S. 77, 79; *Jescheck*, Das Menschenbild unserer Zeit und die Strafrechtsreform, 1957, S. 23; *Welzel*, Das deutsche Strafrecht, 5. Aufl. 1956, S. 190 f.). Einen im Grunde nur terminologischen Unterschied bedeutete die zweite Spielart, die die Idee der Vergeltung durch die „Sühne" ersetzte (vgl. *Schönke/Schröder*, Strafgesetzbuch, 9. Aufl. 1959, S. 78, 86; *Schwarz/Dreher*, Strafgesetzbuch, 25. Aufl. 1963, Anm. 1 A vor § 13; *Bockelmann*, Schuld und Sühne, 1957, S. 6 f., 27 f.; damit nicht zu verwechseln ist der Versuch *Arth. Kaufmanns* in: Strafrecht zwischen Gestern und Morgen, 1983, S. 17 ff., über

dann aber auf den erbitterten Widerstand der immer zahlreicher werdenden Anhänger eines *reinen Präventionsstrafrechts*[5], und in

den Sühnegedanken auch präventive Elemente in das Schuldprinzip einfließen zu lassen). Auch die den Präventionszweck der Strafe mitberücksichtigende Vereinigungstheorie (vgl. dazu *Kohlrausch/Lange,* Strafgesetzbuch, 43. Aufl. 1961, S. 63; *Baumann,* Strafrecht Allgemeiner Teil, 2. Aufl. 1961, S. 9, 14f.; *Bruns,* Strafzumessungsrecht Allgemeiner Teil, 1. Aufl. 1967, S. 168f., 235ff., 250f., 259ff.; BGHSt 3, 268; 5, 334; 6, 127; 7, 32; 16, 353; 20, 267) wurzelte aber noch maßgeblich in der Idee der Schuldvergeltung, deren Dominanz dadurch zum Ausdruck kam, daß die Untergrenze der schuldangemessenen Strafe aus präventiven Erwägungen nicht unterschritten werden durfte. Weil in der entscheidenden Frage, ob eine Strafe verhängt werden und wie hoch diese sein sollte, auch in der Vereinigungstheorie der Gedanke der Schuldvergeltung also den Sieg über präventive Forderungen davontrug, bedeutet die Vereinigungstheorie in Wahrheit nichts anderes als eine Vergeltungstheorie mit rein verbalen Konzessionen an die Prinzipien der Prävention (zutr. *Noll,* in: *Baumann* – Hrsg. –, Mißlingt die Strafrechtsreform?, 1969, S. 52). Daß auch der E 1962 auf diesem Fundament stand, ergibt sich aus seinen Begründungen zur Strafzumessung, insbesondere zur Interpretation der „Grundlagenformel": Die im E 1959 vorgeschlagene Vorschrift des § 2 Satz 2 („Die Strafe darf das Maß der Schuld nicht übersteigen.") ist deshalb in den E 1962 nicht übernommen worden, weil sie „die Gefahr in sich bergen würde, daß die Strafzumessung von dem durch die Schwere der Schuld gebotenen Strafmaß zu sehr nach unten abweichen könnte. Denn der Satz verbietet ja gerade nicht, mit der Strafe hinter dem Maß der Schuld zurückzubleiben" (E 1962, Begründung S. 96). In der Begründung wird deshalb auch ausdrücklich ausgesprochen, daß die Strafe „in erster Linie die Straftat sühnen solle" (a.a.O., S. 216), und ganz unmißverständlich kommt dieser Grundsatz schließlich darin zum Ausdruck, daß die Schuldvergeltung einen Sperriegel für alle spezialpräventiv motivierten Maßnahmen darstellen sollte: Die Strafaussetzung bei Gefängnisstrafen bis zu 9 Monaten wurde nach § 72 Abs. 1 E 1962 ausgeschlossen, wenn die Schuld des Verurteilten die Vollstreckung der Strafe gebietet, und die Ersetzung einer kurzfristigen Freiheitsstrafe durch Geldstrafe sollte nach § 53 E 1962 gleichfalls ausscheiden, wenn die Schuld des Täters eine Freiheitsstrafe erfordert.

[5] Berühmt geworden ist der programmatische Satz des Alternativ-Entwurfs: „Strafe zu verhängen ist kein metaphysischer Vorgang, sondern eine bittere Notwendigkeit in einer Gemeinschaft unvollkommener Wesen, wie sie die Menschen nun einmal sind." (So *Baumann* u.a., Alternativ-Entwurf eines Strafgesetzbuches, Allg. Teil, 2. Aufl. 1969, S. 29). Vgl. ferner *H. Schultz,* JZ 1966, 113ff.; *Baumann* (Hrsg.), Programm für ein neues Strafgesetzbuch, 1968; *ders.* (Hrsg.), Mißlingt die Strafrechtsreform?, 1969; *Nedelmann/Thoss/Bacia/Ammann,* Kritik der Strafrechtsreform, 2. Aufl. 1969; zahlr. w.N. bei *Jescheck,* Lehrbuch des Strafrechts Allg. Teil, 3. Aufl. 1978, S. 80f. Die entscheidende Stoßrichtung des Alternativ-Entwurfes richtete sich gerade gegen das in

den letzten Jahren ist es sogar ernsthaft fraglich geworden, ob das Schuldprinzip nicht auch aus dem Strafrechts*system* verbannt und damit *restlos abgeschafft* werden sollte.[6]

2. Um den Wert dieser Entwicklung und ihren künftigen Fortgang besser beurteilen zu können, müssen *drei* verschiedene Intensitätsformen für die Prägung des Strafrechts durch den Schuldgedanken auseinandergehalten werden. Die *intensivste* Prägewirkung besitzt der Schuldgedanke zweifellos in einem *Schuldvergeltungsstrafrecht*, bei dem der Strafzweck *allein* darin gefunden wird, die durch die Straftat vom Täter auf sich geladene Schuld zu vergelten und damit die Gerechtigkeit wiederherzustellen.[7] Die Strafrechtsschuld ist in einem derartigen Strafrecht eine

---

Fn. 4 nachgewiesene starre Festhalten des E 1962 am Prinzip der Schuldvergeltung auch zur Bestimmung der Untergrenze der Strafe (vgl. *Roxin*, in: Strafrechtliche Grundlagenprobleme, 1973, S. 23f., 36ff.).

[6] Und zwar durch die „kriminalpolitische Prägung der Schuld von der Strafzwecklehre her" (vgl. *Roxin*, Kriminalpolitik und Strafrechtssystem, 2. Aufl. 1973, S. 33) bzw. durch ihre Rückführung auf Generalprävention (vgl. *Jakobs*, Schuld und Prävention, 1976, S. 9). Ob der Schuldbegriff nach dieser inhaltlichen Umstürzung als im Grunde obsoleter Terminus im System noch beibehalten wird (so etwa bei *Jakobs*, Strafrecht Allgemeiner Teil, 1983, S. 384ff.), kann selbstverständlich an der Abschaffung des herkömmlichen Systembegriffs der Schuld i.S. der „individuellen Vorwerfbarkeit wegen Möglichkeit des Andershandelns" nichts ändern.

[7] Vgl. dazu *Kant*, Werke in 6 Bänden, hrsg. v. *W. Weischedel*, 1963, Bd. IV, Schriften zur Ethik und zur Religionsphilosophie, S. 453; *Hegel*, Grundlinien der Philosophie des Rechts, hrsg. von *Bolland*, 1902, S. 94; ferner die Darstellung bei *Maurach/Zipf*, Strafrecht, Allg. Teil, Teilbd. 1, 6. Aufl. 1983, S. 72ff.; *Schmidhäuser*, Vom Sinn der Strafe, 2. Aufl. 1971, S. 18ff.; *Kaenel*, Die kriminalpolitische Konzeption von Carl Stooß pp., Bern 1981, S. 48ff.; ferner aber auch *Neumann-Schroth*, Neuere Theorien von Kriminalität und Strafe, 1980, S. 11ff.; *Seelmann*, JuS 1979, 687ff.; *Armin Kaufmann*, Strafrechtsdogmatik zwischen Sein und Wert, 1982, S. 266ff.; *Schild*, SchwZStR 99 (1982), 364ff.; *Cattaneo, Höffe* und *Forschner*, in: *Brandt* (Hrsg.), Rechtsphilosophie der Aufklärung, 1982, S. 321ff., 364ff., 383ff., die allesamt eine differenziertere Interpretation der Straftheorien von *Kant* und *Hegel* vertreten. So wenig diese neuen Versuche, *Kants* und *Hegels* Strafbegriff als Vorläufer der rechtsstaatlichen Präventionsstrafe auszugeben (zuletzt von *Schild*, ARSP 70 – 1984 –, 71ff.), auch zu überzeugen vermögen (vgl. dagegen nur *Kants* berühmt-berüchtigtes „Inselbeispiel", a.a.O., S. 455), so sehr sollte es doch zu denken geben, daß beispielsweise unsere heutige Praxis des Vermögensstrafrechts, verglichen mit dem oft als archaisch bespöttelten Talionsprinzip, geradezu drakonisch wirkt.

für sich allein *hinreichende* Bedingung für die Verhängung von Strafe und damit der *Zentralbegriff* des Strafrechts und des Strafrechtssystems überhaupt. Als *nächstschwächere* Stufe ist die Anbindung der *Strafzumessung* an den Schuld*umfang* zu nennen. Bei dieser Konzeption bleibt es zunächst offen, ob mit dem Strafrecht nicht auch andere Zwecke neben oder anstatt der Schuldvergeltung verfolgt werden; lediglich bei der Bestimmung der Straf*höhe* soll das Schuldmaß die verbindliche Richtschnur abgeben. Dieses von der herrschenden sog. *Vereinigungstheorie*[8] vertretene Konzept zerfällt wiederum in zwei Unterformen, die sich durch ihre Affinität zum Vergeltungsstrafrecht der ersten Stufe bzw. zum Präventionsstrafrecht der dritten Stufe unterscheiden: Während die spezialpräventiv motivierte Substituierung einer am Schuldmaß orientierten Freiheitsstrafe durch Strafaussetzung oder Geldstrafe nach den §§ 53 und 72 E 1962 unter den Vorbehalt gestellt wurde, daß die *Schuld* die strengere Ahndung gebietet, wird dieser „Sperriegel" gemäß den §§ 47, 56 StGB i.d.F. des AT 1975 von der „Verteidigung der Rechtsordnung" und damit von den Mindesterfordernissen der *Generalprävention*[9] gebildet. Den *relativ schwächsten* Einfluß übt der Schuldgedanke schließlich bei dem dritten Modell aus, bei dem nur noch die Frage, *ob überhaupt* eine Strafe verhängt werden darf, von der Schuld des Täters im Sinne einer individuellen Vorwerfbarkeit der objektiven Rechtsgutsverletzung abhängig gemacht wird, während der Zweck der Strafe allein im *Rechtsgüterschutz* und damit in der Generalprävention oder Spezialprävention erblickt und dementsprechend die Strafzumessung auch *allein* am *Präventions*gedanken ausgerichtet wird. Auch hier lassen sich wiederum zwei Unterformen unterscheiden, je nachdem, ob man dem Schuldausmaß noch die Funktion einer Bestimmung der Straf*obergrenze* zuweist oder ob man

---

[8] Vgl. die Nachw. in Fn. 4 sowie dazu *Jescheck*, a.a.O. (Fn. 5), S. 59ff. m. zahlr. N.

[9] Vgl. zum Begriff der Verteidigung der Rechtsordnung insbes. BGHSt 24, 40; *Maiwald*, GA 1983, 49ff.; *Naucke* u.a., Verteidigung der Rechtsordnung, 1971; *Stree*, in: *Schönke/Schröder*, Strafgesetzbuch, 21. Aufl. 1982, Vorbem. §§ 38ff., Rn. 19ff. m.w.N. Ein atavistischer Rückfall in die Gedankenwelt des E 1962 findet sich dagegen in § 57a Abs. 1 Nr. 2 StGB und in BVerfGE 64, 261, 271ff.

die Idee einer Korrelation zwischen Schuldumfang und Strafhöhe überhaupt für verfehlt hält.[10]

3. a) Bei uns sind das *erstgenannte* Modell und die ihm nahestehende Variante des zweiten, d.h. die Konzeptionen eines reinen Schuldvergeltungsstrafrechts bzw. der Schuld als eines Sperrriegels für eine spezialpräventiv motivierte Substitution der Freiheitsstrafe, in den Sechziger Jahren *endgültig* preisgegeben worden, als der „Abschied von *Kant* und *Hegel*" gefeiert wurde[11] und der Strafgesetzentwurf von 1962 in seinen der Vergeltungstheorie verhafteten Elementen[12] vor den Angriffen des Alternativentwurfes mit einer Plötzlichkeit zusammenbrach, die die völlige Überalterung dieses Konzepts unter Beweis stellte. Eine Renaissance erscheint auch auf absehbare Zeit *ausgeschlossen*, weil die Idee einer ihren Zweck in sich tragenden Schuldvergeltung durch Strafe zur Herstellung der Gerechtigkeit nicht nur für sich selbst hochproblematisch ist, sondern auch auf ein metaphysisches Programm hinausläuft, das den Staat in einer pluralistischen, weltanschaulich neutralen Demokratie nichts angeht und jenseits der zulässigen Staatsaufgaben liegt.

b) Es bleiben damit nur noch jene *minderen* Einflußformen des Schuldgedankens im Strafrecht übrig, die zwar im Ausland teilweise schon preisgegeben wurden, in *Deutschland* aber immer noch von der h.M. akzeptiert und getragen werden. Gemäß dem in der Strafrechtsreform neugefaßten § 46 StGB ist die Schuld des Täters nach wie vor die *Grundlage* für die Strafzumessung, was von der Rechtsprechung unter dem Beifall der immer noch überwiegenden Stimmen im Schrifttum dahin verstanden wird, daß die verhängte Sanktion sich weder nach oben noch nach unten

---

[10] Die erste Unterform ist im Alternativ-Entwurf verwirklicht, vgl. § 2 Abs. 2 AE sowie dazu *Roxin*, a.a.O. (Fn. 5), S. 20ff.; *Noll*, a.a.O. (Fn. 4), S. 54 sowie bereits *ders.*, in: Die ethische Begründung der Strafe, 1962, S. 22; vgl. dazu auch *Lackner*, Über neue Entwicklungen in der Strafzumessungslehre und ihre Bedeutung für die richterliche Praxis, 1978, S. 23 m.w.N. Die zweite Unterform wird in dem vorliegenden Beitrag entwickelt.

[11] So der programmatische Titel des Beitrages von *Klug*, in: *Baumann*, Programm für ein neues Strafgesetzbuch, a.a.O. (Fn. 5), S. 36ff.

[12] Insbesondere in Gestalt der Verwendung des Vergeltungsprinzips als Sperriegel für kriminalpolitische Reformen, vgl. die §§ 53, 72 E 1962.

von dem schuld*angemessenen* Strafmaß entfernen darf.[13] Angesichts dieser dominierenden Bedeutung der Schuld für das „*Wie*" der Strafe wird von den Vertretern der h. M. selbstverständlich auch das „*Ob*" der Strafe von dem Vorhandensein einer Schuld i. S. der individuellen Vorwerfbarkeit der Tat abhängig gemacht.[14] Während der *Zweck* der Strafe also nunmehr nach herrschender Auffassung in dem Rechtsgüterschutz durch *General-* und *Spezialprävention* besteht[15], sollen ihre *Verhängung überhaupt* und ihre *Höhe im einzelnen* dennoch nach wie vor von der Schuld des Täters entscheidend bestimmt werden. Schon diese *Trennung* von Zweck und Inhalt erweckt aber Argwohn, denn in einer modernen Rechtsordnung ist es sonst allgemein üblich, den Inhalt der Rechtsfolgen von ihrem Zweck her im einzelnen zu bestimmen und auszuformen[16], und während sich die dominierende Rolle des Schuldgedankens in einem Schuldvergeltungsstrafrecht von selbst verstand, bedarf seine nach wie vor zu beobachtende Dominanz in einem an und für sich auf dem Präventionszweck aufgebauten modernen Strafrecht zweifellos einer *eigenständigen Ableitung und Rechtfertigung.*

c) Der Schuldgedanke stellt deshalb in einem modernen Präventionsstrafrecht an sich einen *Fremdkörper* dar, dessen Einfü-

---

[13] Vgl. zur Schuld als Obergrenze: BGHSt 20, 264, 266f. und BGH VRS 28, 359, 362; zur Schuld als Untergrenze: BGHSt 24, 132, 133f.; 29, 319, 321; zust. in der Lit.: *Bruns*, Leitfaden des Strafzumessungsrechts, 1980, S. 85ff.; *ders.*, ZStW 92 (1980), 729f.; G. *Hirsch*, in: *Jescheck u. a.* (Hrsg.), Leipziger Kommentar zum StGB (LK), 10. Aufl. 1978ff., vor § 46, Rn 12ff., insbes. 16, 19 u. 23; *Jescheck*, a.a.O. (Fn. 5), S. 703ff.; *Lackner*, Strafgesetzbuch, 15. Aufl. 1983, § 46, Anm. 3 a aa u. bb; *Maurach/Zipf*, a.a.O. (Fn. 7), S. 90f.; *dies.*, Strafrecht Allg. Teil, Teilbd. 2, 5. Aufl. 1978, S. 432, 447ff.; zur Schuld als Obergrenze vgl. auch BVerfGE 45, 187, 259f.; 50, 1, 11f.

[14] Vgl. *Baumann*, Strafrecht Allg. Teil, 8. Aufl. 1977, S. 367, 370; *Blei*, Strafrecht I, 18. Aufl. 1983, S. 173ff., insbes. 175f.; *Dreher/Tröndle*, Strafgesetzbuch, 41. Aufl. 1983, vor § 1, Rn. 28; *Jescheck*, a.a.O. (Fn. 5), S. 157, 328f.; *Lenckner*, in: *Schönke/Schröder* (Fn. 9), vor §§ 13ff., Rn. 103, 114; *Maurach/Zipf*, a.a.O. (Fn. 7), S. 390f.; *Rudolphi*, in: Systematischer Kommentar zum Strafgesetzbuch (SK), Bd. 1 Allgemeiner Teil, 4. Aufl. 1982ff., vor § 19, Rn. 1.

[15] Vgl. dazu nur *Dreher/Tröndle*, a.a.O. (Fn. 14), § 46, Rn. 3; *Stree*, in: *Schönke/Schröder* (Fn. 9), Vorbem. §§ 38ff., Rn. 1ff.; *Maurach/Zipf*, a.a.O. (Fn. 7), S. 80ff.; BGHSt 24, 40, 42; BVerfGE 45, 187, 254.

[16] Vgl. dazu insbes. meinen Einleitungsbeitrag zu diesem Band, oben S. 45ff.

gung in *kriminalpolitischer* und *systematischer* Hinsicht entweder in einer gegenüber dem alten Vergeltungsstrafrecht *neuartigen* Weise begründet oder aber *preisgegeben* werden muß. Von den im Schrifttum hierzu entwickelten Lösungsvorschlägen möchte ich an dieser Stelle mit Rücksicht auf den beschränkten Raum die *drei wichtigsten* herausgreifen und anschließend kritisch erörtern: nämlich *zum ersten* die Beibehaltung des Schuldprinzips als einer *zugunsten* des Täters vorgenommenen *Fiktion; zum zweiten* die *Ersetzung* der Schuld als einer Kategorie des Strafrechtssystems durch die neuartige Kategorie der *Verantwortlichkeit;* und *zum dritten* die sog. *Spielraumtheorie* als den Versuch, die Strafzumessung völlig am Schuldumfang auszurichten und dennoch Raum für die Berücksichtigung general- oder spezialpräventiver Zwecksetzungen zu lassen.

II. Die Schuld als Fiktion zugunsten des Täters?

1. Die siegreiche Kritik am Schuldvergeltungsstrafrecht hat einen erheblichen Teil ihrer Überzeugungskraft aus dem Argument gezogen, daß die Möglichkeit von Schuld die Existenz der menschlichen *Willensfreiheit* zur Prämisse habe, deren Richtigkeit nun aber weder generell noch speziell nachweisbar sei, weil weder die menschliche Willensfreiheit überhaupt noch die Möglichkeit des Andershandelns in einer ganz speziellen Situation exakt beweisbar seien.[17] Die h. L. hat dieses Argument als in sich nicht wider-

[17] Zur Kritik am Dogma der Willensfreiheit im allgemeinen bzw. an ihrer Nachweisbarkeit im konkreten Fall vgl. *Danner,* Gibt es einen freien Willen?, 4. Aufl. 1977, passim (aus psychologischer Sicht; ähnlich *Weinschenk,* Entschluß zur Tat, Schuldfähigkeit, Resozialisierung, Prävention, 1981, S. 424 ff.); *Plack,* Plädoyer für die Abschaffung des Strafrechts, 1974, S. 207 ff. (aus psychoanalytischer Sicht); *Haddenbrock,* in: *Göppinger/Witter* (Hrsg.), Handbuch der forensischen Psychiatrie II, 1972, S. 893 ff. (aus psychiatrischer Sicht); *Pothast,* Die Unzulänglichkeit der Freiheitsbeweise, 1980, passim (aus philosophischer Sicht); *Kargl,* Kritik des Schuldprinzips, 1982, S. 236 ff. (aus eklektischer Sicht). Zur strafrechtsdogmatischen Rezeption der Kritik am Indeterminismus vgl. nur *Jescheck,* a.a.O. (Fn. 5), S. 330 ff.; *Bockelmann,* ZStW 75 (1963), 372 ff.; *Engisch,* Die Lehre von der Willensfreiheit in der strafrechtsphilosophischen Doktrin der Gegenwart, 2. Aufl. 1965, S. 1 ff., 23 ff.; *Schreiber,* Nervenarzt

legbar angesehen und ihm deshalb durch eine *Schrumpfung* des Schuldbegriffs auszuweichen versucht, indem anstelle der individuellen Freiheit zum Andershandeln nur noch das generalisierende Urteil verlangt wird, daß ein *Durchschnittsmensch* anstelle des Täters die Tat hätte vermeiden können und daß auch der Täter *generell* die Fähigkeiten eines Durchschnittsmenschen besitzt. Im übrigen müsse das Recht die Existenz der allgemeinen menschlichen Willensfreiheit *postulieren*, weil Menschen nur im Bewußtsein von Freiheit und Verantwortung existieren könnten. Unter Gerechtigkeitsgesichtspunkten wird diese „staatsnotwendige Fiktion" teilweise damit gerechtfertigt, daß sich das Erfordernis der individuellen Vorwerfbarkeit ja nur *zugunsten* des Täters auswirke, nämlich in Gestalt der Straflosigkeit aller schuldlosen Handlungen und der Funktion des Schuldumfanges als Obergrenze der Strafe.

a) Diese mit gewissen Modifizierungen von der h. M., etwa von *Bockelmann* und *Jescheck*, von *Lenckner* und *Roxin* vertretene Auffassung[18] wirkt zunächst wie eine besonders elegante *Ent-*

1977, 245; *ders.*, NStZ 1981, 51; *ders.*, in: *Immenga* (Hrsg.), Rechtswissenschaft und Rechtsentwicklung, 1980, S. 282f.; *Haffke*, GA 1978, 43f.; *Krümpelmann*, ZStW 88 (1976), 31; *Gimbernat Ordeig*, ZStW 82 (1970), 379ff.; *ders.*, FS f. Henkel, 1974, S. 151ff.; alle mit zahlr. w. N. Vgl. aber auch zur Verteidigung des Indeterminismus *Welzel*, Das deutsche Strafrecht, 11. Aufl. 1969, S. 145f.; *ders.*, FS f. Engisch, 1969, S. 91ff. (mit Antikritik von *Pothast*, a.a.O., S. 329ff.); *Griffel*, ARSP 1983, 340ff. mit zahlr. w. N. sowohl der deterministischen als auch der indeterministischen Positionen; *Dreher*, ZStW 95 (1983), 340ff.; ferner aus analytischer Sicht *Weinberger*, Studien zur formal-finalistischen Handlungstheorie, 1983, S. 115ff.

18 Das berühmte Wort von der „staatsnotwendigen Fiktion" stammt von *Kohlrausch*, Festgabe f. Güterbock, 1910, S. 26; zur Reduzierung des Begriffs der Willensfreiheit auf die Fähigkeiten einer „maßgerechten Persönlichkeit" vgl. *Nowakowski*, FS f. Rittler, 1957, S. 71; zur „Limitationsthese" vgl. vor allem *Roxin*, a.a.O. (Fn. 5), S. 20ff.; *ders.*, MschrKrim 1973, 320ff.; kritisch dazu aber etwa *Arthur Kaufmann*, JuS 1967, 555; *Lenckner*, in: *Göppinger/Witter*, Handbuch der forensischen Psychiatrie I, 1972, S. 18; weitere Nachweise bei *Kargl*, a.a.O. (Fn. 17), S. 196f. – Vgl. im übrigen zu der (im einzelnen vielfältig facettierten) herrschenden Auffassung, die einen gemäßigten Agnostizismus mit einem „normativen Indeterminismus" verbindet, *Jescheck*, a.a.O. (Fn. 5), S. 331f.; *Bockelmann*, ZStW 75 (1963), 388; *ders.*, Allgemeiner Teil, 3. Aufl. 1979, S. 110; *Lange*, in: LK, a.a.O. (Fn. 13), § 51, Rn. 6; *Rudolphi*, in: SK (Fn. 14), § 20, Rn. 25; *Lenckner*, in: *Schönke/Schröder* (Fn. 9), vor § 19, Rn. 110;

schärfung des uralten Streites zwischen Determinismus und Indeterminismus, erweist sich aber bei genauerer Betrachtung *teils* als unzureichend und *teils* als unnötig zurückhaltend. *Unzureichend* ist sie deshalb, weil die gesetzliche Fiktion einer in Wirklichkeit nicht gegebenen Möglichkeit zum Andershandeln für den Fall, daß sie sich zum *Nachteil* des Täters auswirkt, in einem Rechtsstaat schwerlich akzeptiert werden kann und weil der von *Roxin* unternommene Nachweis, daß diese Fiktion nur zugunsten des Täters wirke[19], mindestens für den Akt der Strafzumessung *nicht* zu überzeugen vermag. Denn wenn die festzusetzende Strafe nach h. M. die gerade noch schuldangemessene Grenze des vorhandenen Zumessungsspielraumes *nicht unterschreiten* darf[20], dann wirkt hier der Schuldgedanke als Verbot einer Strafmilderung und damit unzweifelhaft *zu Lasten* des Täters.

An dieser Konsequenz ist auch nicht dadurch vorbeizukommen, daß man im Anschluß an *Achenbach*[21] zwischen der Strafbegründungsschuld und der Strafzumessungsschuld scharf unterscheidet. Denn wie etwa der Schuldausschluß wegen einer schweren geistigen Störung und die Strafmilderung wegen einer weniger schwerwiegenden geistigen Störung belegen, ist die Strafzumessungsschuld nur eine Erweiterung der Strafbegründungsschuld im Quantitativen, während andererseits die Strafbe-

---

Krümpelmann, ZStW 88 (1976), 12; *Blei*, Strafrecht Allgemeiner Teil, 18. Aufl. 1983, S. 177; *Stratenwerth*, Strafrecht Allgemeiner Teil, 3. Aufl. 1981, S. 157; *Zipf*, Kriminalpolitik, 2. Aufl. 1980, S. 64 f.; alle mit zahlr. N. Vgl. ferner auch die Nachweise oben in Fn. 17 sowie bei *Krümpelmann*, GA 1983, 337 f.; *Stratenwerth*, Die Zukunft des strafrechtlichen Schuldprinzips, 1977, S. 17; *Jakobs*, Strafrecht Allgemeiner Teil, 1983, S. 397; im Ergebnis ähnlich auch *Engisch*, a.a.O. (Fn. 17), S. 38 ff.

[19] Vgl. *Roxin*, a.a.O. (Fn. 5).

[20] Vgl. die Nachw. in Fn. 13 sowie *Bruns*, Strafzumessungsrecht, 2. Aufl. 1974, S. 263 ff., insbes. S. 264 u. 284; *Dreher/Tröndle*, a.a.O. (Fn. 14), § 46, Rn. 7, 8; *Zipf*, Die Strafzumessung, 1977, S. 43; *ders.*, Die Strafmaßrevision, 1969, S. 80. Auch *Roxin* ist inzwischen weitgehend auf diese Position eingeschwenkt, da er sich zur Spielraumstrafe bekannt und lediglich ausnahmsweise eine Unterschreitung des Maßes der Schuldstrafe für zulässig erklärt hat (in: SchwZStR. 94 – 1977 –, 469 ff., 479).

[21] In: Historische und dogmatische Grundlagen der strafrechtssystematischen Schuldlehre, 1974, S. 13 und passim; zust. *Roxin*, FS f. Bockelmann, 1979, S. 282, 297, 304; wie hier dagegen *Köhler*, Über den Zusammenhang von Strafrechtsbegründung und Strafzumessung, 1983, S. 28.

gründungsschuld von der Anerkennung einer Strafzumessungsschuld impliziert wird.

b) Der Ausweg der h. M. ist aber nicht nur unzulänglich, sondern auch *unnötig*, weil die aus der Richtung des Determinismus vorgetragenen Angriffe auf den Schuldgedanken im Strafrecht weitaus wirkungsvoller abgeschlagen werden können. Die übliche Anzweifelung der Willensfreiheit speziell im *Strafrecht* ist nämlich ein realitätsfernes Gedankenspiel, das nicht nur das Strafrecht aus unserer gesamten sonstigen *gesellschaftlichen Wirklichkeit* herauszubefördern droht, sondern das insbesondere auch ein grundlegendes *Mißverständnis* der Funktion des Begriffs der Willensfreiheit im gesellschaftlichen Kontext und seines darin überhaupt nur denkbaren Inhaltes artikuliert. Denn die Willensfreiheit ist kein schlichtes bio-physikalisches Faktum, sondern ein Teil der sog. *gesellschaftlichen Rekonstruktion der Wirklichkeit*[22] und gehört sogar, wie ich glaube, zu einer besonders elementaren Schicht mindestens der abendländischen Kultur, deren Preisgabe nur in dem Falle der Auflösung dieser Kultur insgesamt denkbar wäre. Weil die *sprachlichen Eigenheiten* einer Gesellschaft und insbesondere auch *die Grammatik ihrer Sprache* entsprechend dem überzeugenden Grundgedanken der *Humboldt-Whorfschen* Sprachtheorie[23]

---

[22] Vgl. dazu *Berger–Luckmann*, Die gesellschaftliche Konstruktion der Wirklichkeit, 1969, S. 36ff., 128ff., sowie zu dem dahinterstehenden Paradigma der Ethnomethodologie *Weingarten/Sack/Schenkein* (Hrsg.), Ethnomethodologie – Beiträge zu einer Soziologie des Alltagshandelns, 1976, passim, und besonders prägnant *Weingarten/Sack*, ibid., S. 20f. („Die Bedeutung der Ethnomethodologie liegt wohl darin, daß sie mit diesem theoretisch formulierten und empirisch aufgezeigten Bild vom kompetent handelnden Menschen die Brücken zu den deterministischen Modellen behavioristischer und strukturell-funktionaler Theoretiker in den Sozialwissenschaften abgebrochen und, durch die philosophische Tradition der Phänomenologie angeleitet, Wege aufgezeigt hat, das zielgerichtet handelnde Individuum bei der Herstellung der gesellschaftlichen Realität zu beobachten und diese dadurch zu erkennen."), ferner auch *Zimmerman/Pollner*, ibid., S. 64ff., 53ff. („Die Durchlässigkeit von Realitäten").

[23] Zur Sprachtheorie *Humboldts* vgl. *W. v. Humboldt*, Gesammelte Schriften, 1903ff., Bd. VI, S. 16, 22f., 160ff. sowie Bd. VII, S. 53ff., 94ff.; *v. Kutschera*, Sprachphilosophie, 2. Aufl. 1975, S. 289ff.; *Weisgerber*, Vom Weltbild der deutschen Sprache, 2. Aufl. 1953/54, 1. Halbbd., S. 11ff., 2. Halbbd., S. 126ff. Ganz ähnlich *Sapir*, Language 5 (1929), 209; *ders.*, Science 74 (1931), 578, sowie *Whorf*, mit dessen Namen die Hypothese „Sprachstruktur = Weltsicht"

eine bestimmte *Welt-Sicht* offenbaren, wird sich zumindest in allen indogermanischen Sprachen die Verankerung der Willensfreiheit in den elementarsten grammatischen Formen kaum bestreiten lassen. Denn die *Konstruktion der Sätze* mit einem handelnden Subjekt und einem die Handlung erleidenden Objekt wie auch die *grammatischen Formen* des Aktivs und des Passivs belegen eine Welt-Sicht, die von dem handelnden Subjekt und damit in letzter Konsequenz von dessen *Handlungsfreiheit* geprägt ist und hinter die man infolgedessen überhaupt nicht zurückgehen kann, solange diese Sprachstrukturen unsere Gesellschaft beherrschen. Um nur einen ganz schwachen Abglanz von denjenigen die gesamte bisherige Geschichte Europas zu einer Quantité négligeable stempelnden Veränderungen zu geben, die sich zuvor ereignen müßten, bevor an eine reale Eliminierung der Willensfreiheit aus dem gesellschaftlichen Kontext gedacht werden könnte: Erst wenn es für jeden von uns selbstverständlich wäre, selbst in seinen eigenen Gedankenspielen *nicht mehr* in den Kategorien von Subjekt, Prädikat und Objekt, von Aktiv und Passiv zu denken, sondern sich etwa vorzustellen, „es mag sein, daß es mich bei der Bundestagswahl an der Wahlurne finden wird"[24], könnte dann auch im Strafrecht daran gedacht werden, das ihm bis dahin aus

---

heute gewöhnlich in Verbindung gebracht wird (vgl. *Whorf*, Sprache – Denken – Wirklichkeit, herausgegeben und aus dem Amerikanischen übersetzt von *Krausser*, 1963, S. 7ff., 51ff., 74ff. und passim sowie die Darstellung bei *v. Kutschera*, a.a.O., S. 300ff.; *Hartig*, Einführung in die Sprachphilosophie, 1978, S. 138ff.; *Henle*, in: *Henle* – Hrsg. –, Sprache, Denken, Kultur, aus dem Amerikanischen, 1969, S. 9ff.; vgl. ferner die ausführliche Darstellung und Diskussion bei *Hoijer* – Hrsg. –, Language in Culture, 7. Aufl., Chicago und London 1971, passim). Eine Darstellung des Zeitaspektes der Sprachen im Hinblick auf *Whorfs* Hypothese findet sich bei *Weinrich*, Tempus, 2. Aufl. 1971, S. 300ff. Die Kritik an *Whorfs* Hypothese (vgl. etwa *Black*, in: The philosophical Review 1959, 228ff.; *Carroll*, Language and Thought, Prentice Hall, N.J., S. 106ff.; *de Saussure*, Grundfragen der allgemeinen Sprachwissenschaft, 2. Aufl. 1967, S. 273ff.) betrifft hauptsächlich die Frage, ob die durch die Sprachstruktur ausgedrückte Weltsicht irreversibel ist, und kann die Richtigkeit des grundsätzlichen Ansatzes nicht widerlegen.

[24] Wobei das im Text gegebene Beispiel sogar noch höchst unvollkommen ist, weil es – mangels einer anderweitigen sprachlichen Möglichkeit – die grammatische Struktur von Subjekt und Objekt noch beibehält und lediglich ein personal erkennbares Subjekt eliminiert.

der *gesellschaftlichen Wirklichkeit notwendig zuwachsende Fundament der Willensfreiheit* aufzugeben.

Daß diese Ausdeutung der grammatischen Grundstruktur der sog. SAE-Sprachen[25] auch nicht etwa eine zufällige, an sich irrelevante Sprachvariante überschätzt und überstrapaziert, wird durch die Ergebnisse der vergleichenden Linguistik belegt: Schon *Whorf* hat der Subjekt-Prädikat-Struktur der SAE-Sprachen den Satztypus der Nootka-Indianer gegenübergestellt, bei dem es (ebenso wie bei gewissen Verben der Hopi-Indianer) keine Teilung in Subjekt und Prädikat gibt, weshalb sich diese Sprachen nach *Whorf* besser als der SAE-Typus zu einer Beschreibung von Naturvorgängen ohne handelndes Täterwesen eignen würden.[26] *Lee* hat am Beispiel der Wintu-Sprache herausgearbeitet, daß die Verben dieser Sprache zwei verwandte Formen haben, die einmal das Subjekt als frei handelndes und zum anderen einen Seins-Zustand anzeigen, bei dem kein frei handelndes Individuum mitgedacht ist. Dem Verbalstamm der zweiten Kategorie wird ein Suffix beigefügt, dessen Bedeutung diejenige der Naturnotwendigkeit zu sein scheint und das auf eine unvermeidbare Zukunft bezugnimmt, gegenüber der das Individuum hilflos ist. Diese Grammatik korrespondiert nach *Lee* mit der Metaphysik des Wintu-Volkes, wonach der Wintu nur einen kleinen Bereich besitzt, in welchem er wählen und Entscheidungen treffen kann, während die Welt der Naturnotwendigkeit viel größer ist.[27] Schließlich hat *Hoijer* festgestellt, daß der Navaho-Sprache das Satzmuster „Handelnder-Handlung" aus den SAE-Sprachen fremd ist, weil von den Navahos die Handlung nicht als von einem Subjekt ausgehend, sondern als einem Objekt inhärent aufgefaßt wird.[28]

2. Wer für eine völlige Preisgabe der Idee der Willensfreiheit im Strafrecht plädiert, benimmt sich deshalb im Grunde genom-

---

[25] Mit diesem von *Whorf* eingeführten Terminus ist der durchschnittliche europäische Sprachstandard (Standard average European) gemeint. Zur „Subjektzentriertheit des Satzes" in den westeuropäischen Sprachen vgl. auch die Bemerkung von *Broekmann*, Rechtstheorie 1980, S. 27.

[26] Vgl. *Whorf*, a.a.O. (Fn. 23), S. 43f.

[27] Vgl. *Lee*, in: Philosophy of sience 5 (1939), 90ff., 94ff., sowie *Henle*, a.a.O. (Fn. 23), S. 21ff., 29f.

[28] In: Language 27 (1951), 111ff.; vgl. dazu *Henle*, a.a.O. (Fn. 23), S. 36ff.

men ebenso *naiv* wie *hilflos*. *Naiv* deswegen, weil er nicht erkennt, daß die Willensfreiheit in den elementaren Strukturen unserer gesellschaftlichen Kommunikation gesetzt und schon deshalb gesellschaftlich real ist, so daß man bei der Planung gesellschaftlicher Veränderungen an ihr ebenso wenig vorbeigehen kann, wie man etwa eine staatliche Abfallbeseitigungsverwaltung mit dem Argument bekämpfen könnte, daß man das hinter dem Abfall stehende „Ding an sich" bis heute ja noch nicht erkannt habe und daß der Gestank der Fäkalien nur eine Fehlrezeption der Wirklichkeit durch den Menschen sei.[29] Und *hilflos* handelt er, weil es nun einmal völlig ausgeschlossen ist, hinter diese *Tiefenstrukturen* unseres sozialen Daseins zurückzugehen, so daß die konsequente Praktizierung eines von der Willensunfreiheit des Menschen ausgehenden Strafrechts *unmöglich* wäre. Das wird trefflich durch die Pointe jenes Richters illustriert, der auf den Einwand des Angeklagten, er könne mangels Existenz der menschlichen Willensfreiheit schwerlich verurteilt werden, bedauernd repliziert, daß er – der Richter – dann ja auch nicht willensfrei sei und nun einmal nicht anders könne, als den Angeklagten zu bestrafen: Mit dieser Glosse wird die unauflösbare Aporie des strafrechtlichen Determinismus getroffen, der – auf den Strafrichter selbst angewendet – zu einer *Preisgabe des normativen Charakters* der Rechtsordnung insgesamt führen und deshalb auf einen weder mit den kulturellen Vorgegebenheiten des Strafrechts noch mit der Grundstruktur unseres Rechts zu vereinbarenden Paradigmawechsel hinauslaufen würde, dessen Verfechter in prinzipieller Weise verkennen, daß das Weltbild des Juristen nicht in

[29] So wenig, wie man das Kant'sche „Ding an sich" zum Nachweis für die Unsinnigkeit der Eigentumsgarantie des Art. 14 GG heranziehen könnte, könnte man auch den philosophischen Solipsismus als Argument dafür benutzen, daß die Gewährleistung von Grundrechten überflüssig sei. Und bei genauerem Zusehen läßt sich also auch der strafrechtliche Determinismus als eine ähnliche Donquichotterie entlarven, zumal er auch zu einer Ruinierung aller modernen Ansätze zur Einschränkung des Strafrechts führen müßte, weil beispielsweise eine Entkriminalisierung zwecks Respektierung der allgemeinen Handlungsfreiheit, wie sie bei den Sexualdelikten durch das 4. Strafrechtsreformgesetz durchgeführt worden ist, in einem deterministischen System sinnlos wäre.

esoterischen Theorien, sondern in dem von der Umgangssprache geprägten täglichen Leben besteht.[30]

3. a) Mindestens für das europäische Strafrecht läßt sich deshalb die Existenz der menschlichen Willensfreiheit als eines gesellschaftlichen Phänomens nicht in Zweifel ziehen, und daraus folgt mit Notwendigkeit, daß bei einem *durchschnittlichen* Täter in einer *durchschnittlichen* Situation eo ipso von der *Möglichkeit des Andershandelns* auszugehen ist. Und von diesem archimedischen Punkt aus können dann jene empirischen Bedingungen der „normativen Ansprechbarkeit" zusammengetragen werden, die dazu führen, daß die Mehrheit der Bürger in der Mehrzahl der Entscheidungssituationen rechtskonforme Motivationen realisiert, und bei deren Fehlen deshalb die menschliche Emanzipation von den Trieben und Instinkten durch eine kognitive Wertorientierung nicht gelungen ist.

b) Das Problem der Willensfreiheit nötigt uns also nicht dazu, den Schuldgedanken im Strafrecht aus *erkenntnistheoretischen* Gründen auf eine Fiktion zu gründen oder auf eine Verwertung lediglich zugunsten des Täters zu beschränken. Damit ist allerdings noch nicht die *strafrechtsdogmatische* Frage beantwortet, ob die Schuldidee in einem modernen, vom Präventionszweck beherrschten Strafrecht noch eine legitime Funktion haben kann oder ob sie hierin nicht zu einem Fremdkörper geworden ist. Dieser Frage möchte ich mich nunmehr zuwenden.

---

30 Interessanterweise haben in der Philosophie sowohl der Neukantianer *Rickert* als auch Vertreter der analytischen Sprachphilosophie den bereits von *Epikur* unternommenen Nachweis zu erneuern versucht, daß der Determinismus bei konsequenter Anwendung sich selbst widerlegt (vgl. die Darstellung und Kritik bei *Pothast,* a.a.O. – Fn. 17 –, S. 251 ff. sowie zu *Epikur Popper,* in: *Popper/Eccles,* Das Ich und sein Gehirn, 1977, S. 106); unbeschadet der dagegen von *Pothast* (a.a.O.) vorgetragenen philosophischen Antikritik dürfte diese Selbstwiderlegung jedenfalls im Rahmen unseres Rechtsbegriffs unabweisbar sein. Vgl. im übrigen zu der umgangssprachlich strukturierten Alltagswelt als Gegenstand des Rechts *Engisch,* Vom Weltbild des Juristen, 2. Aufl. 1965, S. 23 f.

III. Ersetzung der Kategorie der Schuld durch die Generalprävention?

1. Wie schon eingangs bemerkt, wird die dogmatische Kategorie der Schuld i. S. der *individuellen Vorwerfbarkeit* als Voraussetzung der Strafbegründung in der allerneuesten Diskussion von namhaften Autoren mit im einzelnen unterschiedlicher Begründung als *obsolet* angesehen. Nach der vergleichsweise weniger radikalen Position von *Roxin*[31] sollen die sog. Schuldausschließungsgründe des Allgemeinen Teils wie etwa Notstand, Verbotsirrtum und Notwehrexzeß überhaupt *nicht* auf der in diesen Fällen *ausgeschlossenen Möglichkeit des Andershandelns* beruhen, sondern auf der rein *kriminalpolitischen* Überlegung, daß eine Strafe dann *weder generalpräventiv noch spezialpräventiv geboten* ist, wenn dem Täter eine Normbefolgung wegen starken Motivationsdruckes nicht zugemutet werden konnte und wenn auch der Allgemeinheit billigerweise keine festere Normtreue abverlangt werden kann. Als Beispiel führt *Roxin* dafür u. a. die Regelung des *entschuldigenden Notstandes* in § 35 an, wonach die Schuld des Täters dann ausgeschlossen ist, wenn er in einer nicht anders abwendbaren Gefahr für Leib oder Leben eine Straftat begangen hat, wonach dieser Schuldausschließungsgrund aber dann nicht gegeben sein soll, wenn der Täter etwa als Feuerwehrmann oder Polizist zum

---

[31] Entwickelt in: Kriminalpolitik und Strafrechtssystem, 1. Aufl. 1970, 2. Aufl. 1973, S. 33ff.; weiter ausgebaut in: MschrKrim 1973, 316ff.; FS f. Henkel, 1974, S. 171ff.; FS f. Schaffstein, 1975, S. 105, 116ff.; SchwZStR 94 (1977), 470f. (mit weiterer Ausführung der spezifischen Strafzumessungsproblematik in FS f. Bruns, 1978, S. 183, 190ff.); FS f. Bockelmann, 1979, S. 279ff. Im Kern zust. *Rudolphi*, in: *Bönner/de Boor* (Hrsg.), Unrechtsbewußtsein, 1982 (Heft 7 der Schriftenreihe des Instituts für Konfliktforschung), S. 1ff., 27ff. (mit weiterführenden Darlegungen zum Verbotsirrtum); *Müller-Dietz*, Grundfragen des strafrechtlichen Sanktionensystems, 1979, S. 18ff.; z. T. auch *Stratenwerth*, a.a.O. (Fn. 18), S. 42ff. Krit. etwa *Stratenwerth*, MschrKrim 1972, 196f.; *Zipf*, ZStW 89 (1977), 710ff.; *Muñoz Conde*, GA 1978, 70f.; *Schöneborn*, ZStW 88 (1976), 349ff.; *Burkhardt*, GA 1976, 336ff. Vgl. im übrigen zu der durch *Roxins* Ansatz ausgelösten Diskussion die Nachweise bei *Rudolphi*, in: SK (Fn. 14), Rn. 1b vor § 19; *Zipf*, Kriminalpolitik (Fn. 18), S. 62; *Roxin*, Kriminalpolitik und Strafrechtssystem, 2. Aufl. 1973, S. 45ff.

Standhalten gegenüber der Gefahr verpflichtet war.[32] Weil eine solche objektiv-normative Rechtspflicht offensichtlich den Polizisten und Feuerwehrleuten kein größeres Maß an subjektiv-faktischer Handlungsfreiheit verleihen kann, als sie bei dem keiner Duldungspflicht unterworfenen Durchschnittsbürger existiert, kann die konkrete gesetzliche Regelung des entschuldigenden Notstandes tatsächlich nur in der Weise erklärt werden, daß der Gesetzgeber eine bloße *Reduzierung* der Handlungsfreiheit aus kriminalpolitischen Gründen beim Durchschnittsbürger zur Straffreiheit ausreichen läßt, während er Feuerwehrleute und Polizisten, die ihre Dienstpflichten verletzen, auch bei reduzierter Handlungsfreiheit noch bestraft. Dahinter steht die Überlegung, daß die Gesellschaft auf den Einsatz dieser Personen zum Rechtsgüterschutz angewiesen ist, so daß es generalpräventiv und spezialpräventiv geboten ist, auf Einschränkungen ihrer Motivationsfreiheit keine Rücksicht zu nehmen. Auch die für den Täter vermeidbare Rechtsgüterverletzung wird infolgedessen *nur dann* bestraft, wenn dies aus generalpräventiven Gründen zur Erhaltung der Rechtstreue der Bevölkerung insgesamt oder jedenfalls der Rechtstreue der besonders wichtigen Amtsträger *erforderlich* ist. Und der Gesetzgeber verzichtet deshalb nicht nur dann auf Strafe, wenn die Entscheidungsfreiheit des Täters vollständig *ausgeschlossen* ist, sondern bereits dann, wenn die Entscheidungsfreiheit so weitgehend *reduziert* ist, daß unter generalpräventiven Aspekten eine strafrechtliche Ahndung zur Aufrechterhaltung des Rechtsgüterschutzes nicht erforderlich erscheint.

Nach dieser Konzeption von *Roxin* ist die herkömmliche dogmatische Kategorie der *Schuld* also durch die zusätzliche Forderung eines *generalpräventiven Strafbedürfnisses* zu *ergänzen*. Ich halte das in vollem Umfange für zutreffend, und zwar aus einem doppelten Grunde: *Erstens* läßt sich die konkrete gesetzliche Regelung der bisher sog. Schuldausschließungsgründe nur verstehen, wenn man außer der Unmöglichkeit des Andershandelns auch den Fortfall eines generalpräventiven Strafbedürfnisses wegen starker Reduzierung der Handlungsfreiheit als Grund für einen Strafverzicht des Staates anerkennt. Und *zweitens* wird auf

[32] Kriminalpolitik und Strafrechtssystem (Fn. 31), S. 33 f. u. ö.

diese Weise die Dogmatik des Allgemeinen Teils vortrefflich mit der Neuorientierung der Strafzwecklehre von einem *Schuldvergeltungsstrafrecht* zu einem *Präventionsstrafrecht* harmonisiert, denn es ist selbstverständlich, daß in einem Präventionsstrafrecht nicht schon die Schuld als solche, sondern erst das präventive Strafbedürfnis den staatlichen Strafanspruch auslösen kann. Der Vorschlag von *Roxin*, die Systemkategorie der Schuld durch das präventive Strafbedürfnis zu ergänzen und für beide Elemente zusammen die neue *Systemkategorie der Verantwortlichkeit* zu schaffen[33], verdient deshalb uneingeschränkte Zustimmung.

2. a) Zu fragen bleibt, ob aus der Umwandlung des Schuldvergeltungsstrafrechts in ein Präventionsstrafrecht nicht *radikalere Konsequenzen* gezogen werden müssen und ob deshalb nicht, wie es von *Jakobs*[34] verlangt und teilweise auch von *Roxin* angedeutet worden ist[35], die Kategorie der Schuld als Voraussetzung der Strafbarkeit vollständig durch das *generalpräventive Strafbedürfnis ersetzt* bzw. darauf *zurückgeführt* werden muß. Um das Ergebnis vorwegzunehmen: Ich halte diese extreme Forderung für dogmatisch *verfehlt* und meine sogar, daß eine Preisgabe des klassischen Schuldgedankens zu einer ernsten Gefährdung unseres rechtsstaatlichen Strafrechts führen würde. Die Ersetzung des Schuld-

[33] Wobei als interessante historische Reminiszenz zu verbuchen ist, daß dieser Ausdruck bereits bei *v. Liszt* zur Charakterisierung der Schuld gewählt wurde (vgl. Lehrbuch des deutschen Strafrechts, 14./15. Aufl. 1905, S. 157). Selbstverständlich ist es nur von nomenklatorischer Bedeutung, ob man die übergreifende Systemkategorie „Verantwortlichkeit" oder „Vorwerfbarkeit" oder aber „Schuld" i.w.S. nennt.

[34] Erstmals in: Schuld und Prävention, 1976. Nunmehr weiter ausgearbeitet in: Strafrecht Allgemeiner Teil, 1983, S. 392ff. Ähnlich *Haffke*, MschrKrim 1975, 53f.; *ders.*, GA 1978, 45; *ders.*, in: *Hassemer/Lüderssen* (Hrsg.), Sozialwissenschaften im Studium des Rechts III, 1978, S. 166ff.; *Streng*, ZStW 92 (1980), 637ff.; *ders.*, JZ 1984, 114; *Dornseifer*, Rechtstheorie und Strafrechtsdogmatik Adolf Merkels, 1979, S. 108ff.; zur Kritik vgl. *Burkhardt*, GA 1976, 335ff.; *Schöneborn*, ZStW 92 (1980), 682ff.; *Stratenwerth*, ZStW 91 (1979), 915ff.; *ders.*, a.a.O. (Fn. 18), S. 29ff.; *Seelmann*, Jura 1980, 508ff. – Daß *Jakobs* den Terminus „Schuld" in seinem System weiterhin beibehält (vgl. Strafrecht AT, S. 384 und passim), kann selbstverständlich nichts daran ändern, daß er den herkömmlichen Schuldbegriff der Sache nach vollständig preisgegeben hat.

[35] Vgl. insbes. seine in diese Richtung weisenden Bemerkungen in der FS f. Henkel, 1974, S. 181f., 186.

begriffs durch die Erfordernisse der Generalprävention würde nämlich deswegen die im Schuldgedanken enthaltene, für ein rechtsstaatliches Strafrecht schlechthin fundamentale *Wertstruktur zerstören,* weil generalpräventive Überlegungen zwar die *zweckrationale Nützlichkeit, nicht* aber die *wertrationale Vertretbarkeit* der Strafe zu begründen vermögen.[36] In einem Staat, in dem der Grundsatz „Der Zweck heiligt die Mittel" nicht zur obersten Richtschnur staatlichen Handelns gemacht worden ist, sondern der gemäß Art. 1 des Grundgesetzes die Achtung der Personenwürde des einzelnen Bürgers zu seinem wichtigsten Ziel gemacht hat, bedarf die Verhängung einer Kriminalstrafe als des schärfsten und einschneidendsten Machtmittels, das dem Staat überhaupt zu Gebote steht, außer dem Nachweis ihrer zweckrationalen Nützlichkeit auch immer einer besonderen *Legitimation:* Die Kriminalstrafe muß in einer Weise legitimiert werden können, die ihre Zufügung gegenüber dem einzelnen Bürger und die darin häufig liegende Zerstörung der sozialen Existenz dieses einzelnen als eine auch ihm gegenüber vertretbare und gerechte Maßnahme erscheinen läßt. Diese Legitimationsfrage müßte selbst dann gestellt werden, wenn wir über die Wirksamkeitsmechanismen der Generalprävention und der Spezialprävention bestens Bescheid wüßten und lediglich solche Strafen verhängen würden, die so-

---

[36] Zu der im Text vorgenommenen Unterscheidung von Zweckrationalität und Wertrationalität vgl. *Max Weber,* Wirtschaft und Gesellschaft 1, 1. Aufl. 1920, S. 12f.; *dens.,* Rechtssoziologie (hrsg. von *Winckelmann*), 2. Aufl. 1967, S. 331ff.; *Loos,* Zur Wert- und Rechtslehre Max Webers, 1970, S. 117ff.; vgl. auch *Maihofer,* Rechtsstaat und menschliche Würde, 1968, S. 130ff. Daß eine zweckrationale Argumentation stets auf eine wertrationale Ergänzung angewiesen ist, folgt in logischer Hinsicht daraus, daß mit der Feststellung der Nützlichkeit einer bestimmten Maßnahme (hier: Kriminalstrafe) zur Erreichung eines bestimmten Zieles noch nichts darüber ausgesagt ist, ob das Ziel auch gegenüber anderen konkurrierenden Zielen höherrangig ist (konkret: ob die durch die Strafe beeinträchtigten Rechtsgüter des Täters weniger wertvoll sind als der mit der Strafe erzielte Präventionseffekt). Die Lösung dieser Rangfrage kann nur durch ein normatives Prinzip gefunden werden, auf das somit jedes zweckrationale Denken zur Ergänzung angewiesen ist (so daß die von *Naucke,* in: ZStW 94 – 1982 –, 534, behauptete „funktionale Äquivalenz" von Legitimation und Zweckrationalität unzutreffend ist; im Ansatz richtig dagegen *Otto,* GA 1981, 490f.). Zu den Legitimationsproblemen vgl. i.ü. allg. *R. Schmidt,* JZ 1983, 725ff.; *Zedler,* Zur Logik von Legitimationsproblemen, 1976, passim.

wohl generalpräventiv als auch spezialpräventiv unbedingt notwendig wären. Statt dessen ist es aber bittere Wirklichkeit, daß die gesamte Beschwörung des Gedankens der *Spezialprävention* die überwiegend *kriminogene* Wirkung der mit Freiheitsentziehung verbundenen Sanktionen nur *verdeckt*[37]. Und ferner ist es

---

[37] Daß diese sich jedem Kenner des Strafvollzuges von selbst aufdrängende, zu allen Zeiten aus den Rückfallstatistiken ohne weiteres ablesbare Erkenntnis erst wieder unter dem Schlagwort „Abkehr von der Behandlungsideologie" aus den USA und Skandinavien importiert werden mußte (vgl. dazu *Kaiser*, in: *Kaiser/Kerner/Schöch*, Strafvollzug, 3. Aufl. 1982, S. 32ff.; *Jescheck*, a.a.O. – Fn. 5 –, S. 608ff.; *ders.*, ZStW 91 – 1979 –, 1037ff.; *Eser*, FS f. Peters, 1974, S. 505ff.; *Simson*, FS f. Dreher, 1977, S. 747ff.; *Weigend*, ZStW 94 – 1982 –, 801ff.; alle mit zahlr. w.N.), stellt der Realitätsgerechtheit der deutschen kriminalpolitischen Diskussion Ende der Sechziger Jahre kein allzu günstiges Zeugnis aus (vgl. aber auch die gegenteiligen Nachweise bei *Kaiser*, in: FS f. Würtenberger, 1977, S. 366f.). Eine empirische Fundierung der spezialpräventiven Straftheorie ist deshalb heute so aussichtslos wie eh und je (vgl. noch die Auswertung von *Kaiser*, Kriminologie, 6. Aufl. 1983, S. 129ff.; *Hartung*, Spezialpräventive Effektivitätsmessung, Göttinger jur. Diss. 1981, sowie *Pfeiffer*, Kriminalprävention im Jugendgerichtsverfahren, 1983, S. 106ff. mitsamt der ibid., S. 113, gezogenen Folgerung für die weithin geradezu realitätsblinde Erziehungsideologie der herrschenden jugendgerichtlichen Praxis; zu den soziologischen Erklärungsansätzen vgl. nur *v. Trotha*, Recht und Kriminalität, 1982, S. 108ff.). Gleichwohl wäre es völlig verfehlt, hieraus die Folgerung ziehen zu wollen, daß der Strafvollzug nicht als Behandlungsvollzug ausgestaltet zu werden brauche bzw. dies nur aus humanitären Gründen wünschenswert sei (so insbes. *Schneider*, in: *Sieverts/Schneider* (Hrsg.), Handwörterbuch der Kriminologie Bd. 2, 1977, S. 549, 552; *ders.*, Kriminologie, 1974, S. 168). Denn gerade weil der Vollzug der Freiheitsstrafe grundsätzlich kriminogene Wirkung hat, läßt sich hieraus in Verbindung mit dem evidenten Grundsatz, daß der Staat den Täter durch die Strafe nicht schlechter machen darf, die Pflicht des Staates deduzieren, durch ein System von während des Vollzuges angebotenen Hilfen dem Gefangenen die Möglichkeit zu geben, diese kriminogenen Wirkungen zu kompensieren; es gibt deshalb „für Behandlung keine Alternative" (*Kaiser*, in: Loccumer Protokolle 20/1980, S. 102). Bei dieser Ableitung des „Anspruches des Gefangenen auf einen Behandlungsvollzug" leuchtet es dann auch ohne weiteres ein, daß die schon heute verbreitete und bei einem Ausbau der sozialtherapeutischen Einrichtungen zweifellos zunehmende Praxis, den Behandlungsvollzug und die meisten sonstigen Hilfen für Täter mit günstiger Prognose zu reservieren, schwerlich haltbar ist. Denn zum ersten sind die Prognosemethoden nach wie vor so unzuverlässig (vgl. nur *Frisch*, Prognoseentscheidungen im Strafrecht, 1983, S. 27ff., 108ff.; *ders.*, ZStW 94 – 1982 –, 585f.), daß die übliche Klassifizierung der Gefangenen den Charakter einer „self fulfilling prophecy" anzunehmen droht (vgl. *Müller-Dietz*, in: *Wadle* –

eine bis heute ungelöste Frage, unter *welchen Bedingungen* das Strafrecht *generalpräventiv* wirkt bzw. wie weitgehend man die Sanktionierungsrate senken und auf Strafe verzichten kann, bevor die notwendige generalpräventive Wirksamkeit des Strafrechts zerstört wird.[38] Bei dieser Situation kann es deshalb m. E.

Hrsg. –, Recht und Gesetz im Dialog, 1982, S. 62). Und zum anderen hat natürlich auch der Täter mit schlechter Prognose (vielleicht gerade dieser wegen der bei ihm besonders intensiven kriminogenen Wirkungen des Vollzuges!) einen Anspruch auf Angebot entsprechender Hilfen, mögen auch durch ein solches „Gießkannenprinzip" die Resozialisierungschancen an anderer Stelle sinken. Angesichts der Beschränktheit der vom Staat hierfür zur Verfügung gestellten Mittel und der auf absehbare Zeit nicht auflösbaren Aporie der „Erziehung zur Freiheit in Unfreiheit" kann jedenfalls kein Zweifel daran bestehen, daß eine zweckrationale Ableitung der Strafe aus der Idee der Spezialprävention eine Torheit wäre und daß das Resozialisierungskonzept realistischerweise nur den Zweck haben kann, schädlichen Folgen einer aus anderen Gründen notwendigen Strafe so weit wie möglich entgegenzuwirken.

[38] Zwar erscheint die Auffassung *W. Hassemers* überspitzt, daß eine „Kriminalpolitik auf generalpräventiver Grundlage der Gefahr der Falsifizierung in ungleich geringerem Maße" als die Spezialprävention ausgesetzt sei und daß insbesondere ein das Strafrecht als generellen Sozialisationsfaktor behandelndes generalpräventives Konzept „praktisch vollständig gegen Falsifizierung abgesichert sein dürfte" (in: *Hassemer/Lüderssen/Naucke*, Hauptprobleme der Generalprävention, 1979, S. 35f.; *Hassemer* übersieht dabei insbesondere, daß die empirischen Prämissen der Generalprävention durchaus in einem allgemeinen sozialwissenschaftlichen Bezugsrahmen überprüft werden können, vgl. etwa am Beispiel der Lernpsychologie *Breland*, Lernen und Verlernen von Kriminalität, 1975, S. 75ff.; *ders.*, ZRP 1972, 183ff.). Auf der anderen Seite läßt es sich aber nicht leugnen, daß wir bis heute kaum etwas Verläßliches darüber wissen, welche sozial unerwünschten Handlungen zwecks Aufrechterhaltung des allgemeinen Rechtsbewußtseins kriminalisiert werden müssen und wie intensiv die Sanktionierung des Rechtsbrechers zu diesem Zweck ausfallen muß (vgl. nur *Hassemer*, a.a.O., S. 42ff.; *ders.*, Einführung in die Grundlagen des Strafrechts, 1981, S. 287ff.; *Müller-Dietz*, Strafbegriff und Strafrechtspflege, 1968, S. 91ff.; *Andenaes*, Punishment and Deterrence, Ann Arbor 1974, S. 45ff. u. passim; *Albrecht*, in: Forschungsgruppe Kriminologie – Hrsg. –, Empirische Kriminologie, 1980, S. 305ff.; *Diekmann*, Die Befolgung von Gesetzen, 1980, S. 106ff., 122ff.; *Opp*, Soziologie im Recht, 1973, S. 207ff.; *Kaiser*, Kriminologie – Fn. 37 –, S. 88ff.; *Müller-Dietz*, a.a.O. – Fn. 37 –, S. 65ff.; *Dölling*, in: *Kerner/Kury/Sessar*, Deutsche Forschungen zur Kriminalitätsentstehung und Kriminalitätskontrolle, Bd. 6/1, 1983, S. 51ff. mit zahlr. w. N., insbes. auch der amerikanischen Untersuchungen; *Köberer*, MschrKrim 1982, 200ff.; *Müller*, Der Begriff der Generalprävention im 19. Jahrhundert, 1984, S. 12f.; *Kube*, Prävention von Wirtschaftskriminalität, 1984. Vgl. ferner die älteren Untersuchungen

nicht dem mindesten Zweifel unterliegen, daß die Strafe zu ihrer Rechtfertigung neben der bis heute nicht endgültig geklärten präventiven Nützlichkeit eines selbständigen Legitimationsprinzips bedarf, als das lediglich die Schuld in Betracht kommt. Denn unter der Geltung des Schuldgrundsatzes muß sich jedermann entgegenhalten lassen, daß er bei seinen Handlungen wußte oder wissen konnte, was ihn erwartete, und daß er infolgedessen nur dasjenige bekommt, was er voraussehen und vermeiden konnte. Nur der Schuldgedanke *berechtigt* deshalb den Staat, den einzelnen für seine Straftaten persönlich verantwortlich zu machen und mit Sanktionen zu belegen, die den Kern der Persönlichkeit tangieren.[39]

---

zum generalpräventiven Effekt der Sanktionen im Verkehrsstrafrecht von *Kaiser,* Verkehrsdelinquenz und Generalprävention, 1970, S. 365 ff., 409 ff.; *Schöch,* Strafzumessungspraxis und Verkehrsdelinquenz, 1973, S. 192 ff., 209 ff., sowie zum neuen „Ökonomischen Ansatz" in der generalpräventiven Diskussion *Otto,* Generalprävention und externe Verhaltenskontrolle, 1982, S. 129 ff. und passim; *Vanberg,* Verbrechen, Strafe und Abschreckung, 1982, S. 37 ff. und passim).

[39] Selbstverständlich bedürfen deshalb auch die Maßregeln der Besserung und Sicherung eines eigenen Legitimationsprinzips anstelle des Schuldgrundsatzes, das entgegen einer ebenso verbreiteten wie unzutreffenden Auffassung (vgl. *Zipf,* JuS 1974, 274, 278 = *Roxin/Stree/Zipf/Jung,* Einführung in das neue Strafrecht, 1974, S. 101; ähnlich *ders.,* Kriminalpolitik – Fn. 18 –, S. 66; *Preisendanz,* Strafgesetzbuch, Lehrkommentar, 30. Aufl. 1978, § 62, Anm. 1; noch weitergehend *Ellscheid/Hassemer,* Civitas 9 – 1970 –, 27 ff., neu abgedr. in: *Lüderssen/Sack* – Hrsg. –, Seminar Abweichendes Verhalten II 1, 1975, S. 266 ff., 281 ff.; *Calliess,* Theorie der Strafe, 1974, S. 187; *Baurmann,* in: *Lüderssen/Sack,* Seminar Abweichendes Verhalten IV, 1980, S. 211 f., 242 f., die eine vollständige Rückführbarkeit bzw. Ersetzbarkeit des Schuldgrundsatzes durch das Verhältnismäßigkeitsprinzip annehmen – dazu krit. etwa *Schulz,* JA 1982, 536 –) nicht vom Verhältnismäßigkeitsgrundsatz gebildet werden kann, weil dieser für den Vorrang des auf Kosten des Individualinteresses mit der Maßregel durchgesetzten staatlichen Sicherungsinteresses nichts hergibt. Erst recht kann man natürlich aus dem Sicherungsbedürfnis selbst nicht schon die Rechtfertigung der Maßregel ableiten – wie es *Stree,* in: *Schönke/Schröder,* a.a.O. (Fn. 9), Rn 2 vor § 61, versucht – weil die zweckrationale Nützlichkeit nicht zugleich die Legitimation enthalten kann. Die erforderliche Legitimation der Maßregeln kann deshalb nur in dem „Rechtsgüternotstand" gefunden werden (vgl. *Schünemann,* Unternehmenskriminalität und Strafrecht, 1979, S. 200 f.; ähnlich *Sax,* in: *Bettermann/Nipperdey/Scheuner,* Die Grundrechte, Bd. 3/2, 2. Aufl. 1972, S. 964 ff.; *Hanack* im LK, a.a.O. – Fn. 13 –, Rn. 29 vor § 61, die an den – die staatlichen

b) Auf der anderen Seite kann auch nur das Schuldprinzip dagegen *schützen*, daß der Staat im Interesse eines wirksamen präventiven Rechtsgüterschutzes auch solche Taten bestraft, die der

---

Eingriffsbefugnisse allerdings zu sehr erweiternden – Gedanken der Notwehr anknüpfen). Die Bedeutung dieses Legitimationsprinzips liegt vor allem in seiner größeren Strenge im Vergleich zu dem in der Praxis eher stumpfen Verhältnismäßigkeitsgrundsatz (typisch BGHSt 24, 134ff.; ein abschreckendes Beispiel bieten auch die jugendstrafrechtlichen Sanktionen, deren „Verteidigungsleistung" gegenüber einer in den meisten Fällen nur episodalen Kriminalität angesichts der dadurch häufig bewirkten Verfestigung krimineller Karrieren insgesamt geradezu kümmerlich erscheint) – wie an dem Streit um die sozialtherapeutische Anstalt exemplifiziert werden kann: Die bisherigen Untersuchungen haben es zwar plausibel gemacht, daß ein Behandlungs-Strafvollzug für eine Legalbewährung etwas bessere Chancen schafft als ein reiner Verwahrungs-Vollzug (vgl. *Dünkel*, Legalbewährung nach sozialtherapeutischer Behandlung, 1980; *Rehn*, Behandlung im Strafvollzug, 1979; *Rehn/Jürgensen*, in: *Kerner/Kury/Sessar*, Deutsche Forschungen zur Kriminalitätsentstehung pp. – Fn. 38 –, Bd. 6/3, S. 1910ff.); es existieren aber keine ausreichenden Belege dafür, daß therapeutische Maßnahmen während des Vollzuges die prinzipiell kriminogene Wirkung eines jeglichen mit Freiheitsentzug verbundenen Vollzuges vollständig kompensieren oder gar noch einen überschießenden „Besserungseffekt" haben könnten. Bei diesem empirischen Befund erscheint dann aber eine Legitimation der in § 65 StGB ab dem 1. 1. 1985 vorgesehenen *Maßregel* der Unterbringung in einer sozialtherapeutischen Anstalt ausgeschlossen, weil dieses Institut in der vorliegenden Fassung zur Behebung eines Rechtsgüternotstandes weder notwendig noch überhaupt geeignet ist: Die fehlende Eignung ergibt sich daraus, daß der therapeutische Effekt durch die kriminogenen Wirkungen des Freiheitsentzuges mindestens zum größten Teil paralysiert wird; und es ist nicht notwendig, weil die Voraussetzungen des Rechtsgüternotstandes in § 65 StGB viel zu vage formuliert worden sind, so daß zumal angesichts der Unmöglichkeit einer verläßlichen Prognose die „Auslösungsstrafe" von zwei Jahren in § 65 I bzw. sogar nur von einem Jahr in § 65 II viel zu leichtgewichtig erscheint, um eine Unterbringung bis zu 5 Jahren (§ 67 d I 2. Alt.) zu fundieren (wobei außer der zeitlichen Differenz zwischen Strafe und Unterbringung auch noch der qualifizierte Eingriffscharakter der Sozialtherapie ins Gewicht fällt, die – wegen des utopischen Charakters einer emanzipierenden Sozialtherapie unabhängig von der konkret bevorzugten Therapieform – im Vergleich zur Strafe eine Intensivierung des Zugriffs auf die Persönlichkeit bedeutet). Spezialpräventive Maßnahmen können deshalb nur dort legitimiert werden, wo sie zur Reduzierung der schädlichen Wirkungen einer aus anderen Gründen verhängten Freiheitsstrafe dienen oder durch den Ausbau ambulanter Maßnahmen anstelle der Freiheitsstrafe deren kriminogene Wirkungen beseitigen. Bei dem heutigen Stande der Therapiemöglichkeiten verbietet es sich dagegen, die empirisch nicht fundierte Behandlungsideologie zu Lasten des Verurteilten auszuschlach-

Täter nicht vermeiden konnte und deretwegen man ihm deshalb keinen persönlichen Vorwurf machen kann. Das *Legitimationsprinzip* „Schuld“ wirkt dadurch zugleich notwendigerweise als *Limitationsprinzip* und hat jenseits aller präventiv mitaufgeladenen Schuldausschließungsgründe eine ungemeine rechtsstaatliche Verfeinerung des Strafrechts beschert. Man denke nur einmal an die Ausmerzung der Erfolgshaftung bei den erfolgsqualifizierten Delikten[40], den Abbau der Vorsatzpräsumtionen[41] oder an die Unterscheidung von echten und unechten objektiven Strafbarkeitsbedingungen.[42] Überall hat das Schuldprinzip eine segensreiche und heute im wesentlichen unstreitige Wirkung entfaltet, die durch eine Pauschalanalyse der Konfliktsbewältigung durch andere Systeme niemals hätte geleistet werden können.[43]

Gerade diese Beispiele belegen, daß die inhaltliche Ausfüllung der *generalpräventiven* Idee durch die als „Schuld“ bezeichnete

---

ten, so daß die sozialtherapeutische Anstalt nicht als eigenständige Maßregel, sondern nur im Rahmen einer „Vollzugslösung“ rechtsstaatlich legitimiert werden kann (gegen die Verteidigung der „Maßregellösung“ durch die Verfasser des Alternativentwurfes in ZRP 1982, 207 ff. überzeugend die Befürworter der „Vollzugslösung“, vgl. *Blei*, a.a.O. – Fn. 18 –, S. 437; *Kaiser/Dünkel/Ortmann*, ZRP 1982, 198 ff., insbes. 205 ff.; *Schwind*, NStZ 1981, 121 ff.).

[40] Durch Einfügung des § 56 StGB im 3. StÄG vom 4. 8. 1953 (BGBl. I, S. 735), was den Bundesgerichtshof aber zunächst nicht hinderte, im Rahmen der Strafzumessung auch unverschuldete Tatfolgen für verwertbar zu erklären (vgl. BGHSt – Großer Senat – 10, 259 ff., 264 f. mit einer impliziten Anleihe bei dem Gedanken des „versari in re illicita“ – nunmehr ausgeschlossen durch § 46 Abs. 2 e contrario).

[41] Vgl. die Schuldvermutungen der §§ 245a, 259 StGB, die durch das 1. StrRG vom 4. und 14. 8. 1969 (BGBl. I, S. 1065, 1112, 1136) und durch das EGStGB vom 2. 3. 1974 (BGBl. I, S. 469) aufgehoben worden sind, weil sie als rechtsstaatswidrig empfunden wurden (so bereits die Begründung zum E 1962, S. 400, 457). Daß die genannten Vorschriften auch nicht etwa die Mindestgarantien eines rechtsstaatlichen Strafverfahrens, sondern den Schuldgrundsatz verletzten, folgt aus ihrer „materiellrechtlichen“ Konstruktion, die die Strafbarkeit eines schuldlos-rechtswidrigen Verhaltens zur Folge hatte.

[42] Vgl. dazu nur *Jescheck*, a.a.O. (Fn. 5), S. 449 ff. mit w. N.

[43] Denn dieses Kriterium von *Jakobs* ist, wie nachfolgend im Text noch dargetan wird, so vage, daß man damit im Grunde jedes beliebige Ergebnis rechtfertigen könnte. Vgl. i. ü. die zu ähnlichen Ergebnissen gelangende Diagnose von *W. Hassemer*, in: *Baumgartner-Eser* (Hrsg.), Schuld und Verantwortung, 1983, S. 89, 93 ff.

normative Ansprechbarkeit eine allenfalls mögliche, aber keinesfalls zwingende und nicht einmal plausible Handhabung der Generalprävention darstellt. Für eine allein an der *Effektivität des Rechtsgüterschutzes* ausgerichtete, sich an ihrem sozialen Erfolg bewährende und dadurch empirisch überprüfbare Theorie der Generalprävention trifft es einfach – entgegen *Jakobs* und *Roxin*[44] – nicht zu, daß das generalpräventive Strafbedürfnis den Nachweis der individuellen Vermeidbarkeit voraussetze. Man muß sich vielmehr vor Augen halten, daß bei dem Entwurf eines generalpräventiv wirksamen Strafrechts selbstverständlich *alle* Realisierungsbedingungen mitberücksichtigt werden müssen, wozu insbesondere auch notorische *Beweisschwierigkeiten* bei der Feststellung des subjektiven Tatbestandes und der individuellen Vermeidbarkeit gehören. Beispielsweise ist in der modernen Wirtschaftskriminalität, die im Rahmen von Wirtschaftsunternehmen begangen wird, eine erhebliche Beweisnot bezüglich des Nachweises der individuellen Schuld festzustellen[45], und es kann auch nicht zweifelhaft sein, daß in wirtschaftskriminellen Kreisen auf diese Beweisnot der Justiz bei der Begehung von Wirtschaftsstraftaten ganz gezielt spekuliert wird. Ein allein unter dem Gesichtspunkt generalpräventiver Wirksamkeit entworfenes Strafrechtssystem müßte infolgedessen für diese Fälle zwangsläufig *Strafen ohne Schuld* vorsehen und würde damit auch erhebliche generalpräventive Effekte erzielen, weil sich jedermann dann sagen müßte, daß seine Spekulation auf eine Beweisnot beim Schuldnachweis zwecklos bleiben würde, wenn dieser Schuldnachweis überhaupt nicht geführt zu werden brauchte. Schuldprinzip und Generalprävention laufen in solchen Fällen also auf völlig unterschiedliche Konsequenzen hinaus.[46] Und es kann deshalb keinem Zweifel un-

---

[44] Vgl. *Jakobs,* Schuld und Prävention, 1976, S. 9ff.; *ders.,* a.a.O. (Fn. 34), S. 395ff.; *Roxin,* FS f. Bockelmann, 1979, S. 300ff.; ähnlich bereits *Noll,* FS f. H. Mayer, 1964, S. 225; *Gimbernat Ordeig,* FS f. Henkel, 1974, S. 161ff.

[45] Vgl. dazu näher *Schünemann,* a.a.O. (Fn. 39), S. 44ff.

[46] Vgl. bereits *Stratenwerth,* Zukunft des Schuldprinzips, 1977, S. 30f.; *Burkhardt,* GA 1976, 336ff.; *ders.,* in: *Baumgartner-Eser,* a.a.O. (Fn. 43), S. 51, 71ff.; *Schöneborn,* ZStW 88 (1976), 351; *ders.,* ZStW 92 (1980), 687f. Hieraus speist sich auch die strict liability (Haftung ohne Verschulden) des amerikanischen Strafrechts, die der Supreme Court der Vereinigten Staaten in der berühmten Ent-

terliegen, daß nur ein mit eigenständiger strafrechtlicher Bedeutung ausgestattetes Schuldprinzip eine *rechtsstaatliche Barriere* gegen die in solchen Fällen an sich zweckmäßige, in einem Rechtsstaat aber nicht legitimierbare Praktizierung schuldunabhängiger Strafen aufzurichten vermag.[47]

c) Gegen diese Argumentation läßt sich auch nicht etwa[48] vorbringen, daß es dann eben in allen diesen Fällen nicht um die Verhängung von Strafen, sondern um die Anordnung von *Maßregeln* gehe, für die natürlich die Schuld ohnehin keine Rolle spiele und deswegen auch keine Ineinssetzung von Schuld und Generalprävention in Betracht komme. Denn wenn man nicht zirkulär argumentieren will, muß man ja wohl für Strafe und Maßregel einen vom Schuldbegriff unabhängigen und *vor* seiner Konzeption feststehenden Unterscheidungsmaßstab angeben, der offensichtlich nur darin liegen kann, daß eine *Maßregel* zur Abwehr einer vom individuellen Täter ausgehenden und durch die Tat offenbar gewordenen *künftigen Gefahr* angeordnet wird, also rein (spezial)präventiv motiviert ist, während die Strafe eine um der allgemeinen Normerhaltung willen gebotene repressive Antwort auf eine eingetretene Normverletzung darstellt; und dann zeigt sich rasch, daß eine schuldunabhängige Sanktion, die zur Repression eines normwidrigen Verhaltens angeordnet und nur aus Beweis-

---

scheidung US v. Balint im Jahre 1922 mit der seitdem in st. Rspr. verwandten Begründung für zulässig erklärt hat, daß es dem Gesetzgeber freistehe, bei besonderen Gefahren eher die mögliche Ungerechtigkeit, einen unschuldigen Angeklagten einer Strafe zu unterwerfen, in Kauf zu nehmen als durch Verzicht auf die aus Beweisgründen gebotene strict liability den Rechtsgüterschutz zu vernachlässigen (vgl. dazu die Nachweise bei *Schünemann*, a.a.O. – Fn. 39 –, S. 191 f.). Die Beweisproblematik wird dagegen übersehen in der Kritik von *Baurmann*, a.a.O. (Fn. 39), S. 252 ff.

[47] Wobei es im Rahmen der verfassungsrechtlichen Unverbrüchlichkeit des Schuldgrundsatzes dann auch ausgeschlossen ist, repressive schuldunabhängige Maßnahmen durch andere Legitimationsprinzipien (etwa den Gesichtspunkt des Rechtsgüternotstandes) zu rechtfertigen – so daß eine Strafe ohne Schuld nicht gegen Individuen, sondern nur als „anonyme Verbandsgeldbuße“ gegen einen Personenverband vor dem Grundgesetz Bestand haben könnte (vgl. dazu näher *meinen* Reformvorschlag a.a.O. – Fn. 39 –, S. 236 ff.).

[48] So *Roxin*, FS f. Bockelmann, 1979, S. 299.

not von einem individuellen Vorwurf abgekoppelt wird, eine Strafe und keine Maßregel ist.

d) Die Reduzierung zulässiger Generalprävention auf die eine „Einübung in Normtreue" bezweckende sog. *„Integrations-Generalprävention"*[49] kann mithin nicht schon aus einem utilitaristischen Einsatz der Strafe abgeleitet werden, sondern bedeutet eine durch das eigentständige Schuldprinzip erzwungene *Domestikation der Zweckstrafe*, deren Effektivität insbesondere unter dem Aspekt der prozessualen Beweisbedürftigkeit durch das Schuldprinzip Einbußen erleidet, die unter Präventionsaspekten – soziologisch gesprochen – die „Kosten des rechtsstaatlichen Luxus" bedeuten. Die Systemstufe der „Verantwortlichkeit" kann deshalb zwar durchaus sinnvoll als *Synthese* von Schuld und Prävention konstruiert, ihre beiden Elemente können aber *nicht* auf ein einzelnes Grundprinzip zurückgeführt werden.

3. Wegen dieser *prinzipiellen Unhaltbarkeit* der von *Jakobs* und anderen versuchten *Rückführung des Schuldprinzips auf Generalprävention* brauche ich auf die *methodischen* Fragwürdigkeiten in der von *Jakobs* unternommenen Beweisführung nur *exemplarisch* einzugehen.

a) Von seinem Ausgangspunkt, daß als Kern der zweckbestimmt verstandenen Schuld die Verteilung der Verantwortungsbereiche zwischen Subsystemen anzusehen sei[50], gelangt *Jakobs* für den Fall des § 20 zu der Folgerung, daß die Autonomie hier

[49] Vgl. *Roxin*, SchwZStR. 94 (1977), 470ff.; *ders.*, FS f. Bockelmann, 1979, S. 304ff.; daran anknüpfend etwa *Achenbach* in diesem Band, S. 135ff.; ähnlich auch *Noll*, FS. f. H. Mayer, 1966, S. 244; *Grünwald*, ZStW 80 (1968), 89ff.; *Haffke*, MschrKrim 1975, 54; *Lüderssen*, in: *Hassemer/Lüderssen/Naucke*, a.a.O. (Fn. 38), S. 64ff.; *Hassemer*, in: *Hassemer/Lüderssen/Naucke*, Fortschritte im Strafrecht durch die Sozialwissenschaften?, 1983, S. 65; *Bockelmann*, Strafrecht Allg. Teil, 3. Aufl. 1979, S. 229 zum Verhältnis von Generalprävention und Schuld bei der Strafzumessung. Zu der ganz ähnlichen utilitaristischen Konzeption *Benthams* vgl. *Baurmann* (Folgenorientierung und subjektive Verantwortlichkeit, 1981, S. 19ff.), der selbst das von ihm sog. „Prinzip der individuellen Verantwortung" aus einer Vertragstheorie ableitet (ibid., S. 50ff.).

[50] In: Schuld und Prävention, 1976, S. 29; ebenso in: Strafrecht Allgemeiner Teil, 1983, S. 399 u.ö. Das wissenschaftliche Paradigma liefert ihm dabei die soziologische Systemtheorie, vgl. nur *Luhmann*, Rechtssoziologie 1, 1972, S. 31ff.; *ders.*, Ausdifferenzierung des Rechts, 1981, S. 193ff., 241ff. m.w.N.

nicht festgestellt, sondern als Fähigkeit *zugeschrieben* werde, falls das zweckvoll sei, und deshalb nur fehlen dürfe, wenn die Möglichkeit anderweitiger Konfliktsverarbeitung bestehe.[51] Gegen diese systemtheoretische Paraphrase wäre nichts einzuwenden, wenn man sie im Sinne *Roxins* verstehen könnte, wonach es in Fällen ganz geringer Schuld (d.h. stark reduzierter normativer Ansprechbarkeit) eine nach Präventionsgesichtspunkten zu entscheidende Frage ist, ob auf ein staatliches Eingreifen überhaupt verzichtet werden kann oder ob dies zumindest nicht in der Rechtsform der Strafe zu erfolgen braucht.[52] Das kann *Jakobs* jedoch nicht gemeint haben, da er die Schuld ja vollständig als Derivat der Generalprävention auffaßt. Infolgedessen ist er aber gezwungen, etwas partiell Bekanntes durch etwas völlig Unbekanntes zu ersetzen, wodurch sich sein ganzes Konzept, will man es für die Rechtsfindung fruchtbar machen, bestenfalls in zirkulärer Argumentation verflüchtigt: Denn während wir etwa zur Beantwortung der Frage, wann die Domestizierung der Triebe durch eine normgemäße Motivation im normalen Umfange möglich und wann sie durch eine abnorme Persönlichkeitsstruktur des Täters ausgesprochen erschwert ist, in der Psychiatrie und Psychologie immerhin generell brauchbare Antworten finden[53], läßt sich auf die von *Jakobs* zum Angelpunkt seines Systems gemachte Frage, wann die *Möglichkeit anderweitiger Konfliktsverarbeitung* besteht, keine empirisch fundierte Antwort geben. Weil wir über die wirklichen Gesetzmäßigkeiten unseres gesellschaftlichen Sy-

---

[51] Schuld und Prävention, 1976, S. 17; ähnlich in: Strafrecht Allg. Teil, 1983, S. 395ff.

[52] Vgl. Kriminalpolitik und Strafrechtssystem (Fn. 31), S. 34ff.

[53] Hierauf gründet sich der heute der Sache nach herrschende „empirisch-pragmatische Schuldbegriff", vgl. zuletzt *P. A. Albrecht*, GA 1983, 202ff. m. zahlr. N. sowie bereits *Schreiber*, Nervenarzt 1977, S. 245; *ders.*, NStZ 1981, 51; *ders.*, in: *Immenga* (Hrsg.), Rechtswissenschaft und Rechtsentwicklung, 1980, S. 289f.; ähnlich schon *Bockelmann*, ZStW 75 (1963), 372ff.; *Jescheck*, a.a.O. (Fn. 5), S. 346, sowie der „soziale Schuldbegriff" von *Krümpelmann*, ZStW 88 (1976), 11f., 31ff.; *ders.*, GA 1983, 337ff.; alle m.w.N. Aus psychiatrischer Sicht zuletzt *Witter*, FS f. Leferenz, 1983, S. 441ff.; vgl. ferner den interessanten Versuch *Lüderssens*, den Freiheitsbegriff der Psychoanalyse mit der subjektiven Zurechnung im Strafrecht zu vermitteln, in: *Hassemer/Lüderssen/Naucke*, Fortschritte im Strafrecht pp. (Fn. 49), S. 71ff.

stems trotz aller Bemühungen bis heute nur sehr wenig wissen, können wir aus *systemtheoretischen* Ansätzen derzeit in Wahrheit keine Entscheidungen über Systemgüte und Systemalternativen ableiten, weshalb sich die Fruchtbarkeit der systemtheoretischen Denkweise auf absehbare Zeit auf *Ideologiekritik*, nämlich auf eine Aufdeckung der Hintergründe und notwendigen Implikationen eines vorgegebenen Systems, beschränken wird. Ein normativer systemtheoretischer Ansatz gerät deshalb in der Praxis immer zu einer Apologie des jeweils vorhandenen Systems[54], und auch *Jakobs'* Darlegungen führen im Grunde genommen nur dazu, daß das gegenwärtige Strafrechtssystem mit der Behauptung gerechtfertigt wird, daß die Möglichkeit einer anderweitigen Konfliktsverarbeitung nicht bestehe. Zu einem anderen Ergebnis kann *Jakobs'* Ansatz auch gar nicht führen, denn weil er die Existenz einer quantifizierbaren Fähigkeit zu normgemäßer Motivation bestreitet und alles als eine Verteilung sozialer Aufgaben auf verschiedene Subsysteme konstruiert, ohne Realfaktoren über die Leistungsfähigkeit dieser Subsysteme angeben zu können, ja ohne solche Faktoren sogar angeben zu wollen (weil er das Subsystem „Persönlichkeit = Schuld" ja wieder nur von dem Präventionszweck her mit Inhalt füllen will), hat er am Ende für eine wirkliche Entscheidung der Wertungsfragen *keinerlei Sachkriterien* mehr zur Verfügung.

In Wahrheit ist es hingegen so, daß die *reale Ansprechbarkeit des Menschen durch Normen* der feste Boden ist, von dem aus das Strafrecht konstruiert werden muß[53], so daß man die Fähigkeit verschiedener Subsysteme zur Konfliktslösung und damit auch die Erfordernisse der Generalprävention in dem Ansatz von *Jakobs* letztlich doch nur wieder vom Schuldbegriff her mit Inhalt füllen kann, wodurch die ganze Argumentation dann *zirkulär* zu werden droht.

b) Darüber hinaus scheint mir die systemtheoretische Formulierung von *Jakobs* die wirklichen *Wertungsprobleme*, um die es

[54] Deshalb hat sich auch *Luhmann* ausdrücklich gegen das Mißverständnis verwahrt, daß seine funktionale Analyse des „Verfahrens als soziales System" eine normative Legitimation der Verfahrensergebnisse zum Ziel habe (vgl. *Luhmann*, Legitimation durch Verfahren, 3. Aufl. 1978, S. 1f., 6).

etwa im Bereich des *§ 20* geht, nicht adäquat zu umschreiben. Die legislatorische Entscheidung, auch außerhalb des „psychiatrischen Krankheitsbegriffes" bei bloß abnormer Persönlichkeitsstruktur ohne biologischen Defekt eine Exkulpationsmöglichkeit vorzusehen, beruhte auf der (im Rahmen der Anhörung von psychiatrischen und psychologischen Sachverständigen gewonnenen) Überzeugung, daß auch beim sog. „Psychopathen" keine gewissermaßen freie Selbstbestimmung zur Bosheit, sondern eine dem organisch Geisteskranken vergleichbare Einschränkung der normativen Ansprechbarkeit zur Debatte stand. Nachdem deshalb wegen des Schuldgrundsatzes für die schwersten Fälle der psychischen Störungen eine *Gleichbehandlung* mit den echten Psychosen geboten erschien, ist die kriminalpolitische Frage, ob das denn auch unter *Präventionsgesichtspunkten vertretbar* sei (verneinend das „Dammbruch"-Menetekel der orthodoxen Psychiatrie), nicht mehr entscheidend gewesen.[55] Daß der Gesetzgeber bereit war, den Normbruch durch eine hochgradig abnorme Persönlichkeit nicht als eine Erschütterung des Rechtsvertrauens, sondern als Unglück hinzunehmen, ist also bloß eine Konsequenz der Annahme einer starken Einschränkung des Freiheitsspielraumes gewesen, so daß also auch hier wieder die Frage der Schuld und des Schuldausmaßes das Primäre war und nicht etwa, wie *Jakobs*[56] meint, der spezialpräventive Gesichtspunkt der Behandelbarkeit von Triebtätern, der in Wahrheit eher Skepsis hervorruft.[57]

---

[55] Vgl. die Darstellung des Gesetzgebungsverfahrens bei *Krümpelmann*, a.a.O. (Fn. 53), S. 15 ff.; *Schreiber*, NStZ 1981, 47. Auch die Kritik der orthodoxen Psychiatrie betrifft nicht die Frage der Behandelbarkeit, sondern die Diagnostizierbarkeit des Reduktionsgrades der normativen Ansprechbarkeit, vgl. nur *Langelüddeke/Bresser*, Gerichtliche Psychiatrie, 4. Aufl. 1976, S. 215 f.

[56] In: Schuld und Prävention, 1976, S. 17.

[57] Denn die an einer schweren seelischen Abartigkeit leidenden Täter bilden, wie man bei jeder Exkursion in eine psychiatrische Krankenanstalt hören kann, das „Problemfeld" der Insassen, und auch die Behandelbarkeit von Sexualstraftätern wird heute eher zurückhaltend beurteilt; vgl. dazu *Hoffet*, Kriminalistik 1969, 405 ff., 484 ff.; *Laschet*, in: *Göppinger/Witter* (Hrsg.), Kriminologische Gegenwartsfragen, Heft 9, 1970, S. 174 ff.; *Schneider-Janietz*, ebenda, S. 180 ff.; *Wieser*, in: *Göppinger/Witter*, a.a.O. (Fn. 18), S. 833 ff., 846 ff.; *Rieber/Meyer/Schmidt/Schorsch/Sigusch*, MschrKrim 1976, 216 ff.; *Streitberg*, ZfStrVo 1977, 147 ff.; *Heim*, in: *Nass* (Hrsg.), Kriminalätiologie und Prophylaxe, 1977,

c) Des weiteren *mißversteht Jakobs* auch das *Verhältnis von dogmatischer Rechtswissenschaft und Soziologie*, wenn er die der Dogmatik zur Aufgabe gestellte inhaltliche Bestimmung des Schuldbegriffs als eine *Attribuierung zwecks Ermöglichung von Konfliktslösungen*[58] reformuliert. Daß in der gesellschaftlichen Wirklichkeit Eigenschaften, die als Voraussetzungen für weiteres Verhalten eine Rolle spielen, aber nicht sinnlich wahrnehmbar sind („Dispositionsbegriffe"), nicht empirisch festgestellt, sondern nach irgendwelchen Alltagstheorien attribuiert werden, ist zwar eine *empirisch zutreffende* Feststellung; und es ist auch richtig, daß die „Schuld" nicht sinnlich wahrnehmbar ist und deshalb zu den Dispositionsbegriffen zählt. Das ändert aber nichts an der Aufgabe der Dogmatik, für solche „theoretischen Konstrukte" adäquate operationale Definitionen zu erarbeiten, was durch Entnormativierung, d.h. sprachtheoretisch mittels einer Definition normativer Termini durch Beobachtungstermini und methodisch gesehen mittels einer Kette von Zweck-Mittel-Reduktionen anhand der in der Realität vorfindbaren Strukturen zu erfolgen hat.[59] Wegen der Option des Gesetzgebers für die „normative Ansprechbarkeit" geht es deshalb beispielsweise im Bereich des § 20 StGB darum, die *realen Bedingungen der durchschnittlichen menschlichen Fähigkeit zu normgemäßer Motivation* zu ergründen und in

---

S. 7ff.; *dens.*, Die Kastration und ihre Folgen bei Sexualstraftätern, 1980; *Kaiser*, Kriminologie, Lehrbuch, 1980, S. 37; *R. Kaiser*, Die künstliche Unfruchtbarmachung von sexuellen Triebtätern, 1981.

[58] In: Schuld und Prävention, 1976, S. 20 u.ö.; ebenso in Strafrecht Allg. Teil, 1983, S. 398 u.ö.; ähnlich *Streng*, FS f. Leferenz, 1983, S. 405f.

[59] Zur Attribution von Schuld vgl. *Bierbrauer und Haffke*, in: *Hassemer/Lüderssen* (Hrsg.), Sozialwissenschaften im Studium des Rechts III, 1978, S. 130ff., 153ff. sowie den Beitrag von *Haffke* in diesem Band, S. 197ff.; zur sozialwissenschaftlichen Attributionstheorie allg. *Meyer/Schmidt*, in: *Frey* (Hrsg.), Kognitive Theorien der Sozialpsychologie, 1978, S. 99ff.; *Blum/McHugh*, in: *Lüderssen/Sack* (Hrsg.), Seminar Abweichendes Verhalten II, 1975, S. 171ff. Zu den Dispositionsbegriffen und ihrer Explikation vgl. schließlich *Stegmüller*, Probleme und Resultate der Wissenschaftstheorie und Analytischen Philosophie II, 1970, S. 213ff.; *Bungardt*, Operationalisierung eines Dispositionsbegriffes am Beispiel der Glaubwürdigkeit, 1981; *Burkhardt* und *W. Hassemer*, in: *Lüderssen/Sack* (Hrsg.), Vom Nutzen und Nachteil der Sozialwissenschaften für das Strafrecht, 1980, S. 87ff., 229ff.

ihrer quantitativen Bedeutung abzuschätzen. Und weil diese Idee der „Ansprechbarkeit" auf anthropologische Vorgegebenheiten bezug nimmt, gilt es diese zum Zweck der weiteren Konkretisierung zu ergründen, während ein pauschaler Rückgriff auf das Ziel der „Konfliktslösung" ebenso wie eine alltagstheoretische Attribuierung in die Irre führt. Ähnlich wie der systemtheoretische ist deshalb auch der attributionstheoretische Ansatz als Ideologiekritik wertvoll, kann aber genuin dogmatische Arbeit *nicht* ersetzen.

d) Der grundlegende methodische Fehler von *Jakobs* besteht deshalb in seinem *Normativismus*, der – als extremer Gegenpol zu dem ebenso unhaltbaren strafrechtlichen Naturalismus – die vom Gesetzgeber durch die Verwendung deskriptiver Begriffe getroffenen, durch eine wertfreie Analyse des deskriptiven Sachverhalts („Substrats") interpretierbaren Entscheidungen mittels Umdeutung in askriptive (scheindeskriptive, „substratlose") Begriffe[60] ignoriert und (am Beispiel der Schuld) „aushandeln" lassen will, „wieviele soziale Zwänge dem von der Schuldzuschreibung betroffenen Täter aufgebürdet werden können und wieviele störende Eigenheiten des Täters vom Staat und von der Gesellschaft akzeptiert oder von Dritten – auch vom Opfer selbst – getragen werden müssen".[61] Und weil dies wiederum von der in ihrer Allgemeinheit fast beliebig entscheidbaren Frage abhängen soll, wel-

---

[60] Vgl. etwa *Jakobs'* Ausführungen in: Schuld und Prävention, 1976, S. 14, daß beim Schuldbegriff nur feststehe, daß es nicht nur um Ermittlung von Kausalität gehe, daß der Schuldbegriff ein formaler Begriff sei und nicht einmal bestimme, wie sich das Subjekt konstituiere, und daß nur der Zweck dem Schuldbegriff Inhalt gebe; vgl. ferner *denselben* in: Strafrecht Allg. Teil, 1983, S. 398, daß dem Täter „eine Verhaltensalternative zugeschrieben" werde, wenn eine Organisationsalternative fehle, so daß das Können eine normative Konstruktion sei. Zu der auf *Hart* zurückgehenden sprachphilosophischen Unterscheidung zwischen askriptiven und deskriptiven Begriffen vgl. *Kindhäuser*, GA 1982, 493ff. m.w.N., sowie den Beitrag von *Haffke* in diesem Band, u. S. 197ff.; zur Anwendung auf den Erfolgsunwert *Schöneborn*, GA 1981, 70, 78ff. Ob *Jakobs* dabei unter „Zuschreibung" eine alltagstheoretische Attribution (im sozialpsychologischen Sinn) oder Schein-Deskriptivität (im sprachanalytischen Sinn) versteht, wird bei ihm allerdings nicht recht deutlich.

[61] Vgl. *Jakobs*, Strafrecht Allg. Teil, 1983, S. 396f.; *ders.*, in: *Göppinger-Bresser* (Hrsg.), Kriminolog. Gegenwartsfragen H. 15, 1982, S. 128, 137.

che „Bedingungen nach dem herrschenden Bild für den Bestand des ganzen Systems und seiner wesentlichen Subsysteme unverzichtbar sein sollen", beispielsweise also der Inhalt der Schuld sich „in einem allgemeinen Sinn allenfalls rahmenmäßig benennen" läßt und auch innerhalb eines „genau umrissenen sozialen Systems nur so genau bestimmt ist, wie der Strafzweck genau bestimmt ist"[62], wird letztlich die vom Gesetzgeber durch Benutzung von inhaltserfüllten Begriffen der Umgangssprache partiell geleistete Entnormativierungsarbeit rückwärts revidiert und die durch den Bedeutungskern der Gesetzestermini geschaffene „Insel der Gewißheit" in das diffuse Meer der vom Gesetzgeber nicht ausdrücklich formulierten und nur mit großen Schwierigkeiten konkretisierbaren abstrakten Wertgrundsätze zurückgestoßen.

Um das am Beispiel des § 20 StGB zu erläutern: Durch den relativ großen Bedeutungskern des Begriffs der „krankhaften seelischen Störung"[63] und angesichts des deskriptiven Gehaltes der herkömmlichen Schulddefinition als „Möglichkeit des Andershandelns" läßt sich der schwierige Begriff der „schweren anderen seelischen Abartigkeit" durch ein empirisch-pragmatisches Verfahren[64] zwar nicht für alle Formen der seelischen Störung, aber doch für einen nicht unbeträchtlichen Bereich vernünftig handhaben, weil man eben nach denjenigen Abnormitäten des seelischen Lebens zu suchen hat, die ähnlich wie eine krankhafte seelische Störung die normale Ansprechbarkeit des Täters durch Normen und Wertvorstellungen aufheben. Die statt dessen im System von *Jakobs* zu stellende Frage, was „dem von der Schuldzuschreibung betroffenen Täter aufgebürdet werden könne", ignoriert dagegen diese vom Gesetzgeber gegebenen Hilfen und verweist auf abstrakte Wertungen zurück, über die niemals intersubjektive Übereinstimmung erzielt werden könnte.

---

[62] So *Jakobs*, Strafrecht Allg. Teil, 1983, S. 396f.

[63] Zum Stellenwert des umgangssprachlichen Bedeutungskerns für die Rechtsfindung vgl. allgemein *Schünemann*, FS f. Klug I, 1983, S. 177ff. mit zahl. w.N. Zum psychiatrischen Krankheitsbegriff vgl. *Witter*, in: *Göppinger/Witter*, a.a.O. (Fn. 18), S. 477ff. u. 968f.; *ders.*, FS f. Lange, 1976, S.726f.; krit. *Venzlaff*, ZStW 88 (1976), 60ff.

[64] Vgl. dazu die Nachweise oben in Fn. 53.

e) Die Schuldkonzeption von *Jakobs* beruht damit auf einem *„normativistischen Fehlschluß"*, der wiederum in einer nicht akzeptablen Theorie der Rechtsgewinnung wurzelt: *Jakobs* leugnet nämlich ausdrücklich eine Bindung des Norminterpreten an den Bedeutungskern der umgangssprachlichen Verwendung der Gesetzestermini[65], wobei er zur Begründung anführt, daß „für alle nicht ganz selten verwendeten Wörter in der Regel ein so umfangreiches Arsenal von umgangssprachlichen Bedeutungen angeboten werden könne, daß die strafrechtliche Begriffsbildung nicht nennenswert begrenzt wird".[66] Hierbei übersieht er jedoch die sog. *Kontextabhängigkeit* der Wortbedeutung, d.h. die in der modernen Linguistik geläufige Erkenntnis, daß die Bedeutung eines Wortes wesentlich von dem Sinnzusammenhang abhängt, in dem es steht.[67] Wegen der enormen Reduzierung des Bedeutungsspielraumes der umgangssprachlichen Termini durch den Kontext kann regelmäßig schon auf semantischem Wege ein die Rechtsfindung bindender und leitender, erheblicher Bedeutungskern der vom Gesetzgeber erlassenen Vorschriften festgestellt werden[68], dessen Mißachtung den gravierendsten und elementarsten Einwand gegen die von *Jakobs* propagierte Rückführung der Strafrechtsdogmatik auf Systemtheorie ergibt.

4. Die von *Jakobs* unternommene Ineinssetzung von Schuld und Generalprävention ist deshalb nicht nur inhaltlich angreifbar,

---

[65] Vgl. dazu außer meinem Aufsatz in der FS f. Klug I (oben Fn. 63) auch die speziell das Strafrecht und den Nulla-poena-Satz betreffenden Überlegungen in meiner Studie: Nulla poena sine lege?, 1978, S. 19f., sowie in der FS f. Bockelmann, 1979, S. 124f. m.w.N.

[66] So *Jakobs,* Strafrecht Allg. Teil, S. 70.

[67] Vgl. dazu *Hassemer,* Tatbestand und Typus, 1968, S. 70f.; *Lyons,* Einführung in die moderne Linguistik, 6. Aufl. 1984, S. 419; *Schnelle,* Sprachphilosophie und Linguistik, 1973, S. 236f.; *Kamlah-Lorenzen,* Logische Propädeutik, 2. Aufl. 1973, S. 68f.

[68] Wegen der Kontextabhängigkeit ist eben nicht jede beliebige lexikalische, sei es auch metaphorische, Sprachverwendung zugelassen, sondern eine ganz enorme Reduzierung der denkbaren Anwendungsbereiche garantiert; beispielsweise folgt aus dem Tatbestandsmerkmal der „Wegnahme" in § 242 StGB, daß unter einer „Sache" ein wegnahmefähiger und deshalb körperlicher Gegenstand verstanden werden muß, so daß die an die metaphorische Verwendung des Terminus „Sache" anknüpfende Argumentation von *Jakobs,* Strafrecht Allg. Teil, S. 70, völlig ins Leere geht.

sondern auch in methodischer Hinsicht abzulehnen. Es bleibt deshalb dabei, daß an der *Trennung von Schuld und Generalprävention* aus zwingenden Gründen festgehalten werden muß und daß es nicht möglich ist, die strafrechtliche Kategorie der Schuld vollständig durch das generalpräventive Strafbedürfnis zu ersetzen. Richtig ist es vielmehr allein, die *Schuld* durch die *Generalprävention* zu *ergänzen* und dementsprechend die Systematik des Allgemeinen Teils durch die Verbrechensstufe der *Verantwortlichkeit* zu *erweitern.*

IV. Die Funktion der Schuld bei der Strafzumessung

1. Die bisherigen Überlegungen haben ergeben, daß die *Schuld* zwar ihre Rolle als ausschlaggebender Grund der Strafbarkeit, den sie in einem Schuldvergeltungsstrafrecht gebildet hat, ausgespielt hat, daß sie aber nach wie vor noch eine *Begrenzungsfunktion* in der Weise innehat, daß eine Strafe ohne Schuld unzulässig ist. Die Notwendigkeit der Strafe erwächst infolgedessen ausschließlich aus präventiven Überlegungen, neben denen jedoch die Schuld als zusätzliche Legitimationsgrundlage beizubehalten ist. Schlagwortartig ausgedrückt: *Der Präventionszweck begründet die Notwendigkeit der Strafe, das Schuldprinzip begrenzt ihre Zulässigkeit.*[69] Bei dieser Sachlage liegt es eigentlich auf der Hand, daß das Verhältnis von Prävention und Schuld auch bei der Bemessung der Strafhöhe, d. h. bei der *Strafzumessung,* kein anderes sein kann, denn es wäre paradox, wenn das für die Begründung des „Ob überhaupt" der Strafe nicht ausreichende Schuldprinzip gleichwohl für die Begründung des „Wie hoch" ausschlaggebend wäre. Rechtsprechung und h. M. sind freilich bis heute anderer

---

[69] Daß die Schuld infolgedessen nach wie vor eine Bedingung der Strafe ist (hervorgehoben von *Arthur Kaufmann,* JZ 1967, 555; *Lenckner,* in: *Göppinger/Witter,* a.a.O. [Fn. 18], S. 18), ist zwar formal zutreffend, kann aber den semantischen Unterschied zwischen zweckrationaler Notwendigkeit und wertrationaler Zulässigkeit nicht aufheben.

Auffassung, indem sie die sog. *Spielraumtheorie* vertreten.[70] Die Strafe hat nach dieser Theorie dem Maß der Schuld zu entsprechen, wobei aber ein Spielraum bestehen soll, der nach oben durch die noch angemessene Strafe und nach unten durch die schon angemessene Strafe begrenzt wird. Innerhalb dieses Spielraumes soll der Richter die Strafe nach präventiven Gesichtspunkten festsetzen können, während eine Überschreitung der dem Spielraum nach oben und nach unten vom Schuldausmaß her gezogenen Grenzen, wie schon oben bemerkt, unzulässig sein soll.

2. Diese aus dem *Schuldvergeltungsstrafrecht* stammende Strafzumessungskonzeption ist nun aber nach meiner Auffassung in einem modernen Präventionsstrafrecht *nicht mehr vertretbar,* weil eine Strafe, die allein dem Präventionszweck dient, auch nur vom Präventionszweck her inhaltlich bestimmt werden kann, also in ihrer Höhe nach präventiven Gesichtspunkten bemessen werden muß. Und weil die Generalprävention, wie ich hier aus Raumgründen nicht näher ausführen kann, über den Prozeß der Internalisierung der Normen und kulturellen Werte durch die Bevölkerung erreicht wird[71], muß das Strafrecht im Interesse eines wirksamen *Rechtsgüterschutzes* auf Rechtsgüterverletzungen in ei-

---

[70] Vgl. die Nachw. o. in Fn. 13 und 20 sowie *Blei,* a.a.O., (Fn. 18), S. 425f.; *Schaffstein,* FS f. Gallas, 1973, S. 101ff.; *v. Weber,* Die richterliche Strafzumessung, 1956, S. 12. Nachdem *Roxin* noch in: Strafrechtliche Grundlagenprobleme, 1973, S. 20ff., die Theorie von der Schuld als Obergrenze der Strafe verfochten hatte, ist er nunmehr verbal auf die Spielraumtheorie eingeschwenkt (in: SchwZStR 94 – 1977 –, 465ff. sowie in: FS f. Bockelmann, 1979, S. 306f.); mit der ausnahmsweise für zulässig erklärten Unterschreitung des Schuldrahmens aus spezialpräventiven Gründen (SchwZStR 94 – 1977 –, 476ff.) verläßt *Roxin* freilich wieder die Bahnen der Spielraumtheorie und nähert sich dem Konzept der von ihm sonst (in: FS f. Bruns, 1978, S. 186ff.) abgelehnten Stellenwert-Theorie.

[71] Vgl. *Haffke,* Tiefenpsychologie und Generalprävention, 1976, S. 80; *Engelhardt,* Psychoanalyse der strafenden Gesellschaft, 1976, S. 212ff.; *Streng,* ZStW 92 (1980), 637ff.; *Koller,* ZStW 91 (1979), 71ff., 82ff.; *Hassemer* und *Lüderssen,* in: *Hassemer/Lüderssen/Naucke,* Hauptprobleme der Generalprävention, 1979, S. 36, 43ff., 58ff. Für die aussichtsreiche Wiederbelebung des rationalistischen Präventionskonzepts durch das „ökonomische Paradigma" (vgl. die Nachw. o. in Fn. 38 a. E.) dürften die im Text anschließenden Überlegungen erst recht gelten.

ner nach dem *Wert der einzelnen Rechtsgüter* und dem *Grad ihrer* in der Tat zum Ausdruck kommenden *Bedrohung* abgestuften, unterschiedlich intensiven Weise reagieren, so daß die Strafhöhe unter präventiven Gesichtspunkten in erster Linie von der *Schwere der Rechtsgüterverletzung* und in zweiter Linie von der *Intensität der kriminellen Energie* abhängt. Dem Schuldprinzip kommt hierbei wie auch schon bei der Strafbegründung eine reine *Begrenzungsfunktion* zu, indem es nämlich die Berücksichtigung aller derjenigen Umstände verbietet, die für den Täter nicht erkennbar waren und ihm deshalb auch nicht vorgeworfen werden können.

3. In dogmatischer Hinsicht folgt hieraus die Notwendigkeit eines „*Paradigmawechsels*", indem schon der Ausgangspunkt der gesamten Strafzumessungsdiskussion ausgetauscht werden muß – nämlich die Redeweise von einer „schuldangemessenen Strafe", und zwar völlig unabhängig davon, ob man hierunter eine Punktstrafe, einen Strafspielraum oder eine Begrenzung der präventiv zugemessenen Strafe durch die Schuld als Obergrenze versteht.[72] Denn eine „*schuldangemessene Strafe*" könnte es ja nur dann geben, wenn Schuld notwendig etwas mit der Strafe zu tun hätte, wenn also *Strafe die logische oder zumindest vernünftige Antwort auf Schuld* wäre. Das wäre jedoch nur unter den Prämissen der Vergeltungstheorie der Fall, die heute zu Recht allgemein preisgegeben worden ist. Infolgedessen ist es bei korrekter Sprachverwen-

[72] Zur Spielraumtheorie vgl. oben die Nachweise in Fn. 70, zur Theorie der Schuld als Obergrenze oben in Fn. 10; zur Theorie der Punktstrafe vgl. *Bruns*, Strafzumessungsrecht – Allgemeiner Teil, 1. Aufl. 1967, S. 280; *ders.*, FS f. Engisch, 1969, S. 708; *ders.*, NJW 1979, 289; *Frisch*, Revisionsrechtliche Probleme der Strafzumessung, 1971, S. 175ff.; *ders.*, NJW 1973, 1345; *Arthur Kaufmann*, Das Schuldprinzip, 1961, S. 65; *Schneidewin*, JZ 1955, 507. Für die Stellenwert-Theorie (vertreten von *Henkel*, Die „richtige" Strafe, 1969, S. 23; *Horn*, FS f. Bruns, 1978, S. 165ff.; *ders.*, in: SK – Fn. 14 –, § 46, Rn. 21ff.) gilt natürlich das gleiche, weil sie den ersten Schritt der Strafmaßfindung vollständig an der Schuld orientiert. – Daß die Schuldidee in Wahrheit für die Bestimmung der Strafhöhe nichts hergibt, hat schon *v. Liszt* in seinem „Marburger Programm" zu Recht betont (hier zitiert aus: *Ostendorf* – Hrsg. –, Von der Rache zur Zweckstrafe, 1982, S. 39ff.); ähnlich *Schreiber*, ZStW 94 (1982), 291; *Ellscheid*, in: *Wadle* (Hrsg.), a.a.O. (Fn. 37), S. 78f., 88ff.; *Hart*, Prolegomena zu einer Theorie der Strafe, hier zitiert aus: *Birnbacher-Hoerster* (Hrsg.), Texte zur Ethik, 1976, S. 228.

dung ausgeschlossen, gleichwohl weiterhin von einer „schuldangemessenen Strafe" zu sprechen, weil Strafe als Antwort auf Schuld, wenn man die Vergeltungstheorie fallen läßt, überhaupt kein Gesprächsgegenstand mehr ist. Wenn statt dessen die Bedeutung des Schuldprinzips für die Strafzumessung nur noch darin bestehen kann, daß allein solche Gesichtspunkte für die Strafzumessung verwertet werden, die in den Rahmen der Vermeidemacht des Täters fallen, so liegt darin nicht bloß eine terminologische, sondern auch eine entscheidende *theoretische Umorientierung*. Denn in der traditionellen Redeweise von einer „schuldangemessenen Strafe" schwingt immer noch unausgesprochen die in Wahrheit ja längst illegitime Vergeltungstheorie mit. Macht man dagegen mit deren Verabschiedung ernst, so wird auf der Stelle klar, daß jener *Umrechnungsfaktor* von Schuld in Strafe, nach dem die Spielraumtheoretiker ebenso verzweifelt suchen wie die Punktstrafentheoretiker und erst recht die Stellenwerttheoretiker, eine *Chimäre* ist, deren Aufsuchung allein schon gründlich in die Irre führen muß. Wenn ich einmal die Vermutung wage, daß *Roxins* Wende von der dialektischen Vereinigungstheorie zur Spielraumtheorie[73] wesentlich auch von dem Mißvergnügen daran bestimmt war, daß es eine präzise „Umrechnung" von Tatschuld in eine schuldangemessene Strafe nicht gibt, könnte also durch die von mir skizzierte Sprachkritik ganz auf dem Boden von *Roxins* Schuldkonzeption der Weg für eine von allen Hypostasierungen freie, *realistische Strafzumessungsdoktrin* geebnet werden.

4. Wenn man nach den *praktischen Änderungen* fragt, die diese theoretische Umorientierung zur Folge haben wird, so ist zunächst dem Mißverständnis vorzubeugen, daß die Verabschiedung der Schuld als Bemessungsgrundlage der Strafe zu einer rein formalen, an den zufälligen Äußerlichkeiten der Rechtsgüterverletzung anknüpfenden Strafzumessung nach dem Muster der Kompositionensysteme der Völkerwanderungszeit[74] zurück-

[73] Vgl. oben die Nachweise in Fn. 70.

[74] Vgl. dazu z.B. *v. Bar*, Geschichte des Deutschen Strafrechts und der Strafrechtstheorien, 1882, S. 51ff. – insbes. S. 55 –, S. 61ff.; *Schröder*, Lehrbuch der deutschen Rechtsgeschichte, 2. Aufl. 1894, S. 80f., 338ff.; *Löffler*, Die Schuldformen des Strafrechts, 1895, S. 32ff., insbes. S. 35; *Eb. Schmidt*, Einführung in

führen würde. Denn weil das *generalpräventive Strafbedürfnis* von der Größe der durch die Straftat manifestierten *Bedrohung der sozialen Friedensordnung*[75] abhängt, spielen außer dem *Wert* des verletzten Rechtsgutes und dem *Umfang* der Rechtsgutsverletzung im Rahmen der für die Strafzumessung relevanten Intensität der *kriminellen Energie* etwa auch der Anlaß der Tat, die in der Tat zum Ausdruck kommende Gefährlichkeit der Tätermotivation und ähnliche die subjektive Tatseite mitumfassende Zusammenhänge für die Strafzumessung eine erhebliche Rolle. Auch die in § 46 Abs. 1 Satz 2 StGB erwähnten Wirkungen der Strafe auf das künftige Leben des Täters in der Gesellschaft bleiben unter dem Gesichtspunkt der *Strafempfindlichkeit* und damit unter dem Aspekt des Gleichheitsgrundsatzes relevant.[76] Aus dem Strafzumessungsprogramm *auszumerzen* sind dagegen jene *„Feinheiten der Täterpersönlichkeit"*, deren Berücksichtigung nach der herkömmlichen Auffassung vom Schuldprinzip gefordert wird und die Schuldidee zu ihrer subtilsten und sublimsten Verwirklichung führen soll.[77] In Wirklichkeit führt diese vorgebliche Berücksichtigung der Persönlichkeitsnuancen aber zu nichts anderem als zu einer totalen regionalen *Zersplitterung, Ungleichheit* und damit

---

die Geschichte der deutschen Strafrechtspflege, 3. Aufl. 1965, S. 25; *Nass*, Wandlungen des Schuldbegriffs im Laufe des Rechtsdenkens, 1963, S. 29f.

[75] Vgl. zu dem Bedrohungserlebnis der Allgemeinheit *Arzt*, Der Ruf nach Recht und Ordnung, 1976, passim, insbes. S. 5, 11ff., 60ff.; *ders.*, JBl. 1978, 173ff.; *Murck*, KrimJ 1978, 202ff.; *Kerner*, Kriminalitätseinschätzung und Innere Sicherheit, 1980, passim; *Volk*, JZ 1982, 86f.

[76] Dagegen wäre es nicht zulässig, unter Berufung auf § 46 Abs. 1 Satz 2 StGB zum Zwecke einer erfolgreichen spezialpräventiven Einwirkung auf den Täter die Strafe zu verschärfen (wie es der Erziehungsideologie des Jugendstrafrechts entspricht), weil einer derartigen Maßnahme, wie wir seit dem Abflauen der Behandlungseuphorie wissen, schon die erforderliche Eignung fehlen würde (vgl. dazu oben die Nachweise in Fn. 39).

[77] Vgl. dazu, insbes. auch aus revisionsrechtlicher Sicht, *Frisch*, a.a.O. (Fn. 72), S. 268ff., 273ff. m.w.N.; *Bruns*, Strafzumessungsrecht, 2. Aufl. 1974, S. 704f.; *Lackner*, FS f. Gallas, 1973, S. 117, 131. Die Forderung von *Zipf* (in: Die Strafmaßrevision, 1969, S. 119ff.; Die Strafzumessung, 1977, S. 24f. m.w.N.) und *Stratenwerth* (in: Tatschuld und Strafzumessung, 1972, S. 28ff.), die Täterpersönlichkeit aus der Würdigung der Tatschuld herauszunehmen und nur unter dem Blickwinkel der Prävention zu betrachten, hat sich bisher nicht durchsetzen können (vgl. *Jescheck*, a.a.O. – Fn. 5 –, S. 711 m.w.N.).

letztlich *Irrationalität* der Strafzumessung, weil es weder einen verbindlichen Kanon noch eine verbindliche Abwägungsrichtlinie für diese Nuancen gibt, die sich nach herrschender Auffassung sogar der sprachlichen Mitteilung entziehen sollen, da es bei ihnen häufig um unwägbare individuelle Eindrücke gehe.[78] Die damit zwangsläufig verbundene Folge der *Unvergleichbarkeit* und *Irrationalität*, die in der mit der fehlenden Mitteilbarkeit zwangsläufig verbundenen *Irrevisibilität* der Strafzumessung ihren deutlichsten Ausdruck findet[79], habe ich schon früher unter Hinweis auf die von der traditionellen Strafzumessungsdogmatik nicht zu behebende, sondern nur noch zu verschlimmernde Willkürlichkeit der praktischen Strafzumessung zu attackieren versucht.[80] Durch die hier unternommene Widerlegung der Spielraumtheorie von ihren dogmatischen Prämissen her scheint mir die Notwendigkeit einer *drastischen Reduzierung des verwertbaren Strafzumessungssachverhalts* nunmehr auch theoretisch nachweisbar zu sein.

5. a) Bei der Strafzumessung in einem modernen Präventionsstrafrecht ist deshalb von der gegenwärtig herrschenden Theorie,

---

[78] Vgl. dazu *Frisch*, a.a.O. (Fn. 72), S. 282.

[79] Obwohl die Intensität der revisionsgerichtlichen Kontrolle der Strafzumessung in den letzten Jahren merklich zugenommen hat (vgl. BGHSt, 24, 132, 268; 27, 2, 212; 29, 370; 30, 166; 31, 102; erschöpf. Nachw. b. *Mösl*, NStZ 1982, 148, 453; 1983, 160, 493 – wobei diese Entwicklung in der Lit. befürwortet wird, vgl. nur *Roxin*, Strafverfahrensrecht, 18. Aufl. 1983, S. 321; *Bruns*, ZStW 94 – 1982 –, 124 f.; *Mösl*, DRiZ 1979, 165), verbleibt dem Tatrichter nach wie vor ein ganz erheblicher, von den Revisionsgerichten nicht angetasteter Beurteilungsspielraum bei der Strafzumessung (vgl. *Bruns*, Strafzumessungsrecht, 2. Aufl. 1974, S. 87, 645 ff.; *Schiel*, Unterschiede in der deutschen Strafrechtsprechung, 1969; *Pikart*, in: Karlsruher Kommentar zur StPO, 1982, § 337 Rn. 32; *Haddenhorst*, in: Pönometrie – Heft 3 der Schriftenreihe des Instituts für Konfliktforschung, München o.J. –, S. 29 ff.).

[80] In: Pönometrie, a.a.O. (Fn. 79), S. 73 ff. – Zwischenzeitlich durchgeführte empirische Untersuchungen im Rahmen des Mannheimer Sonderforschungsbereiches 24 haben gezeigt, daß die Praxis bei merkmalsarmen Delikten intuitiv die ihr von der herrschenden Strafzumessungsdoktrin zugeschobene Rolle abweist und schon von sich aus durch eine drastische Reduzierung des Strafzumessungssachverhaltes zu einer größeren Homogenität zu kommen versucht (vgl. *R. Hassemer*, MschrKrim 1983, 26; *Schünemann u. a.*, Art und Gewicht der Bestimmungsgründe richterlicher Sanktionsentscheidungen bei Straftaten nach § 316 StGB, Forschungsbericht aus dem Sonderforschungsbereich 24, Mannheim 1983).

die in unkontrollierbarer Weise alle Feinheiten der Persönlichkeit bei der Bemessung des Spielraumes der schuldangemessenen Strafe berücksichtigt wissen will, radikal Abstand zu nehmen. Die statt dessen gebotene generalpräventive Strafzumessung hat in erster Linie auf das Ausmaß der Rechtsgutsverletzung und damit auf die *Schwere des Unrechts* und in zweiter Linie auf die in der Tat manifestierte *kriminelle Energie* abzustellen, soweit diese für den Täter erkennbar waren und ihm also *subjektiv zurechenbar* sind. Rein *spezialpräventive* Überlegungen sollten – und nur in diesem Punkt halte ich die Stellenwerttheorie für überzeugend – lediglich im Rahmen von Prognoseentscheidungen eine Rolle spielen, wie sie etwa in den Fällen der Strafaussetzung gem. § 56 StGB gefordert werden, so daß sie sich nie zum Nachteil, sondern (bei günstiger Prognose) nur zum Vorteil des Täters auf die generalpräventive Strafe auswirken können – womit den realistischen Einsichten in die begrenzten Möglichkeiten einer „Besserung durch Strafe" Rechnung getragen wird.

b) Natürlich kann und soll nicht bestritten werden, daß auch bei dieser Konzeption Probleme der Abgrenzung des strafzumessungsrelevanten Sachverhalts bestehen und daß insbesondere der hier zur Kennzeichnung des Bedrohungsgrades gewählte Topos der „kriminellen Energie" noch weiterer Explikation bedarf.[81] Der entscheidende Vorteil liegt aber jedenfalls darin, daß die nach der heute h. M. im Dickicht der Persönlichkeitsimponderabilien versandende Vergleichbarkeit und Berechenbarkeit der Strafzumessung wiederhergestellt, die Strafe infolgedessen kalkulierbar und damit auch als Mittel der Generalprävention besser einsetzbar wird. Zugleich können auf diese und nur auf diese

[81] So hängt die kriminelle Energie etwa sicherlich auch von dem Quantum der dem Täter anstelle der Tat verfügbaren Alternativen ab, was – wegen der Begrenzung durch das Schuldprinzip – regelmäßig auf die Berücksichtigungsfähigkeit der unterhalb des § 21 StGB angesiedelten traditionellen „Schuldminderungsgründe" hinauslaufen wird. Durch den generalpräventiven Ansatz wird aber jedenfalls sichergestellt, daß nur diejenigen Umstände berücksichtigt werden, die i. S. der schuldbezogenen Doktrin von *Zipf* und *Stratenwerth* die „Tatschuld" konstituieren (vgl. die Nachw. o. in Fn. 77), so daß die unter dem Gesichtspunkt der Lebensführungsschuld von der h. M. favorisierte vollständige Ausuferung des Strafzumessungssachverhalts vermieden wird.

Weise die Minimalanforderungen der *Gerechtigkeit* erfüllt werden, die angesichts unseres bescheidenen Wissens über die präventiv notwendige Strafhöhe zumindest eine *Gleichmäßigkeit der Rechtsanwendung* gebieten. Wer die Praxis kennt, weiß um den hohen Grad an Zufälligkeit und Willkürlichkeit der realen Strafzumessung, auf die die Individualität des Richters immer noch einen bei weitem größeren Einfluß ausübt als die gegenwärtige Strafzumessungsdoktrin und die Revisionskontrolle des Bundesgerichtshofes.

c) Auch der naheliegende Einwand, daß die hier entwickelte Konzeption mit der „*Grundlagenformel*" des § 46 Abs. 1 StGB nicht zu vereinbaren sei, läßt sich leicht entkräften. Denn die Auslegung der Grundlagenformel i. S. der Spielraumtheorie ist ja weder zwingend noch (wegen der Verhaftung der Spielraumtheorie in dem Gedankengut des Vergeltungsstrafrechts) überzeugend, so daß eine der Grundsatzentscheidung des Gesetzgebers gegen ein Vergeltungsstrafrecht adäquate Neuinterpretation unerläßlich ist. Und dann liegt nichts näher, als die prinzipiellen Erkenntnisse zum Verhältnis von Schuld und Prävention in unserem modernen Strafrecht auch in die Auslegung des § 46 Abs. 1 Satz 1 StGB einfließen zu lassen und diese Vorschrift in der Form zu deuten, daß die *tatsächliche Grundlage* der Strafzumessung (nur) von den von dem Täter *verschuldeten*, d. h. ihm erkennbaren und vermeidbaren Umständen gebildet wird.

6. Zusammenfassend lassen sich damit für die fällige Neuorientierung der Strafzumessung folgende Grundsätze formulieren: Die irreführende Redeweise von einer „schuldangemessenen Strafe" muß aufgegeben werden. An die Stelle einer totalen Individualisierung der Strafzumessung, die die Strafzumessungsdogmatik gegenwärtig beherrscht und für die in der Praxis zu beobachtende extreme Ungleichheit der Strafzumessung verantwortlich ist, hat in Zukunft eine berechenbare und voraussehbare und dadurch den Gleichheitsgrundsatz wahrende Strafzumessung zu treten. Die Höhe der Strafe ist nach dem Maß des verschuldeten Unrechts und Bedrohungseffekts der Straftat abzustufen, spezialpräventive Überlegungen sind (von der Strafempfindlichkeit abgesehen) auf die vom Gesetz ausdrücklich geforderten Prognoseentscheidungen zu begrenzen. Erst wenn sich diese Konzeption einer *vom Schuldprinzip begrenzten präventiven Strafzumessung* durchgesetzt haben wird, wird man davon spre-

chen können, daß die Umwandlung von einem überholten Schuldvergeltungsstrafrecht in ein modernes Präventionsstrafrecht vollständig abgeschlossen ist.

V. Zusammenfassung

Meine Überlegungen zur Funktion des Schuldprinzips im Präventionsstrafrecht haben damit vor allem *drei Resultate* erbracht: *Erstens* bedeutet die Preisgabe des Schuldvergeltungsstrafrechts *nicht* etwa die Preisgabe des *Schuldgedankens* überhaupt, der sich auch gegenüber der Kritik des Determinismus nach wie vor zu behaupten vermag. *Zweitens* ist die Schuld als Prinzip der *Strafbegrenzung* neben der Prävention als Prinzip der Strafbegründung beizubehalten, was eine Erweiterung der herkömmlichen Strafrechtssystematik um die Kategorie der Verantwortlichkeit notwendig macht. Und *drittens* darf die Abschaffung des Schuldvergeltungsstrafrechts nicht vor der *Strafzumessung* halt machen, so daß an die Stelle der im Sinne der Spielraumtheorie konzipierten Schuldstrafe eine an dem Ausmaß der Bedrohlichkeit des Delikts für die Gesellschaft orientierte und deshalb den Gleichheitsgrundsatz wahrende Präventionsstrafe zu treten hat, bei der die Schuld nur noch als strafbegrenzendes Prinzip Bedeutung behält.

In dieser reduzierten Form als *limitatives Prinzip* ist der Schuldgrundsatz also auch heute noch nicht nur zeitgemäß, sondern sogar *unverzichtbar.*

Bernhard Haffke
Rückfall und Strafzumessung*

I. Wissenschaftstheoretische Problemstellung

1. „Rückfall und Strafzumessung“ – dies scheint auf den ersten Blick ein Paradethema für eine interdisziplinäre Zusammenarbeit von Rechts- und Sozialwissenschaftlern mit begründeter Aussicht auf ein solides und seriöses Arbeitsergebnis zu sein. Und doch stellt sich bei genauerem Zusehen genau jener Befund ein, den schon *Mitscherlich*[1] mit Blick auf die Verständigungs- und Vermittlungsprobleme zwischen psychoanalytischen und soziologischen Mitarbeitern des Frankfurter Sigmund-Freud-Institutes im Jahre 1970 plastisch so beschrieben hat:

> „Das Zustandekommen einer solchen Arbeitsgemeinschaft ist in der Phantasie wesentlich einfacher zu bewerkstelligen als in Wirklichkeit. Wir stellten fest – was z. B. *Robert K. Merton* hinsichtlich der Indoktrination während der medizinischen Ausbildung beschrieben hat –, daß die Identifikation mit Status und Selbstgefühl der eigenen professionellen Gruppe, mit der Art ihrer Realitätsinterpretationen wesentlich tiefer reicht, als wir zunächst für möglich gehalten haben. So beginnt mit „fremden“ Spezialisten im Haus ein leidvoller Weg von Mißverstehen, Überhaupt-Nicht-Verstehen, von ungewollten Kränkungen, wechselseitigen Provokationen. Im Vordergrund steht die Sprachverwirrung“.

In Anbetracht dieser Situation ist mein Interesse an dem gewählten Thema nicht primär ein hermeneutisches oder rechtspoliti-

---

* Überarbeitete Fassung des Beitrages in: Kriminalsoziologische Bibliografie 1981 (Jg. 8 H. 31), 11 ff.

[1] In: Psyche, Zeitschrift für Psychoanalyse und ihre Anwendungen, XXIV, 1970, 157 ff., 160 f.

sches, sondern ein *analytisches* und *methodisches,* wobei ich als persönlich Betroffener jener Eskalation von Mißverstehen bis hin zu wechselseitiger Provokation hinzufügen darf: auch ein selbst-therapeutisches. Das drängende Interesse an der Sache und an dem sachlichen Ergebnis hat also einstweilen zurückzustehen hinter der geduldigen und ruhigen Analyse der Gründe des Aneinander-Vorbeiredens, des Mißverstehens und der Sprachverwirrung, hinter der nüchternen und sorgfältigen Problemaufbereitung sowie dem bohrenden Bemühen um eine präzise und differenzierte Begrifflichkeit.

2. Spezifische Kommunikationsprobleme zwischen Rechts- und Sozialwissenschaftlern – so darf ich die Quintessenz der nachfolgenden Überlegungen thesenartig vorwegnehmen – resultieren daraus, daß *erstens* in der Gesetzes- und Wissenschaftssprache der Juristen *deskriptive Begriffe* verwendet werden; *zweitens* der deskriptive Gehalt dieser Begriffe aber nicht eingelöst wird und auch nicht, wie zu zeigen sein wird, eingelöst werden *kann;* Deskriptivität also (möglicherweise: notwendig) *vor*gespielt und *vor*getäuscht wird; und schließlich *drittens* der um fachkundigen Rat gebetene Sozialwissenschaftler seinen Gutachterauftrag ernst nimmt, nicht realisierend, daß eine ernsthafte Erfüllung seines Gutachterauftrages vom Auftraggeber, dem Juristen, gar nicht gewollt ist.

3. Ich möchte diese Sprachverwirrung samt den daraus resultierenden Ausweglosigkeiten demonstrieren anhand der materiellen Rückfallvoraussetzung des § 48 StGB, der sog. *Warnungsformel.* Als analytisches Raster lege ich dabei die *Askriptivitätsthese H. L. A. Harts*[2] zugrunde, wobei ich deren spätere Rezeption, Kritik, Modifikation und Präzisierung[3] je nach Bedarf mitberück-

---

[2] The Ascription of Responsibility and Rights, in: Proceedings of the Aristotelian Society, XLIX, 1948/1949, S. 172 ff. Daß sich *Hart* unter dem Eindruck der von *Geach* und *Pitcher* vorgetragenen Kritik (vgl. *dies.* in: Analytische Handlungstheorie, Bd. 1: Handlungsbeschreibungen, hrsg. v. *Georg Meggle,* 1977, S. 225 ff., 239 ff.) von diesem Beitrag distanziert hat (vgl. das Vorwort zu seiner Aufsatzsammlung „Punishment and Responsibility", 1968), ist den deutschsprachigen Rezipienten der Askriptivitätsthese offenbar entgangen.

[3] Vgl. dazu *Kuhlen,* Die Objektivität von Rechtsnormen, 1978, S. 91 ff. m.w.N.; *Kühl,* KrimJ 1981, 214 ff.

sichtigen werde. Die Wahl gerade dieses analytischen Kategorienrahmens und Begriffsinstrumentariums bedarf einer kurzen, mehr pragmatischen Begründung:

a) Dem Strafrechtswissenschaftler ist die *Deskriptivität–Normativität* (alias: Askriptivität?)[4]–*Debatte* an sich nicht neu. Ich darf nur an die intensive wissenschaftliche Diskussion über deskriptive und normative Tatbestandsmerkmale in den zwanziger Jahren dieses Jahrhunderts erinnern, die wohl ihren Höhepunkt und vorläufigen Abschluß, aber auch ihre extreme Zuspitzung in der bekannten These *Erik Wolfs*[5] gefunden hat, daß *alle* Tatbestandselemente, also auch die scheinbar deskriptiven, normative seien und daß infolgedessen nicht mehr zwischen deskriptiv und normativ, sondern innerhalb einer einzigen Klasse von normativen Tatbestandselementen nur noch nach *wertgefüllten* und *wertausfüllungsbedürftigen* Begriffen unterschieden werden könne. An diese strafrechtsinterne Debatte möchte ich hier bewußt nicht anknüpfen, schon weil der Bezug dieser Debatte zu der sich ganz anderen Wurzeln verdankenden Askriptivitätsdiskussion erst noch herzustellen wäre.

b) An die *Askriptivitätsthese* anzuknüpfen, empfiehlt sich demgegenüber vor allem aus folgendem Grund: Diese These ist namentlich in den Arbeiten von *Fritz Sack*[6] aus ihrem ursprüngli-

---

[4] Das Fragezeichen deutet auf das Problem hin, das sich bei der *Übersetzung* von im rechtswissenschaftlichen Kontext entwickelten Begriffen in moderne sprachphilosophische termini wie Askriptivität, Präskriptivität (vgl. etwa *Hare*, Die Sprache der Moral, 1972; dazu: *Alexy*, Theorie der juristischen Argumentation, 1978, S. 82ff.) etc. stellt. In Hinsicht auf die Fülle und Vielfalt sprachphilosophischer Arbeiten und Ansätze sowie in Hinsicht auf die Notwendigkeit, interne und externe Parallelisierungen und Querverbindungen erst noch zu erarbeiten, muß es mit dieser Andeutung hier sein Bewenden haben; en passant kann die aufgeworfene Frage redlicherweise nicht mitentschieden werden.

[5] Der Sachbegriff im Strafrecht, in: Die Reichsgerichtspraxis im deutschen Rechtsleben, Bd. V, 1929, S. 44ff.; Die Typen der Tatbestandsmäßigkeit, 1931. Zum Überblick vgl. etwa *Engisch*, Die normativen Tatbestandsmerkmale im Strafrecht, FS f. E. Mezger, 1954, S. 127ff.; *Kunert*, Die normativen Merkmale der strafrechtlichen Tatbestände, 1958, insbes. S. 40ff.; *Schweikert*, Die Wandlungen der Tatbestandslehre seit Beling, 1957, S. 62ff.; *Schlüchter*, Irrtum über normative Tatbestandsmerkmale im Strafrecht, 1983.

[6] Neue Perspektiven in der Kriminologie, in: Kriminalsoziologie, hrsg. von *Sack/König*, 1968, 2. Aufl., 1974, S. 431ff., 466ff.

chen rechts- und sprachphilosophischen Kontext gelöst und zu einem zentralen Begründungselement einer neuen, einflußreichen kriminal-, genauer: strafrechtssoziologischen[7] Konzeption, nämlich des sog. *labeling approach,* erhoben worden. Zugeschrieben werden nun *strafrechtliche* Etikette; und deshalb muß sich auch in der inneren Logik der strafrechtlichen Begriffe und ihrer pragmatischen Verwendung genau das Askriptivitätsphänomen aufweisen lassen, das die Zuschreibungstheoretiker von einem eher makrotheoretischen, will heißen: strafrechts*externen* Standpunkt aus glauben aufgespürt zu haben. Denn der Zuschreibungsprozeß kommt ja nicht *vor* dem strafrechtlichen und strafrechtsdogmatischen System gleichsam zum Stillstand, sondern nimmt ganz im Gegenteil genau dort seinen Ausgangspunkt. Folglich müssen *in* diesem System auch die Bedingungen dafür angelegt sein, daß Zuschreibung möglich oder notwendig ist. Der Nachweis von *Zuschreibung* in dieser strafrechtlichen Mikro- und Binnenwelt, die Benennung der dort zur Verfügung stehenden Transformatoren und Vehikel, würde den labeling approach nicht nur verfeinern, veranschaulichen und dadurch auch dem strafrechtsdogmatisch arbeitenden Juristen beweiskräftiger machen, sondern, wie auch hier zu zeigen sein wird, neue, und zwar: sehr spezifische und konkrete, Frageperspektiven freilegen, die eine nüchterne interdisziplinäre Arbeit im Detail jenseits von Schlagworten, Verdächtigungen und beleidigten Reaktionen erlauben würden.[8]

Soweit zu meinem Thema und seiner theoretischen Einordnung.

---

[7] Vgl. zu dieser, wie mir scheint, außerordentlich fruchtbaren, theoretisch nur konsequenten Fortentwicklung der Kriminalsoziologie zu einer Soziologie des Strafrechts jetzt *Fritz Sack,* Probleme der Kriminalsoziologie, in: Handbuch der empirischen Sozialforschung, hrsg. von *König,* Bd. 12, 2. Aufl., 1978, S. 192 ff., 365 ff.

[8] Vgl. dazu bereits *meinen* Beitrag „Strafrechtsdogmatik und Tiefenpsychologie", GA 1978, 33 ff. (wieder abgedruckt in: Kriminologie im Strafprozeß, hrsg. von *Jäger,* 1980, S. 133 ff.).

II. Die dogmatische Funktion der „Warnungsformel"

1. Neben den beiden *formellen* Voraussetzungen, nämlich daß der Täter „schon mindestens zweimal im räumlichen Geltungsbereich dieses Gesetzes wegen einer vorsätzlichen Straftat zu Strafe verurteilt worden ist" (§ 48 Abs. 1 Satz 1 Nr. 1 StGB) und daß er „wegen einer oder mehrerer dieser Taten für die Zeit von mindestens 3 Monaten Freiheitsstrafe verbüßt hat" (§ 48 Abs. 1 Satz 1 Nr. 2 StGB), normiert § 48 zwei weitere *materielle* Voraussetzungen: *Erstens* muß die die Rückfallschärfung auslösende Anlaßtat eine vorsätzliche Straftat sein, wobei das Höchstmaß der für diese neue Tat angedrohten Freiheitsstrafe ein Jahr oder mehr betragen muß; und dem Täter muß *zweitens* „im Hinblick auf Art und Umstände der Straftaten vorzuwerfen" sein, „daß er sich die früheren Verurteilungen nicht hat zur Warnung dienen lassen". Kommt § 48 zur Anwendung, so ist die Mindeststrafe auf Freiheitsstrafe von 6 Monaten angehoben, während das Höchstmaß einer angedrohten Freiheitsstrafe unberührt bleibt (§ 48 Abs. 1 StGB). Über die *Warnungsformel*, auf die wir hier unsere Aufmerksamkeit konzentrieren wollen, ist bereits während der langwierigen Gesetzesberatungen intensiv diskutiert worden[9] (dazu werden im folgenden noch einige Bemerkungen zu machen sein); und auch ihre Auslegung wirft in der Praxis vielfältige schwierige Probleme auf, etwa ihre Anwendung bei ungleichartigen Delikten[10], bei den sog. „uneigentlichen Bagatelldelikten"[11] oder bei Ausnahmefällen wie Affekttaten, Triebtaten, sozialer Hilflosigkeit[12] pp. Nicht die an anderer Stelle ohnehin bereits geleistete Rekonstruktion der Gesetzesgeschichte[13] und auch nicht die her-

---

[9] Vgl. den Überblick bei *Frosch*, Die allgemeine Rückfallvorschrift des § 48 StGB, 1976, S. 13ff.; *Kürschner*, Die materielle Rückfallklausel des § 48 StGB, 1978, S. 7ff.

[10] Vgl. etwa *Stree* in: *Schönke/Schröder*, Strafgesetzbuch, 21. Aufl., 1982, § 48, Rn. 10 m.w.N.; *Frosch* (Fn. 9), S. 76ff., 112ff.

[11] Vgl. dazu *Maurach/Zipf*, Strafrecht, AT, Teilbd. 2, 5. Aufl., 1978, S. 495; zur Verfassungsmäßigkeit der allgemein als wenig sachgerecht beurteilten Regelung des § 48 StGB vgl. *BVerfGE* 50, 125ff., 138ff.

[12] Vgl. *Stree* in: *Schönke/Schröder* (Fn. 10), § 48, Rn. 17 a.E. m.w.N.

[13] Vgl. die Nachw. in Fn. 9.

meneutische Kleinarbeitung im Detail sind hier unser Thema; worauf es uns in diesem Zusammenhang ankommt, ist vielmehr dies: Die Warnungsformel soll die Vereinbarkeit der Rückfallvorschrift, deren Bedeutung sich ja nicht nur in der schlichten Anhebung der Mindeststrafe erschöpft, sondern durch die, wie *Zipf* zutreffend dargelegt hat, „ein insgesamt neues Einordnungsschema für die Strafbemessung im engeren Sinne geschaffen"[14] worden ist, mit dem *Tatschuldprinzip* sichern. Dieses Verständnis der Warnungsformel, das allein die Rückfallvorschrift vor dem Verdikt einer verfassungswidrigen Überschuldstrafe spezialpräventiver Zielsetzung[15] bewahrt, ist in der Literatur, namentlich in den Veröffentlichungen von *Hillenkamp*[16], *Mir Puig*[17] und *Frosch*[18], erarbeitet und vom BVerfG in seiner Entscheidung vom 16. 1. 1979[19] ausdrücklich bestätigt worden. Dort heißt es:

„Die Strafschärfung gemäß § 48 StGB setzt voraus, daß dem Täter ‚im Hinblick auf Art und Umstände der Straftaten vorzuwerfen (ist), daß er sich die früheren Verurteilungen nicht hat zur Warnung dienen lassen'. Mit dieser Formulierung, der materiellen Rückfallklausel, trägt die Vorschrift dem Schuldgrundsatz Rechnung. Sie geht davon aus, daß „derjenige, der sich über die mit früheren Verurteilungen gesetzten Hemmungsimpulse hinwegsetzt, unter Umständen mit vermehrter krimineller Energie und deshalb mit vermehrter Schuld handelt" (so *Horstkotte*, JZ 1970, S. 152 [153]; es folgen weitere Zitate). Der Gesetzgeber macht also die Anwendung des § 48 StGB davon abhängig, daß den Täter im konkreten Fall im Blick auf die Warnfunktion der Vorverurteilungen ein verstärkter Schuldvorwurf trifft ... Die Regelung steht nicht im Widerspruch zum verfassungsrechtlichen Schuldgrundsatz. Sie besagt nicht, daß denjenigen, der trotz früherer Verurteilung erneut straffällig geworden ist, *stets* ein erhöhter Schuldvorwurf treffe, sondern sie bedroht den Täter unter bestimmten weiteren Voraussetzungen mit verschärfter

[14] *Maurach/Zipf* (Fn. 11), S. 496 entgegen *Frosch* (Fn. 9), S. 144, 147.
[15] Vgl. dazu *Horn*, ZStW 89 (1977), 547ff., 566f.; s.a. *Maurach/Zipf* (Fn. 11), S. 491f.
[16] GA 1974, 208ff.
[17] ZStW 86 (1974), 175ff.
[18] Vgl. Fn. 9.
[19] BVerfGE 50, 125ff., 134, 136; Hervorhebung der Worte „stets" sowie „und" vom Verf.

Strafe, *wenn* ihm im Hinblick auf seine Vorverurteilungen der Vorwurf vermehrter Schuld zu machen ist."

„Ob dies der Fall ist" – und nun folgen Hinweise des BVerfG zur rechtspraktischen, prozessualen Umsetzung des verfassungsrechtlichen Schuldpostulates –, „hat der Tatrichter von Amts wegen zu erforschen. Daß er dabei in die gebotene Gesamtwürdigung auch psychische Faktoren, charakterliche Eigenschaften des Angeklagten und dessen Lebensumstände einbeziehen muß (. . .), versteht sich, legt man der Beurteilung einen nicht zu eng verstandenen Tatschuld-Begriff zugrunde, von selbst. Führen diese Ermittlungen zu dem Ergebnis, daß den Vorverurteilungen im konkreten Fall kein Warneffekt im Sinne der materiellen Rückfallklausel zukommt, so scheidet die Anwendung des § 48 StGB aus. Stellt das Gericht dagegen fest, daß der Angeklagte sich die früheren Verurteilungen nicht hat zur Warnung dienen lassen *und* daß ihm dies im Hinblick auf Art und Umstände der Straftaten *vorzuwerfen* sei, so begründet dies in bezug auf die abzuurteilende Straftat den Vorwurf *erhöhter Tatschuld* und rechtfertigt damit eine Verschärfung der Strafe".

2. Die Einführung und Erläuterung meines Themas sind damit abgeschlossen. Ich kann jetzt die Gedankenabfolge, die sich in *elf* Schritten vollzieht, kurz skizzieren und begründen. Methodisch gehe ich dabei so vor, daß ich den Diskussions- und Erkenntnisstand, wie er in der Entscheidung des BVerfG vom 16. 1. 1979, wenn auch sehr knapp und verkürzt, formuliert worden ist und der ja nur das Resultat einer konsequenten Realisierung des ausnahmslos geltenden verfassungsrechtlichen Postulats *„nulla poena sine culpa"*[20] wiedergibt, als *fixen,* also nicht weiter zu begründenden und zu problematisierenden Ausgangspunkt für die folgenden Überlegungen zugrundelege. Denn nur wenn die These, daß die Anwendbarkeit des § 48 *erhöhte Tatschuld* voraussetzt, auch hier als *Prämisse* einstweilen akzeptiert wird, können wir die Argumente, die von eben dieser Prämisse ausgehen, auf ihre innere Stimmigkeit und Konsistenz hin überprüfen. *Primäres* Ziel dieser Argumentationsanalyse ist nämlich der Aufweis von Widersprüchen und Bruchstellen, von Spannungen und Verwerfungen, die sich auf der Grundlage des geltenden Tatschuldprinzips, denkt man es nur konsequent zu Ende, notwendig einstellen. *Zweitens*

[20] St. Rspr. seit BVerfGE 20, 323, 331; vgl. die Nachw. in BVerfGE 50, 125ff., 133.

aber dürfen diese beobachtbaren Dissonanzen nicht, wie es unter dem Einfluß eines übermächtigen, tief verankerten Konsonanz- und Harmoniestrebens allzu häufig geschieht, vorschnell aufgelöst, sondern müssen sehr bewußt ausgehalten und rechtstheoretisch, rechtssoziologisch sowie sozialpsychologisch weitaus genauer, als es bisher in der Literatur erfolgt ist, analysiert und reflektiert werden.[21] Erst am *Ende* dieser Überlegungen wird sich die *rechts*wissenschaftlich noch uneingelöste und auch hier nicht einlösbare Aufgabe einer Neuformulierung der „Dogmatischen Rechtfertigung und kriminalpolitischen Kritik der Rückfallschärfung"[22] stellen – eine Aufgabe, die freilich *nach* dieser strafrechts*immanenten* Analyse und Kritik erheblich komplexer und prinzipieller geworden ist als es beim unbeschwerten, gleichsam strafrechts*externen* und abstrakten, der konkreten Fülle des zu verarbeitenden Materials und der zu berücksichtigenden Aspekte noch entbehrenden und deshalb übrigens auch ideologieverdächtigen Zugriff auf unser Thema der Fall wäre.

III. Die Schein-Deskriptivität des formellen Programmes und ihre Überwindung

1. Legt man, so läßt sich jetzt die *erste Prämisse* formulieren, den tragenden Grundgedanken der zitierten Entscheidung des BVerfG sowie die entsprechenden in der Literatur und Gesetzesberatung vertretenen Meinungen und Präzisierungen dieses „Konzepts der Tatschulderhöhung"[23] zugrunde, so ist bei Prüfung der materiellen Rückfallvoraussetzung (der sog. Warnungsformel) eine sorgfältige Trennung zwischen *tatschuldrelevanten,* soll heißen: tatschuldsteigernden, und *tatschuldirrelevanten Faktoren* geboten.

---

[21] Vgl. schon *Haffke,* MSchrKrim 58 (1975), 54f.; *ders.* (Fn. 8), S. 52f.

[22] So der Titel der in Fn. 17 nachgewiesenen Abhandlung von *Mir Puig.*

[23] Vgl. *Horn,* in: Systematischer Kommentar zum StGB, Bd. 1, 3. Aufl. 1981ff. § 48, Rn. 8; unter Bezugnahme auf *Koffka,* in: *Baldus* u. a. (Hrsg.), StGB Leipziger Kommentar (LK), 9. Aufl. 1971ff., § 17, Rn. 2), jetzt auch *Günther Hirsch,* LK, 10. Aufl., § 48, Rn. 1.

2. a) Daß den Rückfalltäter stets ein erhöhter Schuldvorwurf trifft, wird nun nicht einfach normativ deklariert oder fingiert. Dieser Vorstellung widerstrebt zwar auf den ersten Blick das verfassungsrechtliche Dogma, daß jede Strafe Schuld und verschärfte Strafe erhöhte Schuld voraussetzt; und doch ist – auf den zweiten Blick – die fiktive Annahme erhöhter Schuld so ungewöhnlich und befremdlich wiederum nicht: Löst man sich nämlich von dem Zauber jenes Dogmas und Denkverbots, so lehrt eine unvoreingenommene Betrachtung schon der unterschiedlichen Strafandrohungen des Besonderen Teils, daß Straf-, Schuld- und Unrechtshöhe offenbar parallel laufen, m.a.W. erhöhte Schuld bei erhöhtem Unrecht fingiert wird.[24]

Indes mag dieses Problem auf sich beruhen; denn beim Rückfall darf nach dem Spruch des BVerfG erhöhte Schuld nicht fingiert werden, sondern es ist in jedem Einzelfall *empirisch* zu *ermitteln* und zu *erforschen*, ob der Täter in der aktuellen Tatsituation erhöhte (Tat-)Schuld auf sich geladen hat.[25] Wie sich aus der Bezugnahme auf die grundlegenden Ausführungen von *Horstkotte*[26] ergibt, erteilt das BVerfG drei möglichen anderen Konzepten eine Absage[27]: nämlich *einmal* dem Konzept schuldunabhängiger spezialpräventiver Strafschärfung, *zum anderen* dem Konzept der Lebensführungs- bzw. Charakterschuld und *schließlich* auch dem mit diesem Konzept eng verwandten[28] Modell der Unrechts- *und* Schuldsteigerung, das auf der normtheoretischen Vorstellung ba-

---

[24] Besonders klar finde ich den Gedanken ausgedrückt bei *Noll*, FS f. H. Mayer, 1966, S. 219ff., 230f. S.a. *Zipf*, Die Strafmaßrevision, 1969, S. 86; *Horn* (Fn. 23), § 46, Rn. 38; *Haffke*, in: *Hassemer-Lüderssen* (Hrsg.), Sozialwissenschaften im Studium des Rechts, Bd. III, Strafrecht, 1978, S. 153ff., 163. Im Gesetzesprogramm und Gesetzesvollzug wird *fingiert*, daß bei gesteigertem Unrecht regelmäßig auch die Fähigkeit zu normgemäßer Motivation gesteigert ist (eine, wie hier nicht näher dargelegt werden kann, höchst fragwürdige *empirische* Annahme). Deshalb ist die Fiktion erhöhter Schuld so abwegig nicht, und zwar unabhängig von dem Umstand, daß dogmatisch zweifelhaft ist, ob beim Rückfall das Unrecht (und nicht nur die Schuld) gesteigert ist (vgl. dazu unten bei Anm. 29).

[25] BVerfGE 50, 125ff., 136.

[26] JZ 1970, 122ff., 152ff.

[27] Vgl. dazu die Analyse des § 48 bei *Horn* (Fn. 23), § 48, Rn. 3ff.

[28] Vgl. *Horn* (Fn. 23), § 48, Rn. 5, 6.

siert[29], der Täter verwirkliche neben dem Unrecht der konkreten, zur Aburteilung anstehenden Straftat noch ein *weiteres* Unrecht, nämlich daß er sich gebotswidrig die früheren Verurteilungen nicht habe zur Warnung dienen lassen. Der Täter verdient wegen der *neuen* Tat[30] einen gesteigerten Schuldvorwurf vielmehr deshalb, weil er durch die früheren Verurteilungen und die Vorverbüßung „den konkreten Vorwurf wegen des rechtswidrigen Handelns nicht nur abstrakt und unpersönlich durch das Gesetz, sondern in der eigenen Person, ‚am eigenen Leibe'[31]" erlebt hat und deshalb *besondere Hemmungsimpulse*[32] wirksam geworden sind, die ihn – im Vergleich zu einem Ersttäter – eher und verstärkt von kriminellem Verhalten abhalten und stattdessen zu rechtstreuem Verhalten motivieren, mithin seine Fähigkeit (sein Können) zur Befolgung der Normen steigern (müßten). Die „Nichtachtung der Warnungen", das Sich-Hinwegsetzen über *zusätzliche* Barrieren begründet den erhöhten Schuldvorwurf.[32] Folglich bezieht sich das Konzept der Tatschulderhöhung implizit auf Feststellungen, die nur *empirisch* getroffen werden können: Nämlich darauf, ob der Täter den mit den Vorverurteilungen pp. gesetzten Hemmungsimpuls erfahren hat, seine Motivation in Richtung auf rechtstreues Verhalten verstärkt und ihm dadurch das Abstandnehmen von seinem geplanten kriminellen Verhalten erleichtert worden ist.

b) Nimmt der Rechtsanwender den soeben entwickelten *deskriptiven* (konstativen, lokutionären, propositionalen)[33] Gehalt

---

[29] Vgl. dazu *Armin Kaufmann*, Lebendiges und Totes in Bindings Normentheorie, 1954, S. 211 f.; *Mir Puig*, ZStW 86 (1974), 175 ff., 197 ff.; m. E. berechtigte Kritik an diesem Konzept bei *Horn* (Fn. 23), § 48, Rn. 6 unter Bezugnahme auf *dens.*, Verbotsirrtum und Vorwerfbarkeit, 1969, S. 144 f.

[30] Vgl. *Horstkotte*, JZ 1970, 153.

[31] *Mir Puig*, ZStW 86 (1974), 193.

[32] Vgl. *Horstkotte*, JZ 1970, 153.

[33] Wiederum müssen wir uns mit diesem sehr pauschalen und ungenauen Hinweis auf die Sprechakttheorie und ihren Ausgangspunkt, den „deskriptiven Fehlschluß" (descriptive fallacy), begnügen. "Die Juristen", schreibt *John L. Austin* (Zur Theorie der Sprechakte, 2. Aufl., 1979, S. 28, Fn. 3), „müßten den wahren Sachverhalt am ehesten kennen; einige kennen ihn mittlerweile wohl. Aber sie erliegen dann doch wieder ihrer ängstlichen Fiktion, daß eine rechtliche Feststellung die Feststellung einer (rechtlichen) Tatsache sei". Die erforderliche nä-

der Warnungsformel ernst – dies ist unsere *zweite Prämisse* –, so müßte er demnach die beiden folgenden *empirischen* Fragen entweder selbst beantworten bzw., da seine eigene Sachkunde regelmäßig nicht ausreichen dürfte, einem Gutachter (in Betracht kommen wohl nur: forensische Psychiater und Psychologen) zur Beantwortung vorlegen[34].

Erstens: Ist das Unrechtsbewußtsein des Angeklagten auf Grund der früheren Vorverurteilungen und der Vorverbüßung geschärft worden und ist ihm dadurch auch die konkrete Strafwürdigkeit und Strafbarkeit seiner neuen Tat zu Bewußtsein gekommen?[35]

Zweitens: Hat sich dieses Bewußtsein zu einem Hemmungsimpuls verdichtet, der ihn – im Vergleich zu einem unter den gleichen Umständen handelnden Ersttäter[36] – stärker zu rechtstreuem Verhalten motivierte und ihm die Ausführung der geplanten Tat erschwerte?[37]

Ob in diese Frage (etwa nach dem Vorbild des vermeidbaren Verbotsirrtums) auch die Fälle einzubeziehen sind, in denen es der Täter *unterläßt*, sich die konkrete Strafwürdigkeit und Strafbarkeit seines Tuns zu vergegenwärtigen bzw. entsprechende Internalisierungsleistungen zu erbringen[38], bedürfte noch genauerer

---

here Ausarbeitung und Diskussion dieses Konzepts ist im Rahmen dieses Beitrags nicht möglich. Vgl. zur Sprechakttheorie und ihrer Kritik *Austin*, a.a.O.; *Eike von Savigny*, Die Philosophie der normalen Sprache, 2. Aufl., 1980, S. 127 ff.; *Alexy* (Fn. 4), S. 77 ff. m.w.N.; *Kuhlen* (Fn. 3), passim.

[34] Vgl. zur intellektuellen und voluntativen Komponente der Warnungsformel *Horn* (Fn. 23), § 48, Rn. 36 f.

[35] Vgl. *Mir Puig*, ZStW 86 (1974), 175 ff., 192 ff. im Anschluß an einen früher schon von *Maurach* (Deutsches Strafrecht, Allgemeiner Teil, 4. Aufl., 1971, S. 856; s. schon *ders.*, Gutachten zum 43. Dt. Juristentag, 1960, I, S. 30 ff.) entwickelten Gedanken; s. a. *Hillenkamp*, GA 1974, 208 ff., 215.

[36] Auf diesen Vergleich hebt zutreffend *Horn* (Fn. 23), § 48, Rn. 8, ab.

[37] Vgl. *Rudolphi*, ZStW 85 (1973), 104 ff., 112.

[38] Anerkannt ist zwar, daß der Täter die Vorverurteilungen pp. gekannt und verstanden haben muß (vgl. etwa *Hirsch* – Fn. 23 –, Rn. 37; *Horn* – Fn. 23 –, Rn. 36). Dies trifft aber gar nicht das hier relevante Problem, sondern stellt gleichsam nur den „Anlaß" (vgl. dazu *Rudolphi*, Unrechtsbewußtsein, Verbotsirrtum und Vermeidbarkeit des Verbotsirrtums, 1969, S. 206 ff.; *ders.*, SK, a.a.O. [Fn. 23], § 17, Rn. 30 f.; *Horn*, Verbotsirrtum pp., – Fn. 29 –, S. 84 ff.) dafür dar, daß der Täter sein Unrechtsbewußtsein schärft und zusätzliche in-

Analyse, auf die ich hier jedoch – trotz der großen praktischen Relevanz dieses Teilaspektes unseres Themas[39] – im Interesse einer gerafften und übersichtlichen Gedankenführung verzichte.

3. Angenommen, die Frage ist so, wie sie gestellt ist, prinzipiell von einem Sachverständigen überhaupt beantwortbar (*dritte Prämisse* – das adäquate, fragespezifische Forschungsdesign wäre wohl erst noch zu entwickeln), so sind *zwei* Konsequenzen m. E. unabweisbar:

Erstens: Die positive und konkrete Feststellung erhöhter Tatschuld erfordert jedenfalls, wie schon *Horstkotte*[40] in den Beratungen des *Sonderausschusses für die Strafrechtsreform* deutlich hervorgehoben hat, „eine recht subtile Einschätzung der psychologischen Situation des Täters und eine recht umfassende Würdigung der Anforderungen, die an ihn zu stellen sind"; sie ist, wie *Frosch*[41] zutreffend ausführt, „ein schwieriges und sicher oft hoffnungsloses Unterfangen". „Macht man", so heißt es weiter, „damit Ernst, wird eine häufige Überforderung der Gerichte die Folge und § 48 zugunsten des Täters unanwendbar sein".

Zweitens: Die gründliche und subtile psychologische Erforschung der Täterpersönlichkeit wird nach aller Kenntnis, die wir von Rückfalltätern haben, voraussichtlich zu dem Ergebnis führen, daß ihre Tatschuld in der Regel *gemindert* sein dürfte. Dazu noch einmal zusammenfassend *Frosch:*[42]

---

nere Barrieren gegen künftiges kriminelles Verhalten errichtet. Die entscheidende Frage lautet vielmehr, ob *insoweit* die Regeln virtueller Verbotskenntnis auf den Problembereich des Strafbarkeitsbewußtseins (intellektuelle Komponente) *und* der Strafbarkeitsinternalisierung (voluntative Komponente) übertragbar sind.

[39] Wenn es empirisch zutrifft, daß die Deliktsresistenz von Rückfalltätern in der Regel geschwächt ist (vgl. bei Fn. 42), dann bedeutet dies doch wohl, daß *trotz* der Kenntnis der Vorverurteilungen die vom Gesetz postulierten Internalisierungsleistungen von der Mehrzahl der Rückfalltäter gerade nicht erbracht werden, sei es, daß das Unrechtsbewußtsein nicht geschärft, sei es, daß zusätzliche innere Hemmungen gar nicht aufgebaut oder doch nicht wirksam geworden sind.

[40] in: Protokolle des *Sonderausschusses für die Strafrechtsreform*, Deutscher Bundestag, 5. Wahlperiode, S. 375.

[41] Fn. 9, S. 117.

[42] Fn. 9, S. 105 (Hervorhebung im Original).

„Denn ebenso, wie man für die meisten Täter die These der freien Willensentscheidung zugrundelegen kann, sprechen jedenfalls gewichtige Anzeichen für die Existenz von Tätergruppen, bei denen dieser Freiheitsspielraum seit der ersten Straftat und ihren Folgen eingeschränkt ist. Es wäre deshalb ein Gebot einer realistischen Einschätzung des ‚Vermeidenkönnens' von Rückfalltätern, dem in einer Wertung in ‚generalisierten Kategorien' innerhalb der Tatschuld Rechnung zu tragen. Hier wäre die Schwächung der Deliktsresistenz konsequent sogar *schuldmindernd* zu veranschlagen, zumindest aber folgt daraus das Verbot, aus der Rückfälligkeit mehr oder weniger selbstverständlich und undifferenziert die Schulderhöhung zu folgern".

4. Beide Konsequenzen, auf der Grundlage des Tatschuldprinzips unabweisbar, werden legislativ und justiziell *nicht* gezogen: *Legislativ* nicht, da § 48 Strafschärfungs- und nicht Strafmilderungsregel ist; *justiziell* nicht, weil *erstens* in foro allenfalls die korrekte Regelanwendung, nicht aber die Regel selbst zur Debatte steht, und weil *zweitens* die erforderlichen und umfangreichen (individual-)psychologischen Explorationen regelmäßig nicht durchgeführt werden (können)[43], sondern sich die Praxis mutmaßlich nur mit der Kenntnis der Vorverurteilungen, u. U. noch im Zusammenhang mit wenigen weiteren, leicht zu gewinnenden Indizien und unter Ausschaltung typischer Ausnahmekonstellationen wie Konflikt-, Affekt- und Triebtaten, begnügen dürfte.[44]

---

[43] S. dazu *Krauß*, FS f. Schaffstein, 1975, S. 411 ff. (wieder abgedruckt in: *Jäger* – Fn. 8 –, S. 65 ff.); *Haffke* (Fn. 8), S. 56 m.w.N.

[44] Die Ergebnisse der auf die Überprüfung der o. g. Hypothese freilich nicht exakt zugeschnittenen, z. T. mit ungenauen Fragen (vgl. etwa Frage 8) operierenden empirischen Erhebung *Kürschners* (Fn. 9) erlauben eine vorsichtige Interpretation in dieser Richtung: Immerhin treffen rund 50% aller Strafrichter gar keine Feststellungen über die Warnungswirkungen (a.a.O., S. 72), und 76,7% der befragten Strafrichter haben geantwortet, dem Täter sei bei Vorliegen der formellen Voraussetzungen des § 48 regelmäßig auch ein erhöhter Schuldvorwurf zu machen (a.a.O., S. 74). Soweit die andere Hälfte der Strafrichter eine Untersuchung über die Kenntnis des Täters von den Vorverurteilungen, seine Warnungsempfänglichkeit sowie andere Gründe, die einen Warneffekt ausschließen konnten, etc. für erforderlich hält, ist nicht erfragt worden, welche Art der Untersuchungen insoweit für notwendig erachtet werden. Möglicherweise – nach unseren Erfahrungen sogar sehr wahrscheinlich – hätte sich dann gezeigt, daß selbst dieser Personenkreis in Wahrheit gar keine Feststellungen

5. Also wird *weder* im Gesetzesprogramm *noch* im Gesetzesvollzug das mit verfassungsrechtlicher Dignität ausgestattete *Tatschuldprinzip wahrhaft eingelöst:* auf der Gesetzesebene nicht, weil das Regel-Ausnahmeverhältnis umgedreht worden ist; und im Gesetzesvollzug nicht, weil die ohnehin unbestimmte und überdies nur schwer verständliche Warnungsformel[45] die ihr zugedachte Funktion, nämlich die Vereinbarkeit mit dem Tatschuldprinzip zu sichern, schon aus Gründen der Praktikabilität gar nicht zu erfüllen imstande ist. An dem Tatschuldprinzip wird zwar auf allen Ebenen des Rechts verbal festgehalten, ohne daß jedoch die Bedingungen, die seine strikte und konsequente Realisierung erst ermöglichen würden, hergestellt worden wären. Das *manifeste* Gesetzesprogramm wird durch ein *latentes, informelles* Gesetzesprogramm, das die Praxis steuert, konterkariert; und so verwundert es nicht, daß sich die Unsicherheit über die praktische Handhabung der Formel, die bereits in der Diskussion im *Sonderausschuß* deutlich geworden ist, auch in der Praxis niederschlägt und fortsetzt und daß sich die im Verlauf der Beratungen u. a. von *Güde*[46] geäußerte Befürchtung, der Richter werde „im Regelfall die formellen Voraussetzungen genügen lassen", ebenso bewahrheitet hat wie die Befürchtung der Verfasser des *Alternativ-Entwurfs*,[47] daß „nahezu alle Rückfalltäter ohne Rücksicht auf ihre Persönlichkeitsstruktur oder die näheren Umstände" von der Rückfallvorschrift des § 48 erfaßt würden.[48]

über eine erhöhte individuelle Tatschuld trifft, ganz abgesehen von dem Problem, ob das erfragte Selbstverständnis der Richter mit deren Praxis übereinstimmt.

[45] Wie schon unsere knappen, die Problematik bei weitem nicht ausschöpfenden Darlegungen unter III. 1. zeigen, bedarf es erheblicher dogmatischer Anstrengungen, um den Sinn dieser Formel in Hinsicht auf das Tatschuldprinzip zu entschlüsseln. Interessant wäre es, empirisch zu erforschen (was wohl nur über mündliche Interviews möglich ist), ob und inwieweit Strafrichtern dieses Verständnis der Warnungsformel überhaupt geläufig ist.

[46] In: Protokolle (Fn. 40), S. 377.

[47] Alternativ-Entwurf eines Strafgesetzbuchs, Allgemeiner Teil, hrsg. von *Jürgen Baumann* u. a., 2. Aufl., 1969, S. 213. Der AE hat bekanntlich keine Strafschärfungsvorschrift wegen Rückfalls vorgesehen (a.a.O., S. 117).

[48] Vgl. im übrigen die Darstellung bei *Frosch* (Fn. 9), S. 108–118.

6. a) Dieses *Implementations*phänomen[49] verdient unsere besondere Aufmerksamkeit. Wir deuten es[50] – ebenso wie auch andere Inkonsistenzen und Widersprüche, die die konsequente dogmatische Analyse des geltenden Rechts aufdeckt – als *Symptom*[51] für verschwiegene und verdrängte gesellschaftliche Tendenzen, die der offiziellen Strafrechtsideologie – und dazu gehört unzweifelhaft das Tatschuldprinzip – zuwiderlaufen und diese zu einem *Kompromiß*[51] zwingen. Unter dem Einfluß der offiziellen Ideologie kann der Kompromiß nicht freigelegt und transparent gemacht, sondern muß verschleiert und vertuscht werden; denn das Eingeständnis eines Kompromisses würde die Zerstörung des *Scheins* eines widerspruchslosen, harmonischen, in sich stimmigen Systems bedeuten. Der Produktion solchen Scheins muß sich die Strafrechts*wissenschaft* redlicherweise versagen; und gesellschafts- und kriminalpolitisch wäre mit der Verleugnung und Verdrängung von Gegenkräften sicherlich nichts gewonnen. Sie müssen in das gesellschaftliche Bewußtsein gehoben werden, damit sie auch gesellschaftlich diskutierbar, bearbeitbar und kultivierbar gemacht werden können.

b) Die Friktionen, die daraus resultieren, daß das *Tatschuldprinzip verbal hochgehalten, faktisch* aber *unterlaufen* wird, signalisieren, daß sich die gesetzliche Regelung des § 48 anderen (evtl.: *auch* anderen) Erwägungen als bloßen Tatschulderwägungen verdankt. Widerstand gegen die Warnungsformel wurde ja bereits im Sonderausschuß von namhafter Seite aus laut. So wurde die Verneinung von Schuldsteigerung bei Rückfall als „überspitzte Psychologie"[52] etikettiert und demgegenüber die obligatorische

---

[49] Vgl. dazu die grundlegende Abhandlung von *Renate Mayntz*, Die Implementation politischer Programme: Theoretische Überlegungen zu einem neuen Forschungsgebiet, in: Die Verwaltung 1977, S. 51ff. Gesetzesplanung und Gesetzesvollzug des § 48 sind, wie namentlich die Studie von *Kürschner* (Fn. 9) zeigt, ein besonders anschauliches Beispiel für den Implementationsansatz. Vgl. auch *Treiber*, in: Vom Nutzen und Nachteil der Sozialwissenschaften für das Strafrecht, 2. Teilbd., hrsg. v. *Lüderssen/Sack*, 1980, S. 444ff. m.w.N.

[50] Vgl. zum folgenden *meinen* Beitrag (Fn. 8), S. 51ff.

[51] Beide Begriffe werden hier im präzisen psychoanalytischen Sinn gebraucht. Vgl. die Stichworte „Kompromißbildung" und „Symptombildung" in: *Laplanche/Pontalis*, Das Vokabular der Psychoanalyse, 1967.

[52] *Dreher*, in: Protokolle (Fn. 40), S. 2187.

Rückfallschärfung als „selbstverständlich“[53], einem „gesunden Grundsatz“[52] und „altem Brauch“[53] entsprechend charakterisiert. Welches mögen die Gründe sein, die hinter der außerordentlich simplen, nichtsdestoweniger alltäglich praktizierten und auch so unmittelbar einleuchtenden Strafschärfungsregel stecken, die in der partikularrechtlichen Gesetzgebung des 18. Jahrhunderts auf die plastische Kurzformel „iteratio auget poenam“[54] gebracht worden ist? Plausibel erscheint mir die folgende, schon früher von *Stratenwerth*[55] aufgestellte und jüngst bei *Streng*[56] so formulierte These:

„Auch die im Verhältnis zum Ersttäter höhere Strafneigung gegenüber vorbestraften und besonders gegenüber einschlägig rückfälligen Tätern beruht auf dem Bedürfnis nach Normbekräftigung und nach Angstbewältigung. Der wiederholt straffällig Gewordene verkörpert regelrecht die Infragestellung des Triebverzichts der „Gerechten“. Nicht nur seine Tat, sogar seine ganze Persönlichkeit und auch Lebensführung scheint den Anforderungen des Gemeinschaftslebens zu widersprechen. Eine derart gesteigerte Mißachtung der Notwendigkeit zu individueller Verzichtsleistung zugunsten der Allgemeinheit ruft bei den Mitbürgern entsprechend gesteigerte Strafbedürfnisse hervor, da nur bei entsprechender Bestrafung des Rechtsbrechers die eigene Tabuierungsleistung, der eigene vielfache Triebverzicht, als lohnend aufrechterhalten werden kann. Zudem führt die Erkenntnis, daß der Täter durch Bestrafung nicht zur Normtreue veranlaßt werden konnte, zu gesteigerten Bedrohungsgefühlen, die sich in starken Strafbedürfnissen niederschlagen.“

7. Wenn die soeben (6.) formulierte These, die natürlich noch genauerer soziologischer und sozialpsychologischer Ausarbeitung und Absicherung bedarf, zutrifft, wird klar, daß der *deskriptive* Gehalt der Warnungsformel *(zweite Prämisse) nicht* „ernst“ genommen werden kann, ja gar nicht ernst genommen werden *darf.* Ernst genommen, stellt er nämlich die gesetzliche Rückfallvorschrift samt ihren sozialpsychologischen Wurzeln zentral in Frage. Das „Konzept der Tatschulderhöhung“, das die Rückfallschärfung verbal und formal zu legitimieren hat, destruiert, ins

[53] *Müller-Emmert,* in: Protokolle (Fn. 40), S. 2188.
[54] Vgl. *Frosch* (Fn. 9), S. 4.
[55] Tatschuld und Strafzumessung (Recht und Staat 406/407), 1972, S. 18 f.
[56] ZStW 92 (1980), 637 ff., 651 f.; sehr plastisch auch *Helmken,* DRiZ 1980, 62 ff.

Inhaltliche und Substantielle gewendet, unversehens die Norm, die es eben noch begründen und rechtfertigen sollte, selbst.

8. Die so simpel und archaisch anmutenden Zurechnungsmaßstäbe, die der Rückfallvorschrift zugrunde liegen, haben vor dem Forum aufgeklärter oder sich doch aufgeklärt dünkender strafrechtlicher Vernunft keinen Bestand. Also muß die Übereinstimmung mit der herrschenden Strafrechtsideologie, dem verfassungsrechtlichen (!) Postulat des Tatschuldprinzips, gesucht und gefunden werden. Dieses Dilemma, zwei divergierende Prinzipien zu harmonisieren, wird nun dadurch (scil.: zum Schein) gelöst, daß Deskriptivität *vorgetäuscht* wird (nämlich um die Übereinstimmung mit dem faktisch uneingelösten, nur um den Preis tiefgreifender Wertungswidersprüche und Dissonanzen im gegenwärtigen Strafrechtssystem überhaupt einlösbaren Tatschuldprinzip zu *suggerieren*). *Schein-Deskriptivität* bezeichne ich als Askriptivität, weil unter dem Deckmantel *be*schreibender Aussagen in Wahrheit *Zu*schreibungen erfolgen, deren Maßstäbe und Kriterien z.T. noch unerforscht sind, sich jedenfalls nicht mit dem Inhalt jener Oberflächenaussagen zur Deckung bringen lassen. Mit diesem Hinweis muß es hier sein Bewenden haben; die notwendige Präzisierung und kritische Durchleuchtung dieser weiteren, wie uns scheint: praktisch bedeutungsvollsten und auch theoretisch interessantesten, aber selbst in der vortrefflichen Analyse von *Kuhlen*[57] nicht berücksichtigten Version der freilich sehr unklaren und vieldeutigen Askriptivitätsthese kann im Rahmen dieses Beitrages nicht mehr geleistet werden.

9. Es ist deshalb ein sehr kunstvoller, viel Fingerspitzengefühl erfordernder Balanceakt zwischen Schein und Wirklichkeit, den der praktizierende Jurist bei der Gesetzesanwendung erbringen muß. Dieses berufstypische, wie es *Lautmann*[58] kürzlich in anderem Zusammenhang sehr plastisch formuliert hat, „Changieren zwischen Fakt und Fiktion", das im Grunde nur eine Modifikation und Aktualisierung des klassischen rechtsphilosophischen Themas des Verhältnisses von Sein und Sollen darstellt und das

---

[57] Fn. 3, S. 91 ff.

[58] In: Vom Nutzen und Nachteil der Sozialwissenschaften für das Strafrecht, 2. Teilbd., hrsg. v. *Lüderssen/Sack*, 1980, S. 610ff., 619.

mit der Integration der empirischen Sozialwissenschaften nur dramatisch zugespitzt und verschärft worden ist, erklärt, wenn wir nunmehr wieder zum Ausgangspunkt unserer Überlegungen (I.) zurückkehren, die *Kommunikationsprobleme zwischen Rechts- und Sozialwissenschaftlern*. Wird dieses Sprachspiel nämlich nicht durchschaut, fällt der Sozialwissenschaftler also auf den *Oberflächen*sinn der juristischen Begriffe gleichsam hinein und nimmt den Juristen beim Wort, ist die Sprachverwirrung unvermeidlich und komplett – denn so wörtlich wollte der Jurist gar nicht verstanden sein: Sein Gesprächspartner, der Soziologe, hat das geheime Augenzwinkern hinter der Fassade von Seriosität und tiefem Ernst nicht bemerkt, die undeutlichen Signale jenseits der expliziten Botschaft nicht registriert. Verständigung gelänge nur, wenn entweder der Jurist seine Botschaft in *jeder* Hinsicht eindeutig macht oder sich der Sozialwissenschaftler auf jenen Balanceakt einläßt, die geheime Botschaft entschlüsselt und gleichwohl vorspielt, er werde den manifesten Gutachterauftrag ernst nehmen und seriös erfüllen.

10. An dieser Stelle der Diskussion pflegt sich nun moralische Entrüstung einzustellen: Die Heuchelei, die der Jurist selbst praktiziert und nun offenbar auch noch seinem Gesprächspartner abverlangt, wird als unerträglich erlebt. So liegt denn die moralische Forderung nahe, ehrlicher zu sein, also entweder das Tatschuldprinzip wirklich ernst zu nehmen oder aber offen zu sagen und einzuräumen, daß ein – aus welchem Grunde auch immer gespeistes – gesteigertes Strafbedürfnis bei Rückfalltätern schlicht nach verschärfter Strafe verlangt. Und doch sollten wir einen kühlen Kopf bewahren und diesem Gefühl nicht vorschnell nachgeben. Sonst würden wir uns nämlich weiterer wichtiger Erkenntnismöglichkeiten begeben. *Vor* aller moralischen Entrüstung verdient zunächst einmal das erstaunliche Phänomen eine soziologische oder sozialpsychologische Erklärung, daß weder das eine noch das andere geschieht, unter der Herrschaft der offiziellen Strafrechtsideologie wohl auch nicht geschehen *kann* und deshalb auf den *Schein* von deskriptiven Begriffen ausgewichen werden *muß*. Mit anderen Worten: Wir suchen nach einer Erklärung für die Tatsache, daß das Recht, insonderheit das Strafrecht – und die Warnungsformel stellt ja nur einen besonders plausiblen Beispielsfall

dar, dem sich ohne Mühe beliebige weitere anfügen ließen[59] – offenbar auf den *Schein von deskriptiven Begriffen* angewiesen ist. „Tiefstrahler", heißt es bei *Popitz*,[60] „können Normen nicht ertragen, sie brauchen etwas Dämmerung". Und: „Der Soziologe wird zunächst einmal feststellen, daß diese Scheinheiligkeit zweckmäßig ist, insofern sie, wenn auch in fragwürdiger Synthese, der Norm gibt, was sie braucht: die Heiligkeit und den Schein". Auch wenn ich mir der Gefahren und Probleme bewußt bin, die mit der Transposition eines in einem anderen Kontext geäußerten Gedankens in die hier entwickelte und verfolgte Gedankenführung verknüpft sind, möchte ich doch (als Vorschlag für die weitere Diskussion) anregen, diesen Gedanken zumindest probeweise aufzugreifen und zu entfalten. *Be*schreibung garantiert, wenn auch nur vermeintlich und vordergründig – aber auf das *Bewußtsein* davon kommt es an –, Objektivität und Sicherheit, während aller *Zu*schreibung, sofern sie als solche erst einmal erkannt und durchschaut ist, das Moment des Zufälligen, Willkürlichen und Selektiven anhaftet.[61] Die Dignität und Heiligkeit der Norm wird also durch die Verwendung von deskriptiven, kontroverser Diskussion prinzipiell entzogenen Begriffen besser gewahrt. Normstabilisierend ist aber auch jenes Halbdunkel von Unklarheiten und Täuschungen, das durch das methodisch nicht angeleitete „Changieren zwischen Fakt und Fiktion"[62], durch die fehlende Rationalitätskontrolle zwangsläufig produziert wird. Und die freilich „fragwürdige Synthese" aus allem zusammen gibt dann, um noch einmal die überaus treffende Formulierung von *Popitz*[63] aufzugreifen, der Norm gerade das, was sie braucht: nämlich „die Heiligkeit und den Schein".

11. Ich möchte diese Skizze abschließen mit einigen Bemerkungen zum *rechtspraktischen* Umgang mit der Warnungsformel.

---

[59] Sehr instruktiv zum krypto-empirischen Gehalt des Begriffs „Verteidigung der Rechtsordnung": *OLG Celle*, JR 1980, 256 m. Anm. v. *Naucke*.

[60] Über die Präventivwirkung des Nichtwissens (Recht und Staat 350), 1968, S. 12, 14.

[61] Vgl. einen parallelen Gedankengang in *meinem* Beitrag (Fn. 24), S. 172ff.

[62] *Lautmann* (Fn. 58).

[63] Fn. 60, S. 14.

a) „Seltsam genug", um diese Formulierung gegen meinen Kritiker *Jäger*[64] zu wenden, ist der von mir vertretenen kollektivpsychologischen Deutung strafrechtlicher Phänomene vorgehalten worden, sie scheine „kollektiven Strafbedürfnissen mit z.T. sozialwissenschaftlichen Argumenten theoretische Legitimation zu verschaffen und so die Tendenz der Rechtsprechung zu oberflächenpsychologischem, letztlich ‚askriptivem' Umgang mit psychischen Realitäten zu verstärken". Ein ähnlicher Vorwurf wurde auf der Bielefelder Tagung sogar gegen den labeling approach erhoben: Die schlechte Zuschreibungspraxis der Instanzen sozialer Kontrolle würde durch diesen Forschungsansatz legitimiert. Demgegenüber muß ich – und für meinen Teil glaube ich übrigens, dies in meinen früheren Veröffentlichungen auch mehr als deutlich gemacht zu haben – auf der prinzipiellen Differenz von *beschreibender Analyse* strafrechtlicher Phänomene auf der *einen* und von *Wertung* bzw. *Rechtfertigung* auf der *anderen Seite* beharren. Durch die Phänomenanalyse ist die Wertungs- und Rechtfertigungsproblematik „zwar gut *vorbereitet*, aber *nicht* vorentschieden".[65] Deshalb wäre es kurzschlüssig und fehlerhaft, etwa aus der empirisch nachweisbaren *Tatsache*, daß in praxi nach dem simplen Zurechnungsmaßstab „iteratio auget poenam" verfahren *wird*, nun ohne weiteres zu *folgern*, daß auch so verfahren werden *soll*. Freilich ist – *trotz* dieser Klarstellung – weder mein Ansatz noch der labeling approach gegen diese Miß- und Umdeutung in eine Lehre „zur bloßen Rechtfertigung des strafrechtlichen status quo"[66] gefeit. Aber was folgt daraus eigentlich? Mehr als auf den Unterschied beider Fragestellungen deutlich hinzuweisen, diese Differenz in der wissenschaftlichen Durch- und Kleinarbeitung sorgfältig zu beachten und mein leitendes Erkenntnisinteresse, das sicherlich nicht, wie auch *Jäger*[67] sieht und einräumt, auf die Aufrechterhaltung des status quo zielt, explizit zu machen, ver-

---

[64] In: Kriminologie im Strafprozeß, hrsg. von *Jäger*, 1980, S. 173ff., 180, 192; s.a. *Steinert*, in: Seminar: Abweichendes Verhalten IV, hrsg. von *Lüderssen/Sack*, 1980, S. 302ff.

[65] *Haffke* (Fn. 8), S. 55; vgl. im übrigen schon in: Tiefenpsychologie und Generalprävention, 1976, S. 167ff.

[66] Vgl. *Jäger* (Fn. 64), S. 193.

[67] Fn. 64, S. 193f.

mag ich nicht zu leisten. Auch auf die Gefahr hin, daß diese Äußerung als Ausdruck narzißtischer Selbstüberschätzung mißverstanden wird und ich damit meinen bescheidenen Vorveröffentlichungen zu viel Ehre angedeihen lasse: Für das, was andere als Folge von Fehl- und Mißdeutungen aus meinen wissenschaftlichen Veröffentlichungen machen, kann ich als Wissenschaftler die Verantwortung nicht übernehmen; die Alternative hieße doch nur: Verzicht auf Veröffentlichung wissenschaftlicher Forschungsergebnisse oder taktischer Umgang mit der Wahrheit – ich kann mir nicht vorstellen, daß *Jäger* die Propagierung solcher Forderungen je in den Sinn gekommen ist.

b) Unter dem Aspekt einer sorgfältigen Rekonstruktion der Strafrechts*wirklichkeit* ist es nun aber nach meiner Überzeugung schlicht unwissenschaftlich, wenn Juristen oder Soziologen die juristischen Begriffe gleichsam wörtlich nehmen und auf den Schein von Deskritpivität „hineinfallen". Strafrechtswissenschaft, in diesem Sinne verstanden, muß diesen Schein durchdringen und zerstören, will sie nicht ihr Ethos als Wissenschaft preisgeben und – hier hat das Wort seine volle Berechtigung – zur bloßen *„Legitimationswissenschaft"*, die sich letztlich nur noch mit einzelnen Randkorrekturen begnügt, degenerieren.

c) Demgegenüber geht die gewissenhafte und exakte Beschreibung und Analyse der Strafrechts*wirklichkeit* in den Prozeß und die Begründung der Wertung, die die Strafrechtswissenschaft als *normative*, also entweder als hermeneutische oder als kriminalpolitische, *Wissenschaft* zu erarbeiten und vorzunehmen hat, nur als *ein* Moment *neben* vielen anderen ein. Zwar ist sie – dies ist mittlerweile ein Allgemeinplatz der Methodenlehre, wenn er auch selten genug eingelöst wird – unerläßliche Voraussetzung für eine fundierte, differenzierte und sachgerechte Wertung[68], aber eben doch nicht die einzige. Die Komplexität ist gegenüber der schlichten Phänomenanalyse erheblich gesteigert: So ist, um nur einige Fragen und Probleme anzusprechen, nicht nur eine „konkrete Utopie" des Umgangs mit abweichendem Verhalten zu entwerfen, sondern gleichzeitig auch eine Strategie zu entwickeln und zu begründen, wie dieses Ziel erreicht werden kann. Welche Rolle fällt

---

[68] Vgl. nur *Lüderssen*, Erfahrung als Rechtsquelle, 1972, S. 50ff. m.w.N.

dabei dem Strafrecht im Gesamtsystem sozialer Kontrolle zu; und wie kann auf die beharrenden, u. U. gegenläufigen Tendenzen eingewirkt werden, die die Analyse der gegenwärtigen Strafrechtswirklichkeit aufgewiesen hat? Inwieweit kann sich das *Strafrecht* von diesen Tendenzen *dispensieren*, womöglich auf sie mit dem Ziel ihrer Überwindung Einfluß nehmen und einen *Wandel* des sozialen und rechtlichen Bewußtseins *herbeiführen?* Welches sind die *Folgewirkungen* und *Kosten* der *Veränderung des formellen Programms;* wie kann auf das *informelle Programm* so eingewirkt werden, daß es das formelle Programm nicht durchkreuzt und unterläuft? Es ist also nicht so (wir rekapitulieren hier nur, was in der neueren methodologischen Literatur zu den sog. „empirischen *und* normativen Generalklauseln" bzw. zu den „konzeptualisierenden Rechtsnormen" im Gegensatz zu den eine „Sozialnorm abrufenden Rechtsnormen" ausgeführt worden ist)[69], daß wertungsmäßig einfach nachvollzogen werden müßte, was faktisch vorfindbar und aufweisbar ist. Für eine rationale Kriminalpolitik sollte aber ebenso klar sein, daß die Strafrechtswirklichkeit ernst genommen zu werden verdient und nicht verleugnet bzw. verdrängt werden darf. Denn durch solche Abwehrmechanismen werden gesellschaftliche Probleme nicht gelöst, sondern nur verschoben und verschleiert, aber keiner bewußten und rationalen Bearbeitung durch die gesellschaftliche und professionelle Öffentlichkeit zugänglich gemacht.

d) Wenn *Auslegung Kriminalpolitik im kleinen* ist[70], ist die Komplexität noch einmal gesteigert: Der Rechtsanwender hat nicht nur inzident, ihm selber möglicherweise gar nicht bewußt, alle soeben aufgeworfenen Fragen mit zu entscheiden, sondern muß darüber hinaus noch seine Entscheidung als gesetzeskonform legitimieren. So mag es denn bei einer Verständigung über die einzuschlagende kriminalpolitische Strategie durchaus vernünftig und zweckmäßig sein, die scheindeskriptiven Begriffe ernst zu nehmen, den Wortlaut gegen den Sinn und die herge-

---

[69] Vgl. *Lüderssen*, in: *Hassemer/Hoffmann-Riem/Weiss* (Hrsg.), Generalklauseln als Gegenstand der Sozialwissenschaften, 1978, S. 53ff.; s. a. die in Fn. 59 zitierte Anmerkung von *Naucke*.

[70] Vgl. *Hassemer*, Strafrechtsdogmatik und Kriminalpolitik, 1974.

brachte Praxis auszuspielen, also gleichsam, um es paradox zu formulieren, *legale Kriminalpolitik contra legem* zu betreiben. Rationalität und Wissenschaftlichkeit aber kommt solchem Vorgehen nicht deshalb zu, weil das Gesetz oder der Wille des Gesetzgebers vollzogen wird, sondern weil sich im wissenschaftlichen Diskurs die zugrunde gelegte *konkrete Utopie* und die eingeschlagene Strategie zu ihrer Verwirklichung als *vernünftig* herausgestellt haben.